KB165856

한반도 국제관계사의 재인식

한반도 국제관계사의 재인식

2021년 8월 6일 초판 1쇄 인쇄
2021년 8월 13일 초판 1쇄 발행

엮은이 구갑우·이혜정·신욱희
지은이 옥창준·신욱희·구갑우·오정현·이혜정·량미화·은용수

펴낸이 윤철호·고하영
편집 김천희
디자인 김진운
마케팅 최민규

펴낸곳 (주)사회평론아카데미
등록번호 2013-000247(2013년 8월 23일)
전화 02-326-1545
팩스 02-326-1626
주소 03978 서울특별시 마포구 월드컵북로6길 56

이메일 academy@sapyoung.com
홈페이지 www.sapyoung.com

ISBN 979-11-6707-017-3 93340

한반도 국제관계사의 재인식

구갑우·이혜정·신욱희 편

옥창준·신욱희·구갑우·오정현·이혜정·량미화·은용수 지음

사회평론아카데미

서문

2019년 이른 봄의 어느 날 밤, 후배인 구갑우 교수와 이혜정 교수로부터 전화를 받았다. 가끔 있었던 2차 자리에의 동석을 권하는 전화로 알았지만, 예상과는 달리 공부 모임을 해보자는 이야기를 듣게 되었다. 일본 홋카이도에 세미나차 간 두 교수가 한반도 국제관계에 관한 대화를 나누다가 이에 대한 역사적 연구의 필요성에 의견이 일치하여 연락을 준 것이었다. 평소에 유사한 생각을 갖고 있었던 나는 즉시 동의하였고, 그 결과 '한반도 국제관계사' 모임이 탄생하였다. 이 계획은 다행히 당시 서울대학교 정치외교학부가 받고 있었던 '세계선도 중점학부 육성사업'이라는 다소 거창한 이름을 가진 펀딩의 지원 대상이 될 수 있었고, 두 교수에 더해서 탈식민주의 국제관계이론에 관심을 갖고 있는 은용수 교수와 한반도 국제관계를 주제로 한 학위논문을 쓰고 있었던 서울대 옥창준 군, 량미화 양, 그리고 오정현 군이 합류하여 공부 모임을 진행하게 되었다. 2019년에는 각 교수들과 학생들의 발표가 행해졌고, 2020년에는 초고 작성과 관련 학술지에의 게재 작업이 이루어졌다. 그리고 2021년 초반 최종 회의와 원고 수정을 거쳐 이제 이 모임의 첫 번째 저작이 출간되는 것이다.

이 모임의 참여자들은 모두 한반도의 국제정치적 규정성, 그리고 그에 대한 미시적 탐구의 중요성에 대해 공감하였다. 즉 이 책의 2장에서 인용된 것처럼 "희망은 (과거의) 경로를 되돌아봄으로써 우리가 현재 살고 있는 세계와 우리가 미래를 만들어 나가야 하는 조건들을 탄생시킨 환경에 대해 좀 더 명확히 이해하는 데 존재한다"는 점에서, 구성주의나 역사사회학과 같은 이론적 틀의 적용과 그와 병행하는 실증적인 작업의 축적이 우리에게 필요하다는 것이었다. 하지만 한국의 학계에서 이와 연관되는 정치학과 역사학의 적절한 협업은 생각보다 그다지 많지 않았고, 그 또한 주로 분단이나 한국전쟁과 같은 거시적인 주제에 관하여 이루어졌다. 따라서 우리는 북핵문제나 미중 갈등, 그리고 한일 분규와 같은 현재 문제들의 역사적인 기원에 관한 좀 더 심층적인 과정추적을 단계적으로 수행하기로 하였던 것이다.

이 책은 모두 7개의 장으로 이루어져 있다. 1장에서 옥창준은 아시아 냉전사의 관점에서 '태평양' 동맹 구상을 분석하고 있다. 그는 인도의 '비동맹' 노선과 필리핀의 '연맹' 노선을 함께 검토하고 있는데, 후자에서는 필리핀 대통령 키리노의 역할에 주목한다. 옥창준의 글은 냉전 초기 장개석이나 이승만이 주도하려 했던 반공동맹 이외에도 다양한 지역협력의 구상이 존재했음을 보여주고 있다. 2장에서 신욱희는 위계성과 지위의 개념을 활용하여 샌프란시스코 강화조약을 통한 한미일 관계의 역사적 형성 과정을 고찰한다. 그는 한미일 사이의 삼자관계가 위계적으로 분화되었으며, 이 과정에서 일본은 상대적인 주체성을 발휘한 측면이 있으며, 한국의 조약 참가국 지위는 정치적 결정에 의해 부정되었음을 보여주고자 한다. 3장에서 구갑우는 외국군 철수와 한반도 문제의 평화적 해결을 명시한 정전협정 4조 60항의 탄생 과정을 경험적으로 분석하고, 그 내용에 대한 재해석을 시도한다. 특히 그의 작업은 기존 연구에서 거의 활용되지 않았던 정전협상 기간 동안 간행된 로동신문에 대한 실증적 검토에 기반하고 있다. 4장에서 오정현은 1954년의 제네바 정치회담 문제를 다룬다. 그는 회담의 준비 과정에서 아이젠하워 행정부가 한반도의 조건부 중립화 통일방안을 고려하였으며, 이러한 상대적 현상변경의 입장은 이후 중국과의 적수게임 및 한국과의 동맹게임의 결과에 따라 현상유지의 입장으로 선회하였다고 본다. 5장에서 이혜정은 1954년 한미 합의의사록의 서명에 이르기까지의 114일의 양국 간 분규를 검토하고 있다. 그는 이 기간이 한국의 주권과 발전의 문제가 다루어진 중요한 시간이었으며, 미국의 요구에 대한 한국 정부의 저항과 굴복은 이승만 대미외교의 한계를 보여준다고 지적한다. 6장에서 량미화는 1956년 8월 전원회의 사건을 실증적으로 고찰한다. 이 연구는 김일성의 연안계와 소련계의 숙청이 중, 소의 내정간섭에 대한 전략적 대응의 측면을 갖고 있으며, 이는 결과적으로 중국과 소련으로부터 북한이 상대적 자율성을 획득하게 되는 계기로 작용했음을 보여준다. 7장에서 은용수는 탈식민주의 이론을 해방 이후 한국외교정책사에 적용하고 있다. 그는 한반도에서 전개된 주요 국제정치적 사건들의 분석을 통해 한국의 대외정책에서 탈식민화가 상대적으로 유예되고 '혼종된 식민성'이 배태되는 측면이 있었음을 지적한다.

이 책의 저자들이 한반도 국제관계사에 대해 모두 동일한 이론적 해석이나 목적론적 정향을 갖고 있는 것은 아닐 것이다. 하지만 분명한 것은 모두가 이에 대한 연구와 교육에 있어서 1차 자료에 의한 엄밀한 경험적 사례분석이 요구된다는 점에 동의한다는 것이다. 은용수 교수의 글을 제외하고 다른 장들은 1947년에서 1956년까지의 10년 동안 있었던 사건들을 다루고 있다. 편자들은 이 책의 제목을 정하면서 1권이라는 꼬리표를 붙일 것인가를 고민하였지만, 결국 그렇게 하지 않기로 하였다. 하지만 우리는 이 공부 모임이 지속되어 연대기적인 작업의 축적이 이루어지고, 그를 통해 한반도 국제관계(그리고 그 전환의 필요성과 어려움)에 대한 고민과 이해 부족의 문제가 조금이라도 해결되기를 희망한다.

여러 일로 바쁜 중에도 모임과 집필에 시간을 내어준 저자들에게 고마움을 전한다. 그리고 모임의 진행과 원고의 정리 과정에서 량미화 양이 많은 수고를 해주었다. 마지막으로 출판을 맡아주신 사회평론아카데미의 김천희 소장님께 깊은 감사의 말씀을 드리고 싶다.

물빛이 아름다운 제주 금능에서

신욱희

차례

한국 외교안보정책에 대한 탈식민주의 이론적 검토: 식민성의 역사적 형성과 변용에 관하여 247

경합하는 '태평양' 구상

1949년 태평양 '동맹'의 재해석

옥창준(서울대학교 정치외교학부)

I. 머리말

이 글은 아시아 냉전사의 관점에서 태평양동맹 구상을 분석한
다. 지금까지 한국에서 태평양동맹과 관련된 논의는 이승만 정부
의 외교정책의 일환으로 분석되었다(이호재 1969; 최영호 1999; 노기
영 2001; 박진희 2006). 특히 안보적 차원에서 미국과의 동맹을 확보
하기 위한 하나의 수단으로 태평양동맹을 이해했다. 그렇기에 한국
에서 태평양동맹에 관한 이야기는 대개 1949년 3월 북대서양조약
기구(North Atlantic Treaty Organization, NATO)가 창설된다는 소식
이 한국에 알려지면서 시작되고, 1953년 10월 한미상호방위조약의

* 이 글은 『역사연구』 40호(2021)에 수록된 글을 일부 보완하고 단행본 편집에 맞게 수정
한 것이다.

체결로 끝난다. 이처럼 태평양동맹은 한미동맹 체결을 위한 하나의 '전사(前史)'이자 배경으로서만 언급될 뿐이다.

최근에야 비로소 대만-한국 관계사의 관점에서 태평양동맹 및 진해 회담을 분석하는 외교사 연구가 등장했다. 그러나 여전히 대만과 한국의 '안보' 중심적 인식이 연구의 문제설정을 지배한다(Park 2015; 김영신 2019a, 2019b; 정형아 2019). 그러나 안보 중심적으로 태평양동맹에 접근하는 행위 자체가 매우 특정한 프레임의 반영일 수 있다(공임순 2010; 2012).[1] 이 글은 이승만, 장제스(蔣介石)와 관련된 새로운 사료의 발굴과 해석의 심화도 중요하지만, 태평양동맹 연구를 확장하기 위해 연구 지평을 지리적으로 확대할 필요가 있다고 주장한다.

이를 위해 이 글은 안보 중심적 '동맹'을 중심으로 해석되어 온 기존의 태평양동맹 논의를 유연화하기 위해 인도의 '비동맹(Non-Alignment)' 노선, 그리고 인도의 노선 설정을 강하게 의식했던 필리핀의 '연맹(Union)' 노선을 함께 고려하자고 제안한다. 기존의 한국-미국-대만 중심의 태평양동맹, 더 정확하게 태평양연맹 구상은 본래 필리핀 대통령 엘피디오 키리노(Elpidio Quirino)의 제창으로 시작했다. 즉 태평양동맹 구상은 장제스와 이승만보다도 키리노, 그리고 그 배경이 되는 자와할랄 네루(Jawaharlal Nehru)의 구상까지 확장해서 봐야지만 그 전모(全貌)를 포착할 수 있다.

이 글은 아시아 냉전의 독특한 동학에 주목하는 태평양동맹 연

....

1 이는 공임순의 예리한 지적이다. 공임순은 태평양동맹을 일종의 특정한 '프레임'으로 해석한다. 이 연구는 공임순의 시각을 좀 더 확대하여 냉전을 바라보는 기존 연구사 역시 냉전을 바라보는 특정한 프레임 속에 있다고 파악한다.

구 및 냉전사 연구와 문제의식을 같이한다(Dobbs 1984; Kim 2000; 김정배 2001). 최근의 냉전사 연구는 냉전을 비단 미국과 소련이라는 초강대국의 대립만으로 해석하지 않는다. 물론 냉전은 전 지구적 현상이었지만, 최근의 냉전사 연구는 개별 지역마다 냉전이 그 구체적인 모습을 달리했다는 사실에 초점을 맞춘다(권헌익 2013).[2] 이에 따라 기존의 '냉전적' 연구에서 민감하게 의식되지 않던 지역 차원의 냉전이 주목을 받기 시작했고, 특히 아시아에서는 제2차 세계대전 이후 전후(戰後)의 과제로서 아시아에서 제기된 탈식민과 비동맹의 문제 등이 냉전사 안에서 적극적으로 재해석되고 있다(Goscha and Ostermann eds. 2009; McMahon ed. 2013; Lüthi 2020).

태평양동맹 구상이 제창되고 활발히 논의되는 1949년은 아시아 냉전의 다양성과 중층적 측면을 잘 보여줄 수 있는 시기이다. 바로 이 해에 아시아 국가의 공동대응 방안을 모색하는 뉴델리 회의가 열렸고, '태평양'이라는 새로운 지정학적 표상에 내용을 채우고자 키리노-장제스의 바기오 회담, 이승만-장제스가 만난 진해 회담 등 동맹 구상을 둘러싼 논의가 순차적으로 진행되었기 때문이다. 인도의 뉴델리 회의와 필리핀의 태평양연맹 구상, 장제스와 이승만의 선택은 각국의 냉전적 상황을 반영한 냉전기 외교 정책이라 할 수 있다. 인도와 필리핀, 중화민국과 한국은 자국이 지니고 있는 관념과 동아시아 질서를 바라보는 전략적 고려를 담았고, 이는 서로 경합하고 교섭하면서 태평양동맹 구상의 내용을 채워나갔다.

....

2 냉전의 기원과 종식은 유럽과 아시아에서 동일한 형식으로 이루어지지 않았다. 냉전사 연구는 냉전의 시간성이 같지 않다는 점에 착목하여 냉전의 다양한 공간적 형식에 주목한다(권헌익 2019, 118).

물론 이 경합 과정이 완전히 균등한 조건 아래 이루어지지는 않았다. 태평양동맹 구상의 '주연'은 인도의 아시아 관계회의를 적극적으로 전유하고자 한 필리핀이었다. 중화민국과 한국은 일종의 기회주의적 '조연'으로 태평양 구상의 틈새를 노렸다. 기존의 연구가 한국과 대만의 동향에 초점을 맞추었다면, 이 글은 1949년을 전후한 시기의 필리핀의 동향을 접근 가능한 외교 사료를 중심으로 적극적으로 복원하고자 한다.[3] 특히 필리피나스 헤리티지 도서관(Filipinas Heritage Library)이 공개한 키리노 대통령 시기 문서(Elpidio Quirino Papers) 중 외교 문서군을 주로 활용했다.[4]

II. "파도치는 태평양"과 1947년 아시아 관계회의

해방 공간에서『신천지』지면을 중심으로 활발히 활동한 국제문제 평론가 박기준(朴琦俊)은 1949년 9월에「파도치는 태평양: 태평양의 과거와 아시아의 장래」라는 글을 썼다. 박기준은 태평양의 어

....

3 미국-필리핀 관계에 대한 연구로는 Brands(1992); Cullather(1994); 임머바르(2020). 국내 연구 중에 태평양동맹 당시 필리핀의 움직임에 상대적으로 주목하고 있는 연구로는 지상현(2010); 김영신(2019a). 김영신의 논문은 필리핀이 '연맹'의 성격을 변질시켰다고 평가하고 있는데, 본 연구는 오히려 필리핀은 자국의 태평영연맹안을 일관성 있게 유지했다고 본다는 점에서 김영신의 연구와 입장을 달리한다.

4 이 글에서 주로 활용한 문서군은 Box 19, Folder 2: Foreign Affairs(1949); Box 20, Folder 1: South East Asian Union; Box 20, Folder 2: South East Asian Union(Clippings); Box 20, Folder 3: South East Asian Union(Reports, Speeches, etc.); Box 20 Folder 4: South East Asian Union(Romulo-Recto-Laurel-Avelino Exchanges). 현재 이 자료는 모두 온라인 열람이 가능하다. 인용을 하는 경우 문서의 제목은 표기하되, 문서군을 소개할 때는 Box 19, Folder 1의 경우 'B19F1'로 약칭하도록 하겠다.

원을 따지는 작업으로 글문을 연다. 황금국의 환상을 지니고 스페인의 선박은 남아메리카를 돌아서 필리핀 루손섬에 도착했다. "양양(洋洋)한 바다가 평화스럽다!"며 마젤란은 "페시피코(pacifico)! 페시피코!"라 외쳤다. 박기준은 이 말이 바로 '태평양(Pacific)'이란 말의 낭만적인 출발점이라 적었다(박기준 1949, 180).

박기준의 관찰처럼 '태평양'은 '대서양' 세계의 핵심 인물인 마젤란을 통해 비로소 인지되고 등장할 수 있는 개념이었다. 그러나 태평양은 단순히 대서양 세계의 발명품만은 아니었다. 이제 태평양의 구체적인 의미는 그 안에 살고 있던 아시아인의 자각 속에서 변용을 겪기 시작했다. 태평양은 어원 그대로 고요한 바다에 머무를 수 없었고, 이제 태평양에 큰 파도가 밀어닥쳤다. 이 파도의 직접적인 계기는 유럽의 식민 지배가 지닌 자체적 모순이었다. 유럽은 아메리카 대륙에 이어 태평양을 식민화했지만, 식민지 지배에는 '추락의 씨'가 내장되어 있었다(박기준 1949, 181).

두 차례의 세계대전이 이어지며 식민 지배자는 자멸했다. 유럽의 힘은 세계대전을 거치며 크게 약화된다. 과거에는 인도나 버마가 영국 통치에 대해서 왈가왈부하기는 어려웠지만, 이제 아시아도 그들의 지위를 주장할 수 있는 정세가 조성되었다(박기준 1949, 182). 아시아의 자각을 앞에 두고 서양 국가들은 간섭과 권모술수를 이용해서, 과거의 제국주의적 방식을 재연할 기회를 노리고 있었다. 박기준은 아시아에도 서양 열국의 이러한 근안(近眼)적 시책을 이용해서 스스로 군국주의적 광요(光耀)를 몽상하는 자가 있다면서, 이러한 국가들이 서양 강국과 일대일 동맹 관계를 맺기를 열망하고 있다고 짚었다(박기준 1949, 183).

박기준의 세계정세론에서 흥미로운 대목은 먼저 유럽 국제정치의 제도 중 하나인 동맹을 바라보는 비판적 시선이다. 그는 동맹이 아시아의 불행이 될 뿐만 아니라 서양 열국의 공동의 불안을 태평양 전역으로 확장하는 결과가 될 것이라 소리 높여 비판했다. 이처럼 그는 동맹이 평화를 확보하는 수단이 아니라 오히려 불안을 높이는 정책이라고 보고 있었다(박기준 1949, 183). 다음으로 박기준은 유럽이 형성한 대서양 세계의 팽창 과정을 인정한 후, 지금의 유럽 세력을 소거한 형태로 '태평양'을 논했다. 최근에도 그러하지만 '태평양'은 미국으로 대표되는 아메리카와 아시아를 연결하는 표상이라는 점에서 이와 같은 박기준의 용법은 독특하다.[5] 박기준은 대서양 세계의 확장으로 태평양이 등장했다고 인정하지만, 힘의 공백지로 남은 아시아를 어떻게 재구성할지 상상하고 있었기 때문이다. 그리고 여기에서 '유럽식' 제도인 동맹은 제1순위 선택지가 아니었다.

　　하지만 이는 전후 아시아라는 맥락에서 보면 그리 독특한 용례는 아니었다. 유럽의 퇴조 속에서 아시아의 장래를 어떻게 새롭게 구축해나갈 것인가의 문제는 당대 아시아인이 직면한 공동의 문제였기 때문이다. 인도의 자와할랄 네루가 이와 같은 고민을 대표했다. 네루는 1946년 1월 21일 한 인터뷰에서 아시아의 단결을 논했다. 네루는 새로 출범한 국제연합이 제국주의와 식민주의 청산이라는 시대정신을 잘 반영하지 못한다면 가까운 시일 내에 아시아 국가를 중심으로 자위(自衛)와 상호 부조를 위한 조직체가 등장할 수

5　　장세진은 '태평양'이 아메리카–아시아의 정치적 반공 연대를 적극적으로 상상하고 상호 결속을 도모하는 기호라 주장했다(장세진 2012, 97).

있다고 예측했다. 특히 네루는 아시아 국가들의 공동의 외교정책을 위해 모든 아시아 국가들의 대표들이 만나는 회의를 구상했다(Gopal ed. 1970, 473-474).

1946년 9월 2일, 인도 임시정부의 총리로 취임한 네루는 자신의 구상을 현실에서 차근히 구현해나간다. 네루는 인도의 국제문제 연구소인 인도세계문제협회(Indian Council of World Affairs)를 통해서 아시아 민족의 회의를 소집했다.[6] 민간 기구를 통한 초청은 아직 인도가 영국으로부터 완전 독립을 이루지 못했다는 저간의 사정을 반영한 것이었지만, 인도와 비슷한 상황에 있던 국가의 개인들이 최대한 참석할 수 있는 묘안이기도 했다.[7]

네루는 1947년 3월 23일 아시아 관계회의의 개막을 알리는 연설에서 이 회의의 의의를 다음과 같이 설명했다. 먼저 네루는 왜 회의가 아시아 '관계'회의가 되었는지를 논의했다. 오랫동안 서로 영향을 주고받았던 아시아의 '관계성'은 유럽 제국주의가 도래하면서 해체되었다. 일례로 인도는 중국, 페르시아, 동남아시아 등 다양한

....

6 이 회의에서 다룰 주제는 총 8가지였다. 1) 민족해방운동 2) 인종 문제 3) 아시아 국가 간 이주 문제 4) 식민 경제에서 민족 경제로의 전환 5) 농업 재건과 산업 발전 6) 노동 문제와 사회 서비스 7) 문화 문제 8) 여성의 지위와 여성 운동이었다. 아시아 관계회의에 대한 회고로는 Appadorai(1979). 냉전사의 맥락에서 1947년 아시아 관계회의를 반추하고 있는 연구로는 Stolte(2014). 아시아 관계회의 자료집은 Asian Relations Organization(1948).

7 아프가니스탄, 부탄, 버마, 프랑스령 인도차이나(코친, 캄보디아, 라오스), 베트남민주공화국(북베트남), 실론(스리랑카), 중화민국, 이집트, 인도, 인도네시아, 이란, 남조선, 말라야(말레이시아와 싱가포르), 몽골, 네팔, 팔레스타인의 헤브루대학교(팔레스타인 지역의 유대인 대표), 필리핀, 태국, 티베트, 터키, 소련 내의 8개 아시아 공화국(아르메니아, 아제르바이잔, 그루지아, 카자흐스탄, 키르기스스탄, 타지키스탄, 투르크메니스탄, 우즈베키스탄) 총 28개 국가와 지역이 초청을 받았다.

지역과 상호작용을 활발히 해왔으나, 영국의 인도 지배 이후 이와 같은 관계는 모두 단절되었다. 네루는 이후 인도인에게는 오직 영국으로 가는 해로(海路)만 남았다며, 다른 아시아 국가들도 이와 비슷한 과정을 겪었을 것이라 지적한다(Gopal ed. 1984, 505). 네루는 아시아 관계회의를 통해서 이처럼 아시아의 끊어진 관계성을 복원하고자 했다.

한국인들은 이와 같은 관계성의 복원을 두고 어떤 감각을 지니고 있었을까. 이 회의에 참석한 고황경은 인도를 보면서, 같은 동양의 긴 역사를 가지고 제국주의에 희생이 된 운명을 무언중 뼈 깊이 동정해 왔지만 역시 공간의 제한으로 통신, 교통, 교제가 소원하여 '어디인지 모르게 먼 듯한 느낌'이 있었다고 솔직하게 기록했다(고황경 1949, 1). 그런 의미에서 아시아 관계회의는 한국인이 아시아를 처음으로 대면하고 체험하는 자리에 가까웠다(장세진 2011, 60).

일례로 고황경과 인도네시아인의 만남은 상징적이다. 당시 인도네시아는 식민통치자였던 네덜란드와의 전쟁으로 전 세계의 관심을 받고 있던 국가였다.[8] 인도네시아는 자국의 존재를 세계에 알리기 위해 아시아 관계회의에 주최국에 필적하는 규모의 대표단을 파견한 국가였으며, 3월 31일 샤흐리르(Sjahrir) 인도네시아 총리가 회의장을 방문할 예정이기도 했다. 하지만 식민지 조선 출신 고황경에

....

8   1945년 8월 15일 일본이 포츠담 선언을 수락하며 제2차 세계대전이 종식되자, 8월 17일 수카르노를 위시한 인도네시아의 독립운동가들은 같은 날 독립과 공화국의 수립을 즉각 선포했다. 그러나 네덜란드는 인도네시아의 독립을 순순히 인정하지 않았다. 이후 인도네시아를 점령하고 있던 일본군의 무장 해제를 위해 인도에 주둔하고 있던 영국군이 인도네시아에 파견되었다. 즉각 독립을 주장하던 인도네시아 독립 세력은 이를 '식민주의'의 부활로 인식했고 이에 맞선 무장 투쟁을 시작했다.

게 인도네시아는 여전히 심리적으로 '먼' 지역이었다. 뉴델리에 조선 대표단이 도착한 날인 3월 30일 공교롭게 '인도네시아의 밤' 행사가 열렸다. 인도네시아 사람을 처음으로 만나본 고황경은 그 생경함을 이렇게 기록했다. "아무리 상상해 보아도 지리적 경계선이 확실히 나타나지 않고 어렴풋이 필리핀 근방에서 빙빙 돌고 있다. 그나마도 지리적으로는 방면이나마 짐작하겠는데 역사라고 하면 전연 백지이다(고황경 1949, 112)."

이처럼 여전히 한국인에게 백지인 아시아 지역이 많이 존재했다. 함께 해방을 맞이했을지 몰라도 여전히 소통을 위한 공통의 기반은 부족했다고 할 수 있다. 고황경은 이 회의장에서 필리핀인과 그나마 공감어린 대화를 나눈다. 아시아 관계회의에 참석한 필리핀 대표는 필리핀 민중 역시 '새로운 주인' 미국에 대해서 반감을 지녔던 것도 사실이지만, 한두 해 지나는 동안 미국이 필리핀을 교육해 준 것을 감사하고 있다고 말했다(고황경 1949, 155).[9] 아시아 관계회의에서 일반적으로 드러난 반서구적 감정과 달리, 필리핀 대표의 의견은 다소 결이 달랐다. 이는 서구 세력이 아닌 일본의 식민 지배를 받았던 고황경에게는 남다른 의미를 지녔다.

아시아 관계회의를 마무리하며 고황경은 "동양사람 아시아 사람이라고 다 친구요, 서양사람이라고 다 원수가 아니라"는 결론을 내린다(고황경 1949, 156). 즉 고황경이 이 회의를 통해 배운 사실은 아시아의 보편성이 아니라, 결국 특수한 자기 경험을 초월하기 어렵다

....

9 이 필리핀 대표는 아마 파스 P. 멘데스(Paz P. Mendez)일 가능성이 크다. Asian Relations Organization(1948, 276).

는 점이었다. 인도뿐 아니라 서양의 지배 하에 있던 나라들은 일본이 '대동아공영권'을 부르짖었을 때 이 말을 달콤하게 느꼈을 터였다. 그러나 일본 사람에게 쓴 맛을 본 필리핀은 아무리 혈족이라고 인종을 무시하고 인도주의에 벗어난다면 원수고, 인권을 존중하고 인도주의를 신봉하는 자는 인종이 달라도 친구란 것을 깨달은 사람들이었다(고황경 1949, 156-157).

기실 이 말은 아시아라는 지역성만으로 함께 무언가를 도모하기 어렵다는 한국인의 판단을 반영했다.[10] 이는 유럽 국가의 지배를 받았다가 독립한 아시아 국가들과, 일본의 지배를 받았다가 독립하고 미 군정의 통치 하에 놓인 조선, 스페인과 미국의 지배를 받았다가 일본을 상대로 저항했던 필리핀의 전후 경험이 서로 얼마나 다를 수 있는지를 보여주는 장면이었다. 아시아 관계회의라는 이름에서 알 수 있듯이, 이들의 최대공약수는 '아시아'라는 지역이었지만 이들이 경험한 식민 지배의 양상은 모두 달랐고, 이는 이후 각국이 상상하고 기대하는 탈식민 이후의 관계성이 달라지는 데에 영향을 미친다. 물론 한국에서도 인도네시아 독립 문제 등을 진지하게 보도하며, 탈식민 아시아의 목소리에 공명한 박기준과 같은 인사가 있기도 했지만 말이다(박기준 1950).

....

10 이 회의의 폐막식에서 백낙준은 아시아 관계회의의 의의를 논하면서 "아시아를 세계의 다른 지역과 분리시키기 위해 모인 것이 아니라, 세계라는 더 큰 단위와 연결될 수 있는 단위를 만들기 위해 모였다"고 선언했다. Asian Relations Organization(1948, 237).

III. 비동맹의 기원: 1949년 뉴델리 회의

1949년 1월 20-23일, 뉴델리에 아시아 국가들이 다시 모였다. 이는 시간과 장소의 측면에서 모두 기존의 계획과는 달랐다. 먼저 1947년 뉴델리 아시아 관계회의는 2년 내에 중국에서 제2차 아시아 관계회의를 조직하고 개최할 계획이 있었다(Gopal ed. 1984, 518).[11] 그러나 중국의 국공 내전으로 중국에서의 개최는 어려워졌고, 오히려 기존의 아시아 관계회의보다 참가국의 수준에서 볼 때 좀 더 '지역적인' 회의가 다시 뉴델리에서 열렸다. 그런 의미에서 이 회의는 제2차 아시아 관계회의로 불리지 못하고, 개최지를 따서 '뉴델리 회의', 혹은 참가국 수를 따서 '아시아 19개국 회의' 등의 이름으로 불렸다.

1947년 뉴델리 아시아 관계회의가 주로 민간인 대표단을 중심으로 아시아의 사회문화적 교류와 관계성의 회복을 폭넓게 논의했다면 1949년 뉴델리 회의는 이 회의에 참석한 필리핀 대표 카를로스 로물로(Carlos Romulo)의 표현처럼 아시아에서 개최된 첫 번째 정부 간 '정치 회의'였다(Jansen 1966, 83). 그렇다면 뉴델리 회의는 어떤 정치 문제를 다루었을까. 전후 아시아의 핵심 문제는 제2차 세계대전의 승전국의 이름으로 아시아에 잔존할 수 있게 된 유럽 '식민주의'였다. 특히 네덜란드의 침략에 재차 맞서는 인도네시아를 어떻게 지원할 수 있는지가 당대의 핵심 문제로 부각된다.

....

11 아시아 관계회의 이후 아시아 관계조직(Asian Relations Organization)이 수립되기도 했으나, 이는 일종의 문화 기구였지, 외교적 기구가 아니었다.

네덜란드와 인도네시아는 1945년 인도네시아 독립 전쟁을 치렀고, 그 결과 체결된 1946년 11월 링가자티(Linggadjati) 조약을 통해 네덜란드는 1949년까지 인도네시아공화국의 독립을 약속했다. 1947년 네덜란드가 일방적으로 링가자티 조약을 파기하고 제1차 '치안 활동(police action)'에 나섰고, 이를 두고 국제연합 산하의 주선위원회의 주도로 1948년 1월 17일, 인도네시아공화국 정부와 네덜란드 간의 협정이 미군 함정 렌빌(Renville)호에서 체결되어 인도네시아 독립 전쟁은 일시 정전 상태로 들어갔다. 그러나 렌빌 협정이 굴욕적 내용이라 비판한 철저항전파가 인도네시아 마디운에서 반란을 일으켜 인도네시아 정국이 다시 혼란에 빠졌다. 네덜란드는 인도네시아의 혼란을 틈타 1948년 12월 11일 렌빌 협정의 폐기를 선언하고 12월 18일, 인도네시아를 향한 전면 공격(제2차 '치안 활동')에 나섰다.

1948년 12월 31일 네루는 네덜란드의 침략 행위를 규탄하기 위해 여러 아시아 국가에 초청장을 발송하여 아시아 국가의 긴급 회의를 소집했다(Gopal ed. 1990a, 152).[12] 그러나 네덜란드는 마셜 플랜의 지원을 받는 서유럽 연맹(Western Union)의 일원이었고, 네덜란드의 침략을 방지하는 일은 전후 아시아 질서를 형성하는 데 있어 지극히 복잡한 문제를 야기했다. 네덜란드 식민주의에 맞서는 투쟁을 진행하는 동시에, 네덜란드를 간접적으로 지원하는 영국, 미국과의 관계를 어떻게 설정해야 할까.

....

12 네루가 초청장을 발신한 국가는 이집트, 터키, 이란, 아프가니스탄, 중국, 버마, 태국, 실론, 파키스탄이었다. 실론을 제외하고 모두 국제연합 내의 아시아 회원국들이었다.

당시 네루가 내린 선택을 통해서 인도의 전략 구상을 재구성해 보면 다음과 같다. 우선 네루는 1949년 뉴델리 회의에 공산주의 국가의 참가를 배제했다. 그 결과 1947년 뉴델리 아시아 관계회의에 참석했던 소련 내의 중앙아시아 공화국들이 초청을 받지 못했다. 호치민이 이끄는 북베트남(베트남민주공화국)도 1949년 뉴델리 회의에 참석을 희망했지만, 네루는 '공산주의' 베트남의 참석을 꺼려했다. 베트남이 아직 국제적 지위를 인정받지 못했다는 점을 들어 베트남의 참석은 끝내 이루어지지 않았다(Jansen 1966, 85). 이는 뉴델리 회의를 '반서구', '친공적'이라 보고 있는 영국과 미국의 의심을 피하기 위한 외교적 포석이었다. 이들 대신 네루는 영연방 국가이자 아시아 국가인 호주와 뉴질랜드를 초청했다. 이는 네루가 소련으로부터 '친서방적'이라는 비판을 받는 이유이기도 했다. 그러나 네루는 이와 같은 비아냥을 감수하면서까지도 서방의 시선을 의식했다.[13]

영국과 미국은 뉴델리 회의에 공산주의 국가들이 참가하지 않은 사실에 안도했지만, 인도가 국제연합을 무시하고, 반서구 블록(bloc)을 주도하지 않을까 줄곧 의구심을 품었다. 네루는 뉴델리 회의의 목표가 네덜란드를 향한 군사적 동맹체를 형성하는 데 있지 않다고 다시금 못 박았다(Gopal ed. 1990a, 158). 뉴델리 회의는 "반유럽, 반미도 반서구적"이지도 않을 것이었다. 네루는 이 회의에서 강대국을 배제하고, 또 인도네시아의 투쟁을 돕는 목적 이외의 것을

....

13 1949년 뉴델리 회의에는 아프가니스탄, 호주, 버마, 실론, 중화민국(옵서버), 이집트, 에티오피아, 인도, 이란, 이라크, 레바논, 네팔(옵서버), 뉴질랜드(옵서버), 파키스탄, 필리핀, 사우디아라비아, 시리아, 태국(옵서버), 예멘 총 19개국이 참석했다.

추구하는 국가를 제외했다고 다시 한 번 강조했다(Gopal ed. 1990a, 163).

유럽 제국주의 국가와의 투쟁을 천명하면서 '반서구적'인 태도를 회피한 선택의 결과는 다음과 같았다. 1949년 뉴델리 회의는 국제연합 안전보장이사회의 권위를 인정했다. 이 회의에서 채택된 최종 결의안은 1949년 1월 28일 국제연합 안전보장이사회에서 인도네시아 결의안이 통과하는데 영향을 미쳤다. 그리고 제2, 제3 결의안은 향후의 아시아 국가들의 협력방안을 논했는데, 우선은 국제연합 틀 내에서 협력을 모색할 것만을 합의했을 뿐, 아시아 국가들만의 항구적인 회의 기관 설치를 결정하지는 않았다.[14] 이처럼 네루는 아시아 국가들만의 지역적 특수성이 아니라 보편적인 윤리의 문제로 인도네시아 문제에 대처하고자 했다.

하지만 현실은 네루의 의도 이상으로 돌아갔다. 1949년 뉴델리 회의를 통해서 오히려 아시아의 단결과 정치세력화 방안이 진지하게 논의되기 시작한 것이다. 일례로 한국의 『동아일보』도 뉴델리 회의를 보며 아시아의 조직체 형성을 강하게 요구했다.

"우리는 이미 남북미 대륙을 통한 서반구 방위쁠럭을 보았고 또 중동지역 회교도들의 소위 아랍연맹도 보았다. 또 이제 서구동맹도 실현된 이 때에 새로 형성될 아주(亞洲) 쁠럭은, 물론 유엔 헌장 51조에 규정된 바 자위(自衛)를 목적으로 한 지역적 쁠럭의 성격을 갖게

....

14 "Further resolutions adopted by the Conference on Indonesia held in New Delhi from 20-24 January 1949." United Nations Digital Library. https://digitallibrary.un.org/record/471587

될 것임으로 이 쁠럭의 형성은 유엔 정신에 배치되지 않을뿐더러 평화 확립을 위하여 오히려 유엔과 병존할 수 있는 것이 될 것이다. 따라서 그것은 아시아의 안정 내지 세계평화 확립에의 초석이 될 것임에 틀림없다."[15]

이제 '쁠럭'은 지역적 조직체로서, 보편적인 국제연합 질서를 지역적 차원에서 실질적으로 보완하는 장치라는 의미를 부여받는다. 하지만 아시아의 조직체를 바라보는 입장은 각 국가가 처한 상황마다 달랐다. 이미 영연방을 통해 동남아시아 지역의 국가들과 긴밀하게 연결되어 있던 네루는 아시아 지역만의 항구적인 조직체 형성이 유럽식 '동맹' 제도가 아시아로 확산하는 결과로 이어지고, 이는 이후 미국과 소련의 냉전 대립에 활용될 수 있다고 보고 있었기 때문에 블록 형성에 적극적이지 않았다. 블록을 형성하려면 결국 아시아에 존재하는 서구 제국주의 세력이 물러나야 한다는 조건이 먼저 해결되어야 했다.

이와 같은 노선의 최대치가 바로 훗날 인도의 네루가 중심이 된 '비동맹' 노선이었다. 비동맹 노선이 적극적으로 표방되기 위해서는 정치적 탈식민지화가 어느 정도 무르익어야 했다. 1949년의 맥락에서 이와 같은 조건이 이루어질 수는 없었기에 네루는 인도네시아 문제에 국한하여 일회적으로 아시아 국가들이 목소리를 높이면서, 세계 여론을 상대로 실력을 과시하는 전략을 취했다.[16] 반면 뉴

....

15 「사설: 아세아회의를 성원함」, 『동아일보』 1949.01.22.
16 인도 네루의 외교노선은 한국전쟁 당시에도 그렇지만 국제연합 내에서 아시아 국가들을 규합하는 쪽에 가까웠다.

델리 회의 이후 아시아 국가들의 관계성을 좀 더 강하게 결속시키려는 움직임이 등장했는데, 이를 가장 먼저 선취한 인물이 바로 필리핀의 대통령 키리노였다.

IV. 연맹과 동맹 사이의 '태맹(太盟)'

1949년 뉴델리 회의에 참석하기 위해 필리핀의 주국제연합 대사 카를로스 로물로가 키리노 대통령의 명으로 일시 귀국했다. 로물로는 1월 14일 저녁 키리노를 만났다. 키리노는 전임 로하스 대통령의 외교정책이 미국에 지나치게 의존적이라 인식하고, 상대적으로 아시아 지역 외교에 관심을 두고 있었다.[17]

대통령인 동시에 필리핀 외교부 장관직을 겸직하고 있던 키리노는 로물로를 만나기 전 주필리핀 미국 대리대사 토마스 로케트(Thomas Lockett)를 만나 다음과 같은 대화를 나누었다. 로케트는 뉴델리 회의가 반서구 블록을 형성하지 않을까 우려했고, 이 회의가 국제연합의 틀 내에서 진행되면 좋겠다는 바람을 드러냈다. 이에 대해 키리노는 자신이 로물로에게 다음과 같은 훈령을 내릴 것이라 답했다. 먼저 인도네시아의 반-네덜란드 투쟁을 적극 지지하되 너무 목소리를 높이지 않을 것, 그리고 아시아 국가들이 모이는 뉴델리 회의 자체는 매우 조심스럽게 진행되어야 하며 동양(East)이 서

·······

17 본래 키리노는 필리핀의 부통령이자 외교부 장관이었다. 그는 1948년 로하스 대통령의 갑작스러운 사망 이후 대통령직을 승계했다.

양(West)에 맞서는 인상을 주지 말아야 한다는 내용이었다. 실제로 로물로는 훈령에 따라 뉴델리 회의의 의제를 조정하기 위해 1월 15일 마닐라를 떠나 뉴델리로 향했다.[18]

앞서 언급했듯이 1949년 1월의 뉴델리 회의는 인도네시아 문제를 국제연합의 틀 내에서 호소하는 신중 노선을 취했다. 그렇기에 아시아 국가만의 상설 사무국을 설치하는 문제는 더 적극적으로 논의되지 못했다. 네루는 1949년 1월 뉴델리 회의 이후에도 줄곧 인도가 아시아의 지도국이 될 의사가 없다는 점을 공공연하게 표명했다(Gopal ed. 1990b, 466). 네루의 외교 노선은 아시아만의 새로운 '관계성'을 형성하자는 목표를 지녔지만, 그 방안은 우선 군사 중심의 '동맹'을 배격하고, 지역 내 다양한 국가와 비군사적 차원의 협력을 증진하는 데 있었다(Gopal ed. 1990b, 472).

인도가 아시아 국가의 조직 문제에 적극적으로 나서지 않는 틈을 노려 키리노가 아시아 국가의 조직체 구상에 임했다. 1949년 3월 중순 키리노는 북대서양조약기구 창설을 즈음하여 아시아에 북대서양조약기구와 유사한 태평양 조약(Pacific Pact)을 창설하자는 구상을 언론 인터뷰를 통해 넌지시 내비쳤다.[19] 북대서양조약기구의 창설에 직접적으로 영향을 받은 것은 분명했지만, 키리노의 태평양 조약 구상은 뉴델리 회의를 통해 성사된 아시아 협력의 주도권을

....

18 "The Chargé in the Philippines(Lockett) to the Acting Secretary of State(1949/01/15)." *FRUS, 1949, The Far East and Australasia*, Vol. 7, Part 2. https://history. state.gov/historicaldocuments/frus1949v07p2/d308

19 "The Chargé in the Philippines(Lockett) to the Secretary of State(1949/03/21)." *FRUS, 1949, The Far East and Australasia*, Vol. 7, Part 2. https://history.state.gov/ historicaldocuments/frus1949v07p2/d312

선제적으로 쥐고자 한 정치적 포석이었다. 물론 필리핀이 아시아 관계회의가 아니라 '태평양'을 언급한 것은 분명 태평양 너머의 미국을 의식한 행위였다.

하지만 미국은 아시아 지역을 포괄하는 태평양 조약에 참가할 의사가 없었다. 1949년 3월 29일 국무부 정책기획국(Policy Planning Staff)이 작성한 「미국의 동남아시아 정책」은 동남아시아 지역과 대서양 지역 및 다른 자유 세계가 조화로운 관계를 형성하기 위한 여러 정책안을 권고했다. 특히 정책기획국은 미국이 처음부터 동남아시아 지역 조직의 형성을 촉구하지 말라고 조언했다. 아시아 지도자들이 지역 조직의 결성에 서두를 경우, 미국은 이를 무산시키기보다는 조심스럽게 이와 같은 움직임을 '조정'하기를 권했다. 또 이 보고서는 미국이 제국주의적 개입을 한다는 외부의 비판을 피하기 위해서라도 인도, 필리핀과 같은 국가들이 이 지역 내의 정치적 문제의 해결을 주도할 수 있도록 하기를 조언했다.[20]

이후의 행보를 볼 때, 미국은 이 보고서의 제안을 정확하게 따랐다. 특히 미국은 네루의 태도를 강하게 의식하고 있었다. 애치슨 국무장관은 아시아에 세계평화에 위협이 되는 중대한 위험 요소가 있지만, 인도의 네루 총리가 일전에 발언했던 것처럼 태평양 방어 조약은 아시아의 내부 충돌이 해결된 이후에야 형성될 수 있다고 발언했다. 네루는 아시아 지역 국가들의 독립이 완전히 이룩되지 않은

....

20 "Policy Planning Staff Paper on United States Policy Toward Southeast Asia(1949/03/29)." *FRUS, 1949, The Far East and Australasia*, Vol. 7, Part 2. https://history.state.gov/historicaldocuments/frus1949v07p2/d317 이 문서에 대한 기존 연구의 주목으로는 김정배(2001, 14-15).

상황에서 지역 차원의 조약체가 등장하면, 자칫 아시아에서의 식민주의의 온존(溫存)으로 이어질 수 있기에 조약의 체결은 시기상조라 파악하고 있었다. 애치슨은 네루의 의견이 "현재의 상황에서 가능한 실질적이고 실천적인 객관적인 평가"인 것 같다고 동조했다.[21] 네루와 애치슨 모두에게 태평양 조약의 문제는 '시기적'으로 적절치 않은 제안이었다.

뉴욕의 국제연합 본부를 무대로 활동하던 '미국통' 카를로스 로물로는 태평양 조약 구상에 대한 미국 내의 분위기를 소상하게 파악하고 있었다.[22] 노련한 외교관인 로물로는 이와 같은 상황 속에서 네루식 접근법과 키리노의 구상을 결합하여 태평양동맹이 반공주의(anti-communist)보다는 비공산주의적(non-communist) 성격을 지녀야 한다고 주장했다(Meyer 1965, 144-145). 참가국의 성격을 공간적으로 조절해서, 태평양동맹 구상을 지속하고자 한 것이다.

1949년 5월 시카고대학교에서 개최된 "오늘날 세계에서의 남아시아" 심포지엄에서 로물로는 1949년 뉴델리 회의에 공산주의 국가들이 참석하지 않은 일은 큰 의미가 있으며, 앞으로 필리핀의 제창으로 등장할 아시아연맹(Asian Union)은 '비공산주의적'인 속성을 지닐 것이라고 발언했다(Talbot and Brodie eds. 1950, 158-159).

....

21 "Pacific Pact Corresponding to North Atlantic Treaty Untimely(Released to the press May 18, 1949)." *The Department of State Bulletin*, Vol. XX, No. 516, 1949/05/22, p.696.

22 필리핀은 태평양 조약이 미국 내에서도 상당한 반향을 일으켰다고 장밋빛 보고서를 올렸지만 실제로 애치슨 국무장관은 아시아와 유럽의 상황은 다르다고 보고 있었다. "The Chargé in the Philippines(Lockett) to the Secretary of State(1949/03/28)." *FRUS, 1949, The Far East and Australasia*, Vol. 7, Part 2. https://history.state.gov/historicaldocuments/frus1949v07p2/d316

키리노의 '태평양 조약' 대신 로물로가 '아시아연맹'이라는 표현을 쓰고 있다는 점이 눈에 띈다. 로물로는 뉴델리 회의와 마찬가지로 '공산주의' 국가를 배제한 상태에서 협력체를 만들고, 이를 토대로 역내 협력을 증진하는 방안을 제시했다. 로물로의 구상에서는 미국의 참가나 협력 여부도 아시아연맹의 성사에 핵심 조건은 아니었다.

로물로는 키리노 대통령에게 보낸 7월 7일 서신에서 이에 입각한 방책을 제안했다. 그 계획에 따르면 우선 연맹은 한국과 필리핀, 태국, 뉴질랜드, 호주, 인도, 버마, 실론 그리고 인도네시아를 중심으로 정치·경제 협력을 이루어나가야 했다. 이 연맹의 목적은 자유와 독립을 억압하는 세력을 향한 일종의 연대였다. 그리고 연맹의 목표는 러시아, 중국의 공산주의뿐 아니라 유럽 제국주의와의 투쟁을 목표로 해야 했다. 유럽 제국주의와의 투쟁을 강조해야 했기 때문에 이 연맹에 영국과 프랑스, 네덜란드, 그리고 미국의 참여가 배제되어야 했다.[23]

로물로의 계획안을 보면 뉴질랜드, 호주, 인도, 실론 등 참여하는 대다수 국가가 영연방 국가라는 점을 알 수 있다. 로물로는 인도를 중심으로 한 영연방 국가들이 그들을 중심으로 한 연맹체를 만들려는 움직임을 의식했고 이를 키리노가 제창한 태평양 조약 구상안에 포함하고자 했다. 로물로는 인도가 미국과 소련 사이에서 제3세력으로서 홀로 서는 전략이 아니라, 아시아 지역 내 세력을 규합

....

23 로물로가 키리노에게 보낸 전보는 미국에 의해 수집되어 1949년 7월 15일 보고되었다. "Telegram to Quirino From Romulo(1949/07/07)." *FRUS, 1949, The Far East and Australasia*, Vol. 7, Part 2. https://history.state.gov/historicaldocuments/frus1949v07p2/d338

하려는 식으로 최근 노선을 선회하고 있다고 판단했다. 로물로는 이 기회를 노려서 키리노가 직접 네루와 아시아연맹 문제를 상의하기를 권했다.[24]

하지만 1949년 7월 키리노는 네루가 아닌 장제스를 만났다. 키리노가 장제스를 만난 것은 장제스의 필리핀 방문 요청에 키리노가 응한 결과였다. 장제스는 미국과 직통하기보다는 미국과 필리핀의 특수 관계를 활용해서, 미국을 아시아에 끌어들인다는 전략을 취했다. 6월 말 주필리핀 중화민국 공사를 통해 장제스는 키리노가 미국을 방문하는 7월 중순 전에 키리노와 회담 자리를 마련할 것을 요청했다(김영신 2019a, 178).

키리노가 장제스의 요청에 응해 장제스는 7월 10-11일 필리핀의 바기오를 개인 자격으로 전격 방문했고 바기오 회담이 성사된다. 회담 이후 장제스와 키리노는 공동 성명을 발표했다. 이 성명은 "극동 국가의 자유와 독립을 위협하는 공산주의의 위협에 맞서, 연대와 상호 지원을 위해 일종의 연맹(union)을 만들 것"에 합의했다. 그리고 연맹 결성을 위한 예비적 회의를 조속한 시일 내에 개최하고, 아시아와 태평양 국가들이 이 연맹에 참여해달라고 호소했다.[25]

하지만 이 공동 성명은 키리노(그리고 로물로)의 외교 노선이 대폭 관철된 것이었다. 공산주의의 위협을 강조했다는 측면에서 장제스의 요구를 일부 수용했지만, 키리노는 실제로 누가 연맹에 참여할

......

24   *Ibid.*
25   "Joint Statement of President Quirino and Generalissimo Chiang Kai-shek (1949/07/11)." https://www.officialgazette.gov.ph/1949/07/11/joint-state-ment-of-president-quirino-and-generalissimo-chiang-kai-shek/

것인가에 대해서는 명확한 합의를 하지 않았다. 이를 논의하는 회의를 바기오에서 개최한다는 합의만 했을 따름이었다. 또 이 자리에서 키리노는 '동맹' 대신 '연맹'을 명문화하는 데 성공했다. 키리노는 바기오 회담 직전 필리핀 독립 3주년을 기념한 연설을 통해 태평양 지역의 인민들의 '연맹'이 자유와 평화를 증진하는 데 있어 공동의 협의와 협조를 행하며, 자원의 효과적인 배분에 초점을 맞출 것이라고 발언했다. 이처럼 키리노의 구상에서 연맹은 동맹보다는 제도화가 낮은 느슨한 협력체에 가까웠고, 경제 협력이 핵심 요소 중 하나였다.[26]

공동 성명을 발표했지만, 장제스의 본심은 키리노와 완전히 같지는 않았다. 장제스는 중화민국, 필리핀, 한국을 중심으로 원동(遠東, Far Eastern) 연맹을 구상하고 있었다(김영신 2019a, 181). 하지만 장제스는 전반적인 상황을 고려할 때 이 연맹을 필리핀이 주도해야 한다는 사실을 인정하고 있었다. 장제스는 회담 다음 날인 7월 12일 이승만에게 개인 전보를 보냈다. 그리고 장제스는 연맹을 필리핀이 주도하는 것이 적절하다고 생각하며 이에 대한 이승만의 의견을 물었다. 이승만 역시 국제연합 한국위원단(United Nations Commission on Korea, UNCOK)의 필리핀 대표 루피노 루나(Rufino Luna)를 통해 키리노가 연맹에서 주도적인 역할을 맡아주기를 바란다는 답신을 주었다.[27]

....

26 "Address of President Quirino on Independence Day(1949/07/04)." https://www.officialgazette.gov.ph/1949/07/04/address-of-president-quirino-on-independence-day/

27 이승만은 키리노가 장제스와 함께 한국을 방문해주기를 원하고 있었다. "Report from

또 이승만은 장제스와 키리노가 함께 한국을 방문하거나, 둘 중의 한 명이라도 한국을 방문하여 적색 위협에 맞서 싸우는 공동 투쟁 전선을 확립하자고 주장했다(공보처 1953, 144). 하지만 이승만의 제안에 화답한 것은 장제스뿐이었다. 8월 이승만과 장제스의 진해 회담이 전격적으로 준비되었다(김영신 2019a, 180).[28] 1949년 8월 7일부터 8일까지 진행된 진해 회담의 결과문에서 장제스와 이승만은 '동맹' 구상을 공공연히 표현하지 않았다.[29] 오히려 이 결과문을 살펴보면 필리핀 주도로 바기오에서 예비회의를 하루빨리 개최하여, 구체적인 안을 마련할 것을 요청하고 촉구하는 수준이었다.

실제로 진해 회담 중 장제스는 아세아방공(防共)체제를 경제적 협조를 기초로 수립할 것을 천명했으며, 유럽에서도 북대서양군사동맹이 맺어졌지만, 그 토대는 구주이사회 내의 구주경제협조위원회였다고 말했다. 군사적 동맹체 이전에 정치, 경제적 협력의 중요성을 시사한 발언이었다. 진해 회담의 경위를 보도한 『동아일보』도 한국이 북대서양동맹이라는 결과만을 봐왔지 이와 같은 결과가 나오기까지 과정을 몰각한 나머지 태평양동맹 결성에 있어서도 이를 결성시킬 수 있는 경제적 조건의 조성을 등한시하고 일기(一氣)에 방위동맹의 체결만을 절규했다는 점을 반성하는 기사를 작성했다.

....

Dr. Luna re Korean reaction to Pacific Union proposal(1949/07/14)." President Elpidio Quirino Papers, B19F2. 하지만 이와 같은 이승만의 공개 초청에 카를로스 로물로는 불쾌감을 표시했다. 이에 대해서는 초대 주한 중화민국 대사였던 사오위린(邵毓麟)의 기록이 참고된다. 사오위린(2017, 218).

28 장제스의 방한과정에 대한 상세한 분석은 김영신(2019b).

29 진해 회담 공동성명 전문은 사오위린(2017, 241-242); 「공동성명 전문」, 『조선일보』 1949.08.09.

태평양동맹에 소극적이며 방관만 하고 있던 여러 나라들의 적극적 참가를 독려하기 위해서는 경제 영역에서부터 출발하여 정치, 군사 적 협력으로 나아가야만 했다.[30]

진해 회담 이후 이승만도 군사적 동맹 차원에서만 태맹(太盟)을 논하지 않았다. "우리가 태맹을 체결하려는 것은 결코 위급에서 벗어나기 위한 것이 아니라 공산 세력을 방어하기 위한 북대서양동 맹 제국(諸國)과 보조를 같이하여 동양에서도 각국이 합심하여 방공투쟁을 하려는 것이다. 따라서 나의 주장은 지역상으로나 인종상 으로 구별이 있어서는 안 된다는 것이며, 또 군사상 문제에 있어서 는 태평양 상의 어느 나라가 침략을 당했을 때, 다른 동맹국이 이를 공동방위하는 것이 아니면 의의가 없다는 것이다. 그러나 앞으로 열 릴 태평양회의(太平洋會議)에서 이 동맹을 경제적 문화적인 관계에 만 그치게 하자고 결의되면, 그에 따르게 될 것이다"(공보처 1953, 145).[31]

진해 회담 이후에도 상황은 장제스와 이승만의 바람대로 움직이 지 않았다. 이승만과 장제스가 연맹을 통해 군사적 협력까지 가능 한 '동맹'을 최종적 목표로 두었다고 한다면, 필리핀은 이미 군사적 '동맹'안을 배제한 형태로 자신의 구상을 구체화했다. 1949년 8월 3 일 키리노는 로물로에게 내린 훈령에서 태평양연맹(Pacific Union) 이 비군사적인 성격을 지녀야 한다고 재차 강조하고, 아시아 국가들

....

30 「사설: 집단방공과 진해 회담」, 『동아일보』 1949.8.10.
31 이승만은 진해에서 태평양회의를 개최할 생각도 했으나, 태맹을 누구보다도 중요시하 고 처음부터 이를 제창한 필리핀 대통령이 주도권을 가지고 바기오에서 회담을 개최하 는 것이 더 원만할 것이라고 발언했다.

의 경제, 정치, 문화적 협력을 논하면서 연맹이 국제연합 아시아극
동경제위원회(ECAFE) 및 유네스코와 협력하는 안을 천명했다.[32]

1949년 8월 6일 미국으로 출발한 키리노는 8월 9일 미국 상원
연설에서 필리핀이 추진하는 태평양연맹 구상의 성격은 비군사적
이라는 점을 재차 언급했다. 아시아 국가들은 의미 있는 군사 동맹
체를 형성할 만한 군사력이 부재했다. 그렇기에 아시아에서 공산주
의의 확장을 막기 위해서 선결되어야 할 것은 비군사적, 특히 경제
협력이었다.[33] 이는 키리노-장제스의 바기오 회담의 저의를 의심한
트루먼 행정부의 우려를 불식시키기 위한 조치였다. 트루먼 행정부
역시 아시아 국가들의 경제 협력과 자치의 향상을 위한 강력한 연대
를 응원하겠다는 메시지를 주었다. 8월 25일 귀국 후 필리핀대학교
에서 행한 연설에서 키리노는 자신의 구상을 본격적으로 동남아시
아연맹(Southeast Asian Union, SEAU)이라 부르기 시작했다. 이는 명
백하게 중화민국과 한국을 배제하고 싶은 의지를 담은 용어였다.[34]

1950년 1월 말 키리노는 미국을 다시 방문했다. 1950년 2월 4일
트루먼 대통령과 애치슨 국무장관과 동석한 자리에서 키리노는 아
시아연맹에 대해 의견을 밝혔다. 키리노는 카를로스 로물로가 아시

....

32 "Letter of Instruction of President Quirino to Ambassador Romulo on the Pacific
    Union(1949/08/03)." President Elpidio Quirino Papers, B20F3. 이 서신의 내용은
    국내 언론 보도를 통해서도 알려진다. 「군사 의무는 제외, 태맹의 성격」, 『조선일보』
    1949.08.05.

33 "Address of President Quirino before the U. S. Senate(1949/08/19)." https://www.
    officialgazette.gov.ph/1949/08/19/address-of-president-quirino-before-the-u-s-sen-
    ate/

34 하지만 이승만은 동남아연맹에도 참석할 용의를 내비쳤다. 「동남아연맹에 참가, 응낙
    용의 표명」, 『경향신문』 1949.12.24.

아 국가들의 대표들을 만나면 이들이 아시아연맹에 과연 미국이 참가하냐는 질문을 자주 한다고 트루먼 대통령에게 털어놓았다. 이에 트루먼은 아시아연맹은 아시아 국가가 주도권을 쥐어야 한다는 의견을 표했다. 키리노는 아시아연맹에 한국, 중국국민당, 버마, 태국, 인도네시아와 파키스탄까지 참가시킬 방법을 고민하고 있다고 밝혔다.[35] 이는 트루먼의 의중을 떠보려는 키리노의 발언이었다.

트루먼은 키리노의 발언에 답하지 않고 인도, 호주와 뉴질랜드가 아시아연맹에 포함되냐고 키리노에게 되물었다. 키리노는 이들 국가는 추후에 참여할 것이라고 답하며 즉답을 피했다. 이에 애치슨 국무장관은 인도, 호주, 뉴질랜드가 참가하지 않으면 아시아연맹은 충분한 힘을 확보하지 못할 것이라 덧붙였다. 특히 애치슨은 독립적인 외교 노선을 취하고 있는 네루의 인도가 아시아연맹에 꼭 포함되어야 한다고 판단하고 있었다.[36] 이는 필리핀의 아시아연맹안이 성공하기 위해서는 인도의 노선을 그 안에서 적절하게 포섭하는 일이 중요하다는 인식에 기초했다.

하지만 1950년 정세상의 변화로 태평양연맹의 길이 순탄치는 않았다. 먼저 1950년 2월 실론의 콜롬보에서 영연방 국가들을 중심으로 한 콜롬보 회의가 열렸다. 주로 영연방 국가들의 경제 협력 방안을 논한 이 회의는 그 참가 국가의 지리적 분포가 필리핀의 동남아시아연맹 구상과 겹치는 부분이 많았다. 로물로는 콜롬보 회의의

....

35 "Memorandum of Conversation, by the Secretary of State(1950/02/04)." *FRUS, 1950, East Asia and the Pacific*, Vol. 6. https://history.state.gov/historicaldocuments/frus1950v06/d804

36 *Ibid.*

개최가 필리핀의 태평양연맹 구상을 견제하기 위한 네루의 술책이 아닐까 의심했다.[37] 또 1949년 후반 국공내전에서 중국공산당의 승기가 확실해지면서, 아시아 국가들은 태평양연맹에 참가하는 행위 자체가 중국과 대결하고, 미국을 선택한다는 입장처럼 보일까 우려하고 있었다. 이런 상황에서 로물로는 "중화민국과 한국이 동남아시아 회의에 참가하는 일"에 절대적으로 침묵을 지켜야 한다고 키리노에게 충고했다.[38]

한편 이승만은 끝까지 태평양동맹에 대한 기대심을 품고 있었다. 1950년 3·1절 연설에서 "태평양 연안 모든 나라들도 속히 단결해서 소를 잃기 전에 외양간을 고쳐야 할 것"이라 주장했다. 그러나 이승만 역시 군사적 성격의 태평양동맹을 고집하지는 않았다. 그는 "합동(合同)한 나라들이 각각 사회적·경제적·문화적으로 서로 교환해서 발전하기에 힘쓸 것이니 공산제국주의는 무력이 아니고는 영구히 막기 어려울 것이지만, 경제적·문화적 합동이 아니고는 또한 어려울 것"이므로 우선 "사회·경제·문화 방면으로부터 시작해서 태평양 연안 제국의 안전을 점차로 발전시킬 것이오, 그 후의 진전은 시간에 따라서 작정될 것"이라고 점차 필리핀이 주도하는 태맹에 기대하는 태도를 보였다.[39] 이에 따라 이승만의 명을 받아 장면

....

37 로물로는 줄곧 필리핀의 태평양연맹을 보이콧해서 미국의 아시아에서의 영향력을 견제하고자 하는 국가로 인도와 영국을 꼽았다. "Letter from Carlos P. Romulo to the President re invitation declined by the Indian government(1950/03/20)." President Elpidio Quirino Papers, B20F1.

38 "Progress report of Carlos P. Romulo re South East Asia Union project(1950/03/03)." President Elpidio Quirino Papers, B20F1.

39 이승만, 「3.1절 31주년(1950/03/01)」, 대통령기록관 대통령 연설기록.

주미 대사는 1950년 4월에 뉴질랜드와 호주를, 5월에는 필리핀을 방문하여 태평양동맹의 불씨를 살리기 위해 노력했다. 하지만 이승만은 미국이 얼마나 아시아연맹에서 인도를 중시하고 있는지, 또 필리핀이 인도를 얼마나 의식하고 있는지까지는 모르고 있었다.

반면 장제스는 필리핀의 동향을 파악하고 있었다. 1950년 4월 21일 키리노에게 개인 서신을 보내, 1949년 7월 11일 바기오 회의의 정신을 환기한 후, 최근 필리핀이 주도하는 회의가 국제공산주의에 맞서 싸우기에는 전혀 부적합하다고 비판했다. 그리고 회담이 이런 식으로 조직된다면 중화민국이 참여할 수 없다고 통보했다.[40] 이는 일종의 경고였으나, 로물로는 이를 중화민국의 불참 선언으로 이해했다. 로물로는 드디어 키리노의 구상을 방해하던 긴 그림자가 걷어지고, 행복한 결말(Happy Ending)을 맞이했다고 냉정하게 기록했다.[41]

1950년 5월 26일 바기오 아시아 및 태평양 제국(諸國) 회의가 열렸다. 개최국인 필리핀에 이어 호주, 실론, 인도, 파키스탄, 인도네시아, 태국 총 7개국이 참여했다(Meyer 1965, 152). 로물로가 1949년 7월 7일 서신을 통해 발표한 계획안과 비교해보면 파키스탄이 포함되고 한국, 뉴질랜드, 버마가 오지 않았다. 버마와 뉴질랜드에는 초청장이 발송되었으나, 버마는 영연방에도 참여하지 않는 강력한

<hr />

40 "Message from Generalissimo Chiang Kai-Shek to the President(April 1950)." President Elpidio Quirino Papers, B20F1.

41 "Report to the President re SEAU(1950/04/26)." President Elpidio Quirino Papers, B20F3. 이승만은 장제스에게 보낸 서신을 통해 오히려 이 회의에 참가해서 중화민국과 한국이 회의 내부에서 '반공 및 군사 동맹체'를 강하게 주장하는 것이 가장 현실적인 방안이라 제안했다고 한다. 김영신(2019b, 337).

'비동맹' 노선을 취하고 있었기에 필리핀의 초청을 거절했다.[42] 뉴질랜드는 바기오 회의의 의제가 이미 1950년 1월 개최되었던 영연방 국가 중심의 콜롬보 회의와 겹친다는 이유에서 불참했다. 이승만은 장제스와 진해 회담을 하면서 오히려 필리핀의 연맹 노선에 부응하려고 했지만, 외부에서는 이러한 이승만의 움직임이 '비공산주의'를 추구하는 연맹 노선과는 어울리지 않는다고 보았다.

바기오 회의가 합의한 사항은 다음과 같았다. 먼저 이 회의는 정치적으로는 아시아 국가들 간의 공식 외교 관계를 통해서 앞으로 일어날 아시아의 문제에 대응하자고 결의했다. 경제적으로 이 회의는 원료의 가격 선정을 함께 하고, 기술 인력 교류와 기술 교류에 힘쓰자고 결의했다. 또 이 회의는 사회문화적 교류를 증진하고, 회의에 참석한 국가들이 이와 같은 목표의 달성을 위해 힘쓰자는 결의를 남겼다.[43]

V. 맺음말: '태평양'의 유산

이 글은 태평양동맹 구상을 소재로 하여 전후/냉전 아시아에서 경합했던 인도, 대만, 한국, 필리핀의 구상을 일람했다. 태평양동맹(Pacific Alliance), 태평양조약(Pacific Pact), 태평양연맹(Pacific

....

42 "Message from Burmese government declining Philippine invitation to proposed Southeast Asia Union Conference(1950/03/28)." President Elpidio Quirino Papers, B20F1.

43 "Final Act and Proceedings of the Baguio Conference of 1950." President Elpidio Quirino Papers, B20F4.

Union) 등 다양한 이름으로 불린 태평양동맹 구상은 필리핀뿐 아니라 다양한 행위자의 제안이자 각국이 처한 상황대로 전유한 대상이었다(Mabon 1988). 한국과 중화민국의 입장에서 보면 바기오 회의로 연결된 필리핀의 태평양연맹 구상은 원칙이 없는 기회주의처럼 보였다(사오위린 2017, 246). 하지만 필리핀의 태평양연맹은 1950년 바기오 회의를 거쳐 1954년 동남아시아조약기구의 창설로 연결된다는 점에서 단순히 일회적 구상에 머물지 않았다.

1954년 9월 8일 필리핀 마닐라에서 체결된 동남아시아조약기구는 무척 독특한 조약체였다.[44] 우선 명칭에서 '동남아시아' 기구를 표방했지만, 미국과 영국 그리고 프랑스가 참여했으며, 동남아시아 국가는 태국, 필리핀 두 국가에 불과했다. 또 북대서양조약기구와 달리 동남아시아조약기구에는 통합 군사령부도 존재하지 않았으며, 미국이 분쟁에 자동 개입한다는 조항도 존재하지 않았다. 무력 공격에 의한 침략에 맞서 각 체약국은 공동의 위험에 대처하기 위해 "자국의 헌법상의 절차에 따라" 행동할 뿐이었다.[45] 또 반공 군사동맹이라고 보기에는 베트남, 캄보디아, 라오스를 군사적으로 '봉쇄' 하려는 어떠한 실질적인 조치도 취해지지 않았다. 미국이 주장했던 '공산 침략'은 조약문 본문에 반영되지 못하고 양해 각서에 부속되는 형태로 첨부될 수밖에 없었다.[46]

....

44 동남아시아조약기구의 가입국은 호주, 뉴질랜드, 프랑스, 영국, 미국, 파키스탄, 태국, 필리핀 총 8개국이었다.

45 동남아시아집단방위조약 제4조 1항의 내용이다. 국회도서관 입법조사국 엮음(1976, 316).

46 "미합중국은 제4조 1항이 규정하는 침략과 무장공격의 효과에 관한 인정과 아울러 그에 관한 동의가 공산 침략에만 적용된다는 양해 하에 이 조약을 실시한다." 국회도서관 입

이처럼 군사적 동맹의 관점에만 본다면 동남아시아조약기구는 그야말로 '실패한 동맹'이었다(Buszynski 1983). 하지만 좀 더 주목해 봐야 할 것은 동남아시아조약기구를 창설한 동남아집단방위조약(마닐라 조약)과 함께 통과된 「태평양 헌장」(Pacific Charter)이다. 필리핀 정부가 초안을 잡은 이 헌장은 아래와 같았다.

"첫째, 국제연합 헌장의 제 규정에 의거하여 평등권의 원칙과 각 민족의 자결원칙을 지지하고 모든 평화적 수단에 의하여 자치를 향상시키고 그 민족의 독립을 희원(希願)하고 각자의 책임을 질(負) 수 있는 모든 국가의 독립을 확보하기 위하여 진지하게 노력한다.

둘째, 각자의 헌법상의 절차에 기초(基)하여 전기한 제 목적의 순조로운 달성에 유리한 조건을 확보하기에 효과적인 실제 조치를 계속하여 취할 용의가 있다.

셋째, 이 지역에 있어서 보다 높은 생활수준과 경제발전과 사회복리를 증진시키기 위하여 경제, 사회, 및 문화의 각 방면에서 계속하여 협조한다.

넷째, 동남아집단방위조약에서 선언한 바와 같이 각 조약 지역 내에서 자유를 타파하고 주권이나 영토 보전을 파괴하는 어떠한 기도도 이를 적당한 수단에 의하여 방지 또는 반대할 용의가 있다."[47]

이 「태평양 헌장」은 이미 미국-필리핀 상호방위조약(1951)으로

<hr/>

법조사국 엮음(1976, 318).

47 「태평양 헌장」 전문은 https://avalon.law.yale.edu/20th_century/usmu005.asp에서 확인 가능하다. 국문 번역본은 외무부 정무국(1956, 11-12).

이미 군사적으로는 안전보장을 확보한 필리핀이 동남아시아조약기구를 통해 추가적으로 구현하고자 했던 '연맹'의 정신이었다. 이처럼 헌장은 민족의 자결과 국가의 독립을 지지했다. 또 지역의 경제·사회·문화의 발전과 협력을 강조하고 있었다(Meyer 1965, 236). 이는 공산주의의 군사적 침략보다는 동남아시아 지역의 저발전을 더 큰 위협으로 인식하는 필리핀의 인식과 직접적으로 맞닿아 있었다.

'동맹'의 시각에서 보면 동남아시아조약기구는 결점투성이처럼 보일 수 있었지만 필리핀의 입장에서 볼 때 이는 동남아시아의 상황과 맥락을 충실히 반영한 아시아적 '연맹'이자 태평양연맹 구상의 연장선이었다. 이제 필리핀 외교부 장관이 되어 1954년 마닐라 동남아시아조약기구 창설회의에 참석한 카를로스 로물로는 유럽과 아시아를 연결하는 '역사적인 문건'으로서 「태평양 헌장」을 꼽으며, 아시아에서 공산주의에 맞서는 첫 번째 반격이 시작되었다고 자평했다(Romulo 1955, 282-283).

필리핀의 태평양 구상이 이념형적인 동맹과 비동맹 사이의 '연맹체'인 동남아시아조약기구로 귀결되었다면, 아시아에는 인도와 인도네시아와 같이 비동맹 노선을 추진하는 국가도 있었다. 인도와 인도네시아는 영국과 프랑스가 참여한 동남아시아조약기구를 새롭게 모습을 바꾼 서구 식민주의라 인식했고 이에 큰 경계심을 표했다. 이미 제네바 회의가 진행될 때 인도와 인도네시아, 파키스탄, 실론, 버마 5개국은 실론의 콜롬보에 다시 모여서 "제(諸) 국가의 주권, 안전 및 정치적 독립 아울러 그들 자신의 인민의 의사와 요구에 따라 발전하고 진보할 각국의 권리"를 제창한 공동 성명을 제출했다. 이후 이들 5개국은 냉전 논리를 근본적인 차원에서 비판하는 회의를 준비한다. 1년 뒤에 열리는 이 회의는 훗날 개최된 인도네시아의 도시 이름을 빌려 반둥 아시아·아프리카 회의로 기록된다(Ewing 2019).[48]

태평양연맹의 설계자 카를로스 로물로는 반둥 회의에도 참석했다. 반둥 회의를 관찰하던 리처드 라이트(Richard Wright)에게 필리핀은 "서양화된 아시아 국가로서 지리상의 이유로 우연히 강력한 아시아 국가들 사이에 돛을 내린 국가"(Wright 1956, 128)였다. 라이트는 필리핀이 "우파 앞에서는 미국을 믿으라고 말하며 좌파 앞에서는 아시아 형제국들의 말을 진심으로 이해하는 것처럼 행동하는 곤란한 위치"에 있다고 적었다(Wright 1956, 128). 그러나 반둥 회의 석상에서 로물로는 네루의 '비동맹' 노선을 비판하며, 이는 인도와 같은 대국에게 적용될 수 있는 논리이지, 필리핀 같은 소국은 연합 노선을 취할 수밖에 없다고 강변했다(Romulo 1956, 79). 또 네루의 비판과 달리 동남아시아조약기구는 공산주의 국가의 베트남, 라오스, 캄보디아를 향한 침략을 방어하며, 인도의 평화공존 노선과 부합할 수 있으며, 국제연합 헌장 내에서 허용된 지역적 방위조약이라고 주장했다(Romulo 1956, 90). 이처럼 동남아시아조약기구의 창설과 반둥 회의의 참석은 로물로에게 충분히 양립 가능한 행위였다. 냉전기 필리핀의 행보는 현재의 냉전사 연구에도 잔존하고 있는 냉전적 시각과 반냉전적 시각의 '사각지대'를 드러내는 것일지도 모

<hr>

48 아시아 관계회의 이후 인도에 거점을 둔 아시아 관계조직(Asian Relations Organization)은 반둥 아시아·아프리카 회의 직전에 출간된 서적을 통해 반둥 회의의 전사(前史)로 1947년 뉴델리 아시아 관계회의, 1949년 뉴델리 회의, 1950년 바기오 회의, 1954년 콜롬보 회의를 모두 언급하고 있다. Poplai ed.(1955).

른다.[49]

한편 한국과 대만은 1954년 6월 다시 진해에 모여 비정부 단체가 주도하는 아시아민족반공연맹(Asian People's Anti-Communist League, APACL)의 출범을 아시아 국가들 앞에 선언했다.[50] 1954-1955년의 맥락에서 등장한 여러 구상은 한국전쟁과 인도차이나의 분쟁을 거치면서 좀 더 명확한 경계선으로 분획되고 있었다. 이와 같은 냉전 아시아의 정치적 분할이 지니는 냉전사적 의미는 추후 별도의 연구를 기약한다.

49 로물로와 반둥 회의에 대해서는 Espiritu(2006); Claudio(2015).
50 한국 외무부 정무국이 발간한 『SEATO의 성립』을 보면 이승만의 1949년 태맹(太盟) 안-1950년 바기오 회의-1954년 진해 반공 회담-1954년 SEATO의 창설로 이어지는 계보가 구성되어 있다. APACL에 대해서는 Yang and Cho(2020)와 Chen(2021).

참고문헌

『경향신문』

『동아일보』

『조선일보』

필리피나스 헤리티지 도서관(https://www.filipinaslibrary.org.ph/)

필리핀『관보』(Official Gazette)

FRUS, 1949, The Far East and Australasia, Vol. 7, Part 2.

FRUS, 1950, East Asia and the Pacific, Vol. 6.

The Department of State Bulletin, Vol. XX, No. 516.

고황경. 1949.『인도기행』. 서울: 을유문화사.

공보처. 1953.『대통령이승만박사담화집』. 서울: 공보처.

공임순. 2010. "국제연합에 의한 국가주권의 물신화와 여행서사의 국가화: 조병옥의
『특사유엔기행』의 역사지정학."『시학과 언어학』19: 7-40.

_____. 2012. "태평양 '동맹'의 프레임과 '일민'주의의 자기 표상 전략: '반공'
방벽으로서의 태평양동맹과 '타공'으로서의 일민주의문학."『현대문학의 연구』48:
7-44.

국회도서관 입법조사국 엮음. 1976.『한국외교관계자료집』. 서울: 국회도서관.

권헌익. 2013. "냉전의 다양한 모습."『역사비평』105: 221-235.

_____. 2019. "냉전의 개념사적 이해." 권헌익·신욱희 엮음.『글로벌 냉전과 동아시아』.
서울: 서울대학교출판문화원.

김영신. 2019a. "장제스의 '원동연맹' 결성 구상과 좌절."『역사문화연구』69: 173-204.

_____. 2019b. "1949년 장제스 방한의 유래와 의의."『전북사학』56: 315-344.

김정배. 2001. "냉전 초기 미국의 동아시아 전략: '태평양연맹(Pacific Union)'을 중심으로."
『대구사학』65(1): 299-338.

노기영. 2001. "이승만정권의 태평양동맹 추진과 지역안보구상."『지역과 역사』11: 186-
223.

박기준. 1949. "파도치는 태평양: 태평양의 과거와 아시아의 장래."『신천지』4(8): 180-183.

_____. 1950. "인도네시아의 고뇌: 동남아시아에 여명은 온다, 동남아시아의 실정."
『신천지』5(6): 66-71.

박진희. 2006. "이승만의 대일인식과 태평양동맹 구상."『역사비평』76: 90-118.

사오위린(邵毓麟). 2017.『사오위린 대사의 한국 외교 회고록: 중화민국과 한국의
근대관계사』. 이용빈 외 옮김. 파주: 한울.

외무부 정무국. 1956.『SEATO의 성립』. 서울: 외무부.

이호재. 1969.『한국외교정책의 이상과 현실: 1945-1953』. 서울: 법문사.

임머바르, 다니엘(Daniel Immerwahr). 2020. 『미국, 제국의 연대기: 전쟁, 전략, 은밀한 확장에 대하여』. 김현정 옮김. 파주: 글항아리.

임종명. 2010. "탈식민 초기, 남한국가 엘리트의 아시아기행기와 아시아표상." 『민족문화연구』 52: 143-198.

장세진. 2011. 『슬픈 아시아: 한국 지식인들의 아시아 기행 1945-1966』. 서울: 푸른역사.

_____. 2012. 『상상된 아메리카: 1945년 8월 이후 한국의 네이션 서사는 어떻게 만들어졌는가』. 서울: 푸른역사.

정형아. 2019. "이승만·장제스 정부의 군사적 위기, 협력모색, 그리고 좌절(1949-1950)." 『군사』 112: 45-82.

지상현. 2010. "동아시아 지역질서의 기원과 등장: 냉전 초기 집단동맹 구상의 실패를 중심으로." 연세대학교 대학원 석사학위 논문.

최영호. 1999. "이승만 정부의 태평양동맹 구상과 아시아민족반공연맹 결성." 『국제정치논총』 39(2): 165-182.

Appadorai, A. 1979. "The Asian Relations Conference in Perspective." *International Studies* 18(3): 275-285.

Asian Relations Organization. 1948. *Asian Relations: Being Report of the Proceedings and Documentation of the First Asian Relations Conference.* New Delhi: Asian Relations Organization.

Brands, H. W. 1992. *Bound to Empire: The United States and the Philippines.* New York: Oxford University Press.

Buszynski, Leszek. 1983. *SEATO: The Failure of An Alliance Strategy.* Singapore: Singapore University Press.

Chen, Hao. 2021. "Resisting Bandung? Taiwan's Struggle for 'Representational Legitimacy' in the Rise of the Asian People' Anti-Communist League, 1954-57." *The International History Review* 43(2): 244-263.

Claudio, Lisandro E. 2015. "The Anti-Communist Third World: Carlos Romulo and the Other Bandung." *Southeast Asian Studies* 4(1): 125-156.

Cullather, Nick. 1994. *Illusions of Influence: The Political Economy of United States-Philippines Relations, 1942-1960.* Stanford: Stanford University Press.

Dobbs, Charles M. 1984. "The Pact that Never Was: The Pacific Pact of 1949." *Journal of Northeast Asian Studies* 3: 29-42.

Espiritu, Augusto. 2006. "To Carry Water on Both Shoulders: Carlos P. Romulo, American Empire and the Meanings of Bandung." *Radical History Review* 95: 173-190.

Ewing, Cindy. 2019. "The Colombo Powers: crafting diplomacy in the Third World and launching Afro-Asia at Bandung." *Cold War History* 19(1): 1-19.

Gopal, S. ed. 1970. *Selected Works of Jawaharlal Nehru* 14 (New Delhi: Jawaharlal

Nehru Memorial Fund).

Gopal, S. ed. 1984. *Selected Works of Jawaharlal Nehru: Second Series* 1. New Delhi: Jawaharlal Nehru Memorial Fund.

Gopal, S. ed. 1990a. *Selected Works of Jawaharlal Nehru: Second Series* 9. New Delhi: Jawaharlal Nehru Memorial Fund.

Gopal. S. ed. 1990b. *Selected Works of Jawaharlal Nehru: Second Series* 10. New Delhi: Jawaharlal Nehru Memorial Fund.

Goscha, Christopher E. and Christian F. Ostermann eds. 2009. *Connecting Histories: Decolonization and the Cold War in Southeast Asia, 1945-1962.* Stanford: Stanford University Press.

Jansen, G. H. 1966. *Afro-Asia and Non-Alignment.* London: Faber.

Kim, Myongsob. 2000. "Declined Invitation by Empire: The Aborted Pacific Pact and the Unsolved Issue of Regional Governance." Dong-Sung Kim, Ki-Jung Kim and Hahnkyu Park eds. *Fifty Years after the Korean War: From Cold War Confrontation to Peaceful Co-existence.* Seoul: KAIS.

Lüthi, Lorenz M. 2020. *Cold Wars: Asia, the Middle East, Europe.* Cambridge: Cambridge University Press.

Mabon, David W. 1988. "Elusive Agreements: The Pacific Pact Proposals of 1949-1951." *Pacific Historical Review* 57(2): 147-177.

McMahon, Robert J. ed. 2013 *The Cold War in the Third World.* New York: Oxford University Press.

Meyer, Milton. 1965. *A Diplomatic History of the Philippines Republic.* Honolulu: University of Hawaii Press.

Park, Junghyun. 2015. "Frustrated Alignment: The Pacific Pact Proposals from 1949 to 1954 and South Korea-Taiwan Relations." *International Journal of Asian Studies* 12(2): 217-237.

Poplai, S. L. ed. 1955. *Asia and Africa in the Modern World: Basic Information Concerning Independent Countries.* Calcutta: Asian Relations Organization.

Romulo, Carlos P. 1955. *Crusade in Asia: Philippine Victory.* New York: John Day.

Romulo Carlos P. 1956. *The Meaning of Bandung.* Chapel Hill: University of North Carolina Press.

Stolte, Carolien. 2014 " 'The Asiatic hour': New Perspectives on the Asian Relations Conference, New Delhi, 1947." Natasa Miskovic, Harald Fischer-Tiné and Nada Boskovska eds. *The Non-Aligned Movement and the Cold War: Delhi–Bandung–Belgrade.* London: Routledge.

Talbot, Phillips and Henry Brodie eds. 1950. *South Asia in the World Today.* Chicago: Chicago University Press.

Wright, Richard. 1956. *The Color Curtain: A Report on the Bandung Conference.* New

York: The World Publishing Company.

Yang, Joonseok and Young Chul Cho. 2020. "Subaltern South Korea's Anti-Communist Cooperation in the Mid-1950s." *Asian Perspective* 44(2): 255-277.

샌프란시스코 강화조약
한미일 관계의 위계성 구성

신욱희(서울대학교 정치외교학부)

I. 서론

박근혜 정부 시기의 위안부 합의나 문재인 정부 시기의 GSO-MIA 종료를 둘러싼 논쟁은 한미일 삼자관계가 갖고 있는 독특한 역동성을 잘 보여준다. 미국의 부분적 역할에 의해 성사되는 것처럼 보였던 위안부 합의는 결국 다시 결렬되었고, 역시 미국의 역할 행사에 의해 잠정적으로 종료가 유예되었던 GSOMIA는 아직 공식적인 갱신이 결정되지는 않았다. 한미일 관계 내 미일, 한미 양자관계에는 위계가 존재하나, 한일관계는 미국의 영향력 하에 있으면서 양국의 국내정치에 의해 좌우되는 복합적인 모습을 보여주는 것이다.[1] 21세기 초반 한미일 관계의 발전적 전환을 위해서는 태평양 전쟁

....

* 이 글은 『한국과 국제정치』 36권 3호(2020)에 실린 논문을 수정한 것임.

이후 형성된 삼자관계의 냉전적 구성 과정을 고찰하는 것이 필요하다. 크로닌(Cronin)은 냉전을 진영 간 관계, 진영 내 관계, 그리고 국가의 안과 밖이 서로 작용했던 특수한 체제로 묘사하면서 아래와 같이 지적하였다(Cronin 1996, 14).[1]

희망은 (과거의) 경로를 되돌아봄으로써 우리가 현재 살고 있는 세계와 우리가 미래를 만들어 나가야 하는 조건들을 탄생시킨 환경에 대해 좀 더 명확히 이해하는 데 존재한다.[2]

동아시아 냉전체제 구성에 대한 기존 논의는 주로 한국전쟁을 계기로 하는 한미일 남방삼각관계와 북중소 북방삼각관계 사이의 대립적 구조 형성에 대한 것에 치우쳐 왔으며,[3] 한미일 삼각관계의 특성이 어떻게 구조화되었는가에 대한 고찰은 상대적으로 부족했던 것으로 생각된다. 동아시아에서 미국의 동맹체제 생성에 관한 대표적 연구인 차(Cha)의 작업은 구조적 현실주의의 관점에서 물질적 요인의 역할에 치중하면서, 한미일 삼국 사이 독특한 관계적 특성의 생성에 대한 충분한 설명을 제공하지 못하고 있다. 그는 아래와 같이 이야기한다(Cha 2016, 19).

....

1   즉 소위 'hub and spoke' 관계에서 hub와 각 spoke 사이에서는 위계성이 존재하고 spoke 사이에서의 위계성은 명확치 않은 특징을 보여주는 것이다. 한미일 관계를 하나의 삼각관계의 체제(system)로 간주한다면, 그 특성의 검토를 위해서는 각각의 측면연계, 즉 세 양자관계, 그리고 세 나라의 국내정치 사이의 상호작용 효과(interaction effect)를 분석해야 한다. 체제와 삼각관계의 개념에 대해서는 Jervis(1997)를 참조할 것.
2   이와 같은 노력의 대표적인 예로 Hopf(2012)를 볼 것.
3   동아시아에서 양극성의 구조화와 제도화 과정의 이해를 위해서는 신욱희(2019a)를 볼 것.

나는 아시아에서 주된 안보적 설계로서 다자주의가 아닌 쌍무주의가 등장한 것은 미국의 동맹 형성의 배경에 있었던 '권력의 작용(powerplay)'에 의한 것이라고 주장한다. 가장 포괄적인 수준에서 힘의 작용이란 어떠한 제도적 설계가 자신의 안보적 목표에 가장 적합한가에 대한 국가들에 의한 전략적 선택에 관련된다.

한미일 삼각안보체제가 국제법적 주권 국가 사이의 수평적 관계가 아닌 비대칭적 관계로 이루어져 있음은 주지의 사실이다.[4] 하지만 이러한 비대칭성은 단순히 무정부 상태에서 권력의 분포에 따라서만 결정되는 것이 아닌 좀 더 다층적인 성격을 갖고 있다고 할 수 있으며, 이 점에서 최근의 위계성(hierarchy)이나 지위(status)에 대한 국제정치학적 논의를 참고할 필요가 있다.

한미일 관계를 이루고 있는 세 양자관계 중 두 관계의 안보적 연계는 1951년의 미일안전보장조약과 1953년의 한미상호방위조약으로 이루어졌으며, 이는 한국전쟁이 주 계기가 되었다. 하지만 동아시아 냉전이나 한미일 삼각관계의 형성에 대한 역사적 고찰은 한국전쟁이라는 거대사건에 대한 거시적인 반사실적 분석(counter-factual analysis)보다는 그를 통한 창발적 체제 형성에 대한 과정추적(process tracing)의 방식으로 이루어지는 편이 더 적절할 것으로 보인다.[5] 또한 흔히 '65년 체제'라고 불리는 냉전적 한일관계의 원형

....

4 이는 일본의 오키나와 할양과 평화헌법, 그리고 한국의 분단과 작전권 이양과 같은 '불완전 주권'의 특징을 갖고 있는 것이다.
5 각각의 내용을 위해서는 Lebow(2010)와 Bennett and Checkel(2015)을 참조할 것. 그러한 점에서 샌프란시스코 강화조약, 미일안전보장조약, 한미상호방위조약과 함께

역시 한국전쟁 중에 맺어진 샌프란시스코 평화회의를 통해서 만들어졌다고 볼 수 있다. 그러한 점에서 1951년 9월에 맺어진 샌프란시스코 강화조약에 대한 구조화이론적 검토가 갖는 의미를 찾을 수 있을 것이다.[6]

이 글은 먼저 위계성과 지위 개념에 대한 이론적 논의를 살펴보고, 이와 연관된 샌프란시스코 강화조약의 체결 내지는 샌프란시스코 체제 형성에 대한 경험적 검토를 행하고자 한다. 여기서 제기되는 주요 쟁점은 한미일 관계의 위계적 분화 형태, 일본의 상대적 주체성, 그리고 한국의 참가국 지위의 문제가 될 것이다.

II. 위계성과 지위

자신의 구조적 현실주의 이론에서 월츠(Waltz)는 무정부 상태의 체제 내에서 행동하는 단위들이 기본적으로 동일한 속성을 갖는 것으로 간주하였다. 그에 의한 국제정치의 기본 원리는 다음과 같다 (월츠 2000, 159-160).

첫째, 구조는 체계를 질서지우는 원리에 따라 정의된다. 체계의 변화는 이러한 원리가 변화할 때 일어난다. 무정부적 영역에서 위계적 영역으로의 이동은 한 체계에서 다른 체계로의 이동을 의미한다.

....

1953년의 정전협정이나 1954년의 제네바 회담에 대한 사례연구도 필요하다고 할 것이다.

6 구조화이론을 위해서는 Giddens(1986)를 볼 것.

둘째, 구조는 분화된 단위들이 가지는 기능의 구체화에 의해 정의된다. 위계적 체계의 변화는 기능들이 다르게 정의되고 분배되는 경우에 일어난다. 무정부적 체계의 경우에는 그 체계가 서로 비슷한 단위들로 구성되어 있다는 점에서 이 두 번째 정의에서 도출되는 체계 변화의 기준이 적용되지 않는다.

셋째, 구조는 단위들의 능력의 분포에 의해 정의된다. 능력 분포의 변화는 그 체계가 무정부적이건 위계적이건 간에 체계의 변화를 의미한다.

따라서 현재의 국제정치체제에서는 단순하게 무정부성 하의 능력의 분포가 단위의 행동을 규제하게 되며, 한미일 삼각안보체제에서도 일본과 한국은 미국을, 그리고 한국은 미국과 일본을 따라 자신의 정책을 규율하게 된다고 볼 수 있다.

그러나 레이크(Lake)는 국제정치의 실재는 무정부적 주권국가체제라는 공식적-법적 접근법(formal-legal approach)과 많은 부분에서 일치하지 않는다고 주장하면서, 주권의 분할 가능성(divisibility)과 국가 내의 사적 영역의 존재를 지적하였다. 그는 다음과 같이 이야기한다(Lake 2009, 51-52).

정치적 상호작용의 모든 영역은 공적, 그리고 사적 영역으로 구분될 수 있는데, 전자에서는 정치적 권위가 하위단위에게 행사되며, 후자에서는 배제된다. 모든 주권은 다소 간 분할되며, 위계성이 이러한 가변적 주권의 대체물이 된다. 정치적 권위에 의해 통제되지 않는 사적인 행동의 범위가 클수록 그 관계는 덜 위계적이다. 반대로 정치적 권위에 의해 조정되는 정책적 영역이 넓을수록 그 관계는 좀 더 위계적이다. 그렇게 정의된다면, 위계성은 A가 B에 의한 순응을 정당하게 요구하고 기대할 수 있는 행위의 수에 의해 달라지는 하나의 지속적인 변수가 된다. 하나의 극단에서 A는 B가 수행하는 어떤 행위에 대해서도 권위를 소지하지 않는다. 이것이 '웨스트팔리아적 주권'의 이상형이며, 국제체제 내의 모든 관계를 특징짓는 무정부성의 조건으로 보편적으로 (그리고 잘못) 인식되고 있다. 다른 극단에서는 A가 B가 수행하는 모든 행위를 규제하는 권위를 소지하고 있다. 이와 같은 완전하고 순수한 위계성 하에서 B는 모든 정치적 삶의 영역에서 A에게 반하는 어떠한 것도 결정할 수 있는 독립적인 권리나 자율적인 능력을 갖고 있지 못하다. 이러한 극단에는 사교나 전체주의 국가를 제외하고는 아마 거의 근접하는 것이 없을 것이다. 보통 위계적인 것으로 간주되는 근대국가 내에서도 실질적인 사적인 행위의 영역이 존재한다. 그러므로 통상적으로 말하자면 상대적으로 위계적인 관계에서도 A는 B의 모든 행동이 아니라 많은 행동에 대해 권위를 행사하는 것이다. 국제관계에서 가장 위계적인 관계는 B가 넓은 범주의 경제적, 안보적 행동에 있어 A에게 복속되는 제국의 형태라고 할 수 있다.

그러므로 실질적인 국제관계는 무정부성과 위계성 조건의 중간 상태에서 이루어진다고 보는 것이 적절하며,[7] 비공식적 제국(infor-

....

[7] 무정부성과 위계성의 상관관계에 대해서는 Nedal and Nexon(2019)을 볼 것. 그들은 특정한 권위체계는 무정부성과 세력균형을 강화시키기도 하고, 또한 그에 의해 강화되기도 한다고 지적한다.

mal empire)과 같은 복합성의 존재는 요즈음 논의되는 국가의 지위 추구 문제와 연결된다. 즉 국가는 단순한 안보적, 경제적 요인을 넘어서는 관념적 목표를 아울러 갖게 되는 것이다.[8] 지위이론가들은 지위를 '가치 있는 속성들에 있어서 한 국가의 주어진 순위에 대한 집합적 신념'으로 정의하면서(Larson et al. 2014, 7), 이를 기본적으로 상대적이고 주관적인 것으로, 그리고 단순히 물질적인 속성으로만 판단되는 것이 아니라 다른 국가들의 인식에 의해 좌우되는 것으로 설명하고 있다. 그들에 의하면 "지위는 따라서 위계와 경의를 포함하는 집합적이고, 주관적인, 그리고 상대적인 사회적 관계에 해당하는 것"이다(Larson et al. 2014, 13).

이러한 위계성과 지위의 문제는 체제의 전환기, 예를 들어서 제국의 위계적 질서에서 국가간 체제의 무정부적 질서로의 이전 시기에는 핵심적인 문제가 되었으며, 태평양 전쟁 이후 동아시아 질서의 재편이 그 하나의 예였다고 할 수 있다. 전재성은 미국이 주도한 이 과정의 딜레마에 대해 아래와 같이 서술하였다(전재성 2019, 384, 437).

비서구 3세계의 주권적 지위와 관련하여 2차 세계대전 이후 구 제국주의 시대는 청산되고, 1945년 이후 대부분의 국가들은 주권국가로 독립하게 된다. 모든 국가는 법적 평등성을 보장받고 국제연합총회의 일원으로 균등하게 1국1표를 행사한다. 이러한 현실은 현재의 관점에서 당연한 듯하지만 당시의 상황에서는 유사 이래 최초의

....
8   근대 일본의 지위 추구에 대한 연구의 예로 신욱희(2019b)를 볼 것.

상황이었다.

미국이 2차 대전 이후 국제정치 조직원리의 기초로 상정하였던 식민지 해방과 형식적 주권의 보편적 실현, 강대국 간의 협력과 규범과 규칙 기반 질서는 미소 간의 강대국 대립, 냉전 수행을 위한 주권체제 정착 과정 등에서 왜곡되었다.… 동아시아에서 케난의 소위 '역코스(reverse course)' 정책에 의한 일본 주권의 회복과 1951년 9월 샌프란시스코 평화조약 체결, 미일 안보협약 체결 등은 동아시아 대공산권 봉쇄 체제의 마련이라는 결과와 동시에 일본 제국주의 청산의 미완이라는 과제를 동시에 남기게 되었다. 냉전을 수행해야 하는 필요성이 미국이 구상한 자유주의 국제정치 조직원리를 왜곡한 것은 분명한 사실이다. 미국은 자유주의 진영의 승리를 위해 강력한 동맹체제와 국제경제레짐을 창출하고 중요한 문제를 냉전 수행과 진영안보의 논리로 결정해 나갔다.

1951년 샌프란시스코 강화조약을 둘러싼 한국, 미국, 일본 삼자 간의 상호작용은 동아시아 국제체제의 위계성과 지위의 냉전적 구성에 관한 중요한 사례를 제공하고 있다. 이는 동아시아 지역에서 식민주의 시기의 제국적 위계성을 전환시키기보다는 부분적으로 유지시키는 결과를 낳게 되었다. 즉 이러한 맥락에서 미시적으로는 현재에도 나타나는 한미일 관계 지위 위계성의 구조적 특성이 냉전 초기 태평양 전쟁의 특징적인 전후 처리 과정을 통해 만들어졌던 것이다.

III. 경험적 사례로서의 샌프란시스코 체제

저비스가 지적하듯이 한국전쟁은 냉전의 결과라기보다는 그를 통해 글로벌 냉전, 특히 동아시아 냉전의 성격이 규정된 역사적 사건이라고 할 수 있을 것이다(Jervis 1980).[9] 한국전쟁의 발발과 전개가 중요한 또 하나의 이유는 그 과정에서 샌프란시스코 강화조약이라는 태평양 전쟁의 전후 처리 작업이 이루어지고 그 결과로서 미일관계를 중심으로 하는 냉전기 동아시아 국제관계의 기본축 중의 하나가 만들어졌다는 점이다. 샌프란시스코 체제의 형성은 행위자 차원에서는 일본의 입장을 중시한 미국의 관료들과 미국에게 자신의 입장을 적극적으로 설득한 일본 관료들에 의해, 그리고 전략적 차원에서는 미국의 태평양에서의 기지 확보 노력과 일본의 조기 강화, 자율성 모색의 상호작용을 통해서 이루어졌다고 할 수 있다. 이종원은 냉전에 의한 탈식민지화 과정의 제약과 굴절, 그리고 미국 주도의 냉전적 헤게모니 형성이라는 관점에서 샌프란시스코 강화조약과 동아시아 냉전의 관계를 검토하면서, 이러한 과정이 현재의 영토분쟁, 역사인식, 그리고 동맹체제의 문제와 연관이 있다는 점을 지적하였다(이종원 2013).

류지아는 "샌프란시스코 강화조약이 연합국과 일본 간의 점령은 종결시켰을지언정 아시아에서의 전후체제를 종결시키지 못했다"는 한 일본학자의 주장을 인용한 후(류지아 2010, 72), 미국이 "한국전쟁을 전후하여 이전에 보복적인 성격이 강한 '엄격한 강화'에서 아

....

9 즉 한국전쟁이 냉전의 종속변수가 아닌 독립변수적인 성격을 갖는다고 보는 것이다.

시아 지역에서의 미국 입장을 고려하여 일본을 자유진영에 편입시키면서 아시아의 반공 보루로 설 수 있도록 고려한 '관대한 강화'로 [정책적] 궤도를 완전히 수정"하였다고 지적하였다(류지아 2010, 81). 그에 따르면 이를 통해 대일 강화조약이 미일안보조약의 성격을 갖게 되고, 냉전 상황에서의 일본의 주체적 참여가 이루어지면서 아시아에서 일본의 지위에 큰 변화가 나타나게 되었다는 것이다. 프라이스(Price)도 샌프란시스코 강화조약이 전후 동아시아 국제관계의 정상화 과정에 영향을 미치고, 지역의 군사화를 초래했다는 점에서 조약의 문제점을 강조하고 있다. 즉 미국의 냉전 전략과 일본의 탈아론적인 입장이 맞물리면서 정작 대상 지역인 동아시아는 주변화되었다고 보는 것이다(Price 2011).[10]

일본사 연구자인 다우어(Dower) 역시 아래와 같이 유사한 평가를 하고 있다(현무암 2014, 35-36).

샌프란시스코 강화조약은 일본에는 관대하여 평화국가로서 민주주의와 경제적 번영을 가져다준 반면, 일본의 군국주의와 식민 지배 피해자인 주변국을 배제하여 근린국으로서 화해를 통해 새로운 지역적 관계 질서를 조성하기보다 제국주의와 침략, 그리고 착취로 인한 상처와 그 유산이 곪는 '유해한 결과'를 안겨주었다.

다우어는 또한 '분할된 평화(separated peace)'라는 개념을 통해서

....
10 미국은 사실상 전범국으로서 일본의 처리라는 평화조약의 탈식민주의적 측면에는 큰 관심이 없었고, 그러한 접근법의 유산은 현재 동아시아의 역사/영토 분쟁의 요인으로 남아 있는 것이다(신욱희 2017, 65-66).

주요 아시아 국가들의 불참 문제를 다음과 같이 강조하였다(Dower 2014, 3).

덜 기억되고 있지만 마찬가지로 중요한 문제는 샌프란시스코 협약이 '분할된 평화'였다는 점이다. 서명국들의 목록에서 제외된 국가들은 현저하였다. 중국은 진주만과 미국의 참전보다 10년 일찍 일본의 공격과 지배의 횡포를 겪었음에도 불구하고 공산 중국과 대만으로 도피했던 중국 국민당 정권 모두 평화회의에 초청받지 못했다. 한국의 국민들도 1910년부터 1945년까지 일본의 식민 지배와 강압적인 전쟁 동원 하에서 큰 고통을 받았지만, 남한과 북한 모두 제외되었다. 소련은 회의에 출석하였지만, 공산 중국의 배제와 일본을 자신의 냉전정책에 군사적으로 통합하려는 워싱턴의 명백한 계획 등의 몇몇 이유로 조약 서명을 거부하였다.
따라서 분할된 평화라는 관점에서 본다면, 샌프란시스코 협약은 일본을 자신의 가까운 이웃들로부터 떼어놓는 배제적 체제(exclusive system)의 토대를 만들었던 것이다.

김동춘은 몇 가지 측면에서 샌프란시스코 '평화'조약의 허구를 아래와 같이 지적하였다(Kim 2015, 106, 108).

일본과의 '평화조약'은 한국에서의 '전쟁'의 발발에 의해 요구되었다. 아시아-태평양 국가들 중 샌프란시스코 체제 내에서 [한국만큼] 역설적인 위치에 놓여진 나라는 없었다. 일본인과 미국인을 위한 '평화'는 한국인들에게는 지속적인 '전쟁'을 의미했다.[11] '긴 평화

(long peace)'라고 지칭되어온 냉전은 북한과 반체제 운동이라는 외부적, 내부적 적과의 전쟁의 시간이었다.

샌프란시스코 평화조약에서 '평화'의 개념이 그 시작부터 공산진영과의 '대립'을 내포하고 있었기 때문에, 한반도 문제를 해결하기 위해서는 샌프란시스코 체제의 토대가 수정되거나 재검토되어야 한다.[12]

이에 따르면 한반도와 동아시아에서 지속되는 '구조적 갈등'과 샌프란시스코 체제가 밀접하게 연결되어 있다는 점에서, 샌프란시스코 조약이 진정한 의미의 평화조약이 되지 못했다고 볼 수 있을 것이다. 한편으로 이러한 갈등은 진영 간 뿐만이 아니라 진영 내에도 존재하였고,[13] 한미일 삼국 간의 동맹게임의 양상은 그러한 특성을 보여주었다.[14] 여기에서는 샌프란시스코 체제의 핵심을 이루는 한미일 삼각관계의 위계적 특성이 샌프란시스코 강화조약을 통해 어떻게 형성되었는지를 고찰하고자 한다.

첫 번째 질문은 "샌프란시스코 체제는 어떠한 방식으로 분화(differentiation)되었는가?"이다. 독일의 사회이론가 루만(Luhmann)은 세계사회 속의 정치체제의 속성에 대해 다음과 같이 이야기한다

....
11 물론 이러한 주장은 북한과 소련의 '전쟁책임론'과 함께 논의되어야 할 것이다.
12 유사한 맥락에서 김명섭은 북핵 문제 해결을 위해 만들어진 6자회담이 샌프란시스코 체제의 임시적 안정성을 뛰어넘어 동아시아의 새로운 국제체제로까지 발전할 수도 있다고 주장하였다(김명섭 2007, 57).
13 1950년대 한미일 삼국 사이의 위협인식 차이 문제를 위해서는 신욱희(2016)를 볼 것.
14 동맹게임의 개념을 위해서는 Snyder(1984)를 볼 것.

(루만 2018, 87).

체계형성 없이 권력은 영속화될 수 없다. 정치체제의 분화 독립화에 의해 비로소 권력은 정치적 권력이 된다. 권력은 아주 확실히 위협 기회의 사용에 의해 아마도 모든 사회적 체계들에서 어느 정도 지속하여 기생적으로 형성되고 사용될 수 있다.

루만은 세계사회가 분화되는 다양한 방식을 제시하는데, 부분체계들이 서로 평등한 '분절적 분화,' 불평등이 존재하는 '중심과 주변에 따른 분화'와 '계층적 분화,' 그리고 평등과 불평등이 모두 성립하는 '기능적 분화'의 네 가지 형태가 그것이다(루만 2012, 4장). 주권과 무정부성으로 묘사되는 근대 국가와 국제체제의 특성은 전형적인 분절적 분화의 형태인 것으로 설명되지만, 루만의 분화이론을 원용하는 국제정치학자들은 현재의 국제관계에 있어 아래와 같은 계층적 분화의 존재를 지적하고 있다(Albert et al. 2013, 18-19).

국가를 넘어서는 정치적 권위는 국가들 사이의 불평등을 강화시키고 따라서 국가들 간의 계층적 분화를 증대시키게 된다.… 좀 더 공식적인 의미에서는 일부 국가들은 국제제도들 내에서 위임된 특권적인 역할을 갖는다.… 이 정치적 권위의 전환이 갖는 또 하나의 의미는 각기 다른 정치적 단위 사이의 분업의 형태라고 할 것이다.

냉전 시기 양 진영 내부의 국가들 관계 역시 후견주의적 관계로 표현되면서 행위자들 사이의 안보협력에서 위계적인 분업구조가 관찰되기도 한다. 즉 한미일 관계를 중심으로 하는 샌프란시스코 체제도 냉전기에 형성된 계층적 분화의 특성을 갖고 있는 것이다. 콩(Khong)은 이와 같은 미 주도의 위계적 국제관계를 미국의 조공체제(American tributary system)이라고까지 부르면서 아래와 같이 주장한다(Khong 2013, 1).

> 지금까지 만들어진 것 중에서 가장 광범위한 공식 또는 비공식 동맹의 중추 혹은 핵심으로서 미국은 자신의 동맹국이나 파트너—혹은 조공국—에게 시장의 제공과 더불어 군사적 보호를 제공한다.… 자신의 노력의 대가로 미국이 바라는 것은 명확하다: 첫 번째는 자신을 절대적인 권력체 또는 패권국으로 인정해 주는 것, 두 번째는 다른 나라들이 자신의 정치적 형태와 관념을 모방하는 것이다.[15]

두 번째 질문은 "에이전트로서의 일본은 동아시아 냉전체제의 형성에 있어 주인-대리인 문제(principal-agent problem)의 대리인이었는가,[16] 아니면 주체-구조 문제(agent-structure problem)의 주체였는가"이다.[17] 박건영은 다우어의 논문을 인용하여 샌프란시스코 강화조약의 결과를 1. 일본과 오키나와의 분리, 2. 일본의 사실상의 재무장, 3. 일본의 제국주의, 군국주의와 관련된 역사문제의 은폐,

----

15 하지만 코언(Cohen)은 "세계 미군 사령부에는 한국과 일본, 유럽 각국의 군인이 함께 일한다. 미국은 중국의 조공문화에는 없는 동맹이라는 DNA가 있다"라고 말하면서 조공체제와 동맹체제를 구분하고 있다(정효식 2020).
16 주인-대리인 문제에 대해서는 Lane(2007)을 볼 것.
17 주체-구조 문제에 대해서는 Wendt(1987)를 볼 것.

축소, 왜곡, 4. 피후견 국가(client state)로서의 일본, 5. 일본이 강탈한 영토문제의 미해결의 다섯 가지로 정리하였다. 그리고 그는 미국의 아시아 지역 대리인으로서의 일본의 역할을 중심으로 다음과 같이 샌프란시스코 체제의 의미를 설명하였다(박건영 2018, 524-525).

> 샌프란시스코 평화조약은 같은 장소에서 체결되고 같은 날짜에 발효된 미일안보조약과 함께 향후 동아시아 안보질서의 기초가 된 규칙, 절차, 제도 등을 산출하였는데, 국제정치학자들이나 사가들은 이를 '샌프란시스코 체제'라고 불러왔다. 샌프란시스코 체제는 미국의 냉전 초기 안보전략에 일본을 지역적 대리주체로 활용한다는 목표 하에 일본에 대한 전후처리를 최대한 '관대하게' 실시함으로써 일본의 정치적, 경제적 재건을 지원하고, 나아가 사실상의 재무장을 허용, 격려함으로써 동아시아에서 공산주의 팽창을 집단적으로 저지, 봉쇄하기 위한 것이었다. 미국은 이러한 조치들로써 냉전기 동아시아 국제관계에 지대한 영향을 미쳤다.[18]

영국학자인 스웬슨-라이트(Swenson-Wright)는 상대적으로 냉전기 미일동맹이 '불평등'했다는 주장에 대해 의문을 제기하면서 샌프란시스코 조약의 체결 과정을 아래와 같이 서술하였다(Swenson-Wright 2005, 60, 64, 74-75).

....

18 남기정이 사용하는 '기지국가'의 개념은 한국전쟁을 통한 일본 국가의 전환 양상을 적절하게 담아내고 있으나, 경우에 따라서는 일본 정부의 수동성을 나타내는 것으로 해석될 수도 있는 것으로 보인다(남기정 2016).

전반적으로 볼 때 1951년의 회담은 성공을 거둔 것으로 보였다. 양측은 상호적으로 만족스러운 합의에 도달하기를 원했으며, 미국 측 협상자들은 일본의 주권을 존중하고 징벌적인 조치들을 회피하는 데 있어서 성의를 가졌던 것으로 보였다. 마지막 합의에 궁극적으로 포함된 제약들 역시 특정한 정책을 목표로 했다기보다는 호전적인 동맹국들과 미국의 여론을 의식한 것으로 보였다.

요시다에 따르면, 덜레스는 아시아 전문가는 아니었지만 1951년 초 일본 방문에서 일본의 상황에 대해 양호한 이해를 보여주었다. 그리고 일본 측은 미국 측의 주도에 대해 환영의 태도를 나타내었다.

요시다와 덜레스 모두는 샌프란시스코 협의를 그들의 관료 생활에 있어 최고의 성취로 간주하였으며, 미일 양측에게 평화조약 자체와 체결 과정은 여러 면에서 성공적이었다고 판단될 수 있었다. 당시의 시기적 맥락과 태평양 전쟁으로 인한 쓰라린 유산 속에서, 그 조약은 양측 모두에 공평한 것으로 간주될 수 있었던 것이다. 미국의 동맹국들에 의해 선호된 징벌적, 규제적인 조치들을 회피함에 의해서, 이는 트루먼의 말에 따르면 '이전의 전쟁 상대가 승리자도 패배자도 아니며, 단지 평화를 위한 협력적 동반자가 되게끔 한' 조약이 되었던 것이다.

프라이스 역시 당시의 맥락에서 요시다 수상이 '선택'을 해 나간 측면을 다음과 같이 강조하고 있다(Price 2001, 18).

요시다 내각은 미국과 평화조약을 협의하는 데 있어서 강력한 위치에 있지 못했다. 그럼에도 불구하고 요시다와 일본 정부는 전반적으로 이 시기에 단지 역사적 시각에서 이해될 수 있는 중요한 선택들을 수행하였다.[19]

따라서 일본은 샌프란시스코 강화조약을 통한 동아시아 냉전의 구성에 있어 미국의 대리인이라기보다는 미국과 함께 실질적인 주체 역할을 수행했다고 보는 것이 더 정확하며, 이와 같은 일본의 주체성은 이후 하토야마의 일소국교정상화나 기시의 미일안보조약 개정의 사례를 통해 더욱 확대되는 모습을 보여주었다.[20]

세 번째 질문은 "한국은 어떠한 과정을 통해서 참가국으로서의 지위가 부정되었는가"이다. 통상적으로 이 쟁점은 상해임시정부의 승인이나 한국의 대일본 교전국 자격 문제로 논의되어왔다. 하지만 이에 대한 역사적 고찰은 이 문제가 국제법적인 문제인 동시에,[21] 실제적으로 '정치적 협상'의 대상이었다는 점을 잘 보여주고 있다. 최근의 연구에서 정병준은 아래와 같이 서술하고 있다(정병준 2019, 78-79).

....

19 이러한 선택 중 하나는 요시다가 천황제를 보존함에 의해 제국 일본의 '존재론적 안보'를 추구한 면을 들 수 있을 것이다. 제국의 존재론적 안보에 대한 사례연구로 허수진 (2019)을 볼 것.
20 요시다가 대미, 다자, 지역의 여러 수단 중 상대적으로 대미정책을 중시했다면, 기시는 좀 더 분명하게 친미, 친대만/반중국 정책을 채택하여 사실상 동아시아 냉전을 제도화 시켰다. 이러한 기시의 결정은 이후 안보파동을 거치면서 오히려 일본의 통상국가화라는 의도하지 않은 결과를 가져왔다. 기시의 사례를 위해서는 신욱희(2002)를 볼 것.
21 전재성은 이를 일본의 한국 병합의 불법성 문제와 연관시키고 있다(전재성 2020).

한국전쟁 발발 이후 급속히 추진된 대일평화회담과 관련해 덜레스 특사를 비롯한 미국무부 실무진은 극동에서 반공진영 최전선이자 서구 민주주의의 보루인 한국을 참가시킬 결심을 분명히 하고 있었다.

때문에 미국무부는 한국을 대일평화회담 참가 및 조약서명 대상국으로 상정한 미국의 대일평화조약 초안(1951. 3)을 수교했다. 한국 정부는 이에 대한 제1차 답신서(1951. 4. 27)를 작성해, 미국무부에 수교(1951. 5. 7)했다.

그러나 한국의 참가국 지위는 재일일본인 문제를 제기한 일본의 반대,[22] 다른 아시아 국가들의 조약 협력에의 장애를 지적한 영국의 반대, 그리고 한국정부의 1차 답신서에 대한 미국의 실망에 의해 조약 서명국이 아닌 조약의 특정권리를 부여받는 국가로 변경되었다. 정병준은 다음과 같이 이야기한다(정병준 2019, 91).

덜레스는 한국은 다른 모든 국가들과 동등하게 조약의 모든 일반 조항의 이익을 향유하게 될 것이라고 했다. 이에 대해 양유찬 대사는 '대한민국이 서명국가에 포함되지 않은 것은 놀라운 일'이라며,

....

22 요시다는 1951년 4월 23일 미국 측에 전달한 문서에서 "한국은 '해방민족'이며, 일본에 대해서는 평화조약으로 비로소 독립국가가 되는 것이다"라고 서술하였다. 하지만 일본 정부는 같은 날 피어리에게 전달한 '추가진술'에서는 "재일조선인이 평화조약으로 인해 일본국 내에서 연합국인의 지위를 획득하지 않는다는 것이 명확해지면, 한국 정부가 서명하는 것에는 이견을 고집하지 않는다"라고 하고 있었다(김숭배 2015, 186-187). 한국과 일본에 있어 재일교포의 문제는 국가 간 관계와 국가-사회 관계가 결합된 독특한 성격을 갖고 있다. 이는 이후 기시 내각 시기 북송문제를 통해 다시 한 번 한미일 관계의 쟁점이 되었다.

임시정부의 대일선전포고 및 교전상황을 거론했다. 동석한 피어리는 미국이 임시정부를 승인하지 않았다는 점을 지적했다.

따라서 한국의 참가국 지위 문제는 사실상 미국 정부의 정책적 입장 변화와 한국 정부의 대응 미숙에 의해 영향을 받았다고 할 수 있다.[23] 이에 대해 김태기는 아래와 같이 지적하였다(김태기 1999, 357).

한국의 대일강화회의의 참가를 둘러싸고 미 국무성은 기로에 서 있었다. 미 국무성은 한국의 대외적 위상을 높이기 위하여 한국의 참가를 상정하고 있었으나 일본과 영국이 이를 적극 반대하였다. 결국 임시정부의 국제법적 지위를 인정하지 않는 영국의 강력한 반대와 공산세력에 대한 방어막의 역할을 한 일본을 중시하는 국무성의 정책에 의해서 한국은 대일강화조약의 서명국이 될 수 없게 되었다.… 한국정부는 대일강화조약에 참가하려 하였으나 결국 미국의 선택에 의해 배제되게 되었다. [하지만] 조약의 서명국으로서 한국이 참가할 수 없었던 것을 단순히 미국의 정치적 선택 때문이었다고만 평가할 수는 없을 것 같다. 당시의 한국의 대외적 위치와 전쟁상태라는 어쩔 수 없는 한계를 고려한다고 해도 대일강화조약에 임하는 한국정부의 미숙한 외교적 대응도 결과적으로 그와 같은 결과를 낳게 한 요인으로 인식해야 할 것이다.[24]

....

23 한 미국 대학생의 논문은 한국의 배제를 미 전략에 의한 '사상자(casualty)'로 표현하였다(Syrus 2019).
24 물론 이 사례에 있어서 한국 정부의 정책적 주체성 여부는 능력의 문제와는 별개로 다

유의상은 이러한 한국의 내재적 요인에 대해 다음과 같이 이야기한다(유의상 2015, 294).

한국의 대일강화회의 참가 추진이 불발로 끝난 것은 당시의 국제정세나 연합국들의 반대뿐만 아니라 한국의 내재적 요인이 함께 작용하였기 때문이다. 1948년 8월 15일 정부 수립 후 외교 인프라가 제대로 구축되지 못한 상황에서, 한국의 외교는 전적으로 이승만 대통령에 의해 이루어졌다. 이승만의 대일배상에 대한 집착과 반일 감정은 한국의 대일강화회의 참가에 부정적인 영향을 끼쳤다. 대일강화조약 성안의 또 다른 주역인 영국에 대한 외교 교섭의 소홀함도 있었다. 한국 국내적으로는 한국의 대일강화회의 참가 당위성에 대한 여론이 조성되지 않음으로써 미국을 간접적으로 압박하는 데에도 실패하였다.

위에서 언급된 것과 같이 이와 같은 결과가 이후 한일회담과 1965년의 국교정상화 과정을 지배하였다는 점에서 볼 때 이 문제에 대한 반사실적/경로의존적 분석이 갖는 중요성이 있다고 할 수 있을 것이다.

....

루어져야 하는 측면이 있다고 볼 수 있다.

IV. 결론

국제관계로서 한미일 삼자관계는 보편적인 근대주권국가 간의 체제로 보기에는 여러 가지의 차별성을 보여주고 있다. 그러한 특성의 기본적인 성격은 무정부성이라기보다는 위계성과 그에 따른 차별적인 지위의 문제로 이해될 수 있으며, 이는 식민주의에서 냉전으로의 전환기를 통해서 형성되었다. 따라서 우리는 무정부성과 함께 위계성과 지위에 대한 개념적 논의를 진행하고, 이와 같은 구조적 전환을 제도적으로 정리해 낸 샌프란시스코 강화조약을 역사적으로 검토할 필요성이 있는 것이다. 이 논문은 샌프란시스코 평화회의를 통해서 한미일 관계가 위계적인 형태로 분화되었으며, 일본은 대리인이라기보다는 동아시아 냉전 구성의 주체 역할을 수행하였고, 한국의 참가국 지위는 정치적인 과정을 통해서 부정되었음을 보여주었다.

냉전의 종언, 탈냉전, 그리고 탈냉전의 종언의 논쟁을 거치면서도 현재까지 한미일 삼각관계의 위계성은 그 지속성을 나타내고 있다. 미국은 아직까지 일본 위주의 정책을 수행하며, 한일관계는 권력 분포의 차이에도 불구하고 상대적인 자율성을 가지며 각국의 국내적 요인의 영향을 받고 있다. 동아시아 지역주의 구상의 경쟁적 등장은 미국의 인도/태평양 전략과 이에 대한 일본의 편승에 의해 갈등의 측면을 노정한다. 따라서 동아시아와 한반도에서의 '지속가능한' 평화 모색은 샌프란시스코 강화조약을 통해 만들어진 한미일 관계의 지위 위계성에 대한 재구성을 요구하고 있다고 할 수 있으며,[25] 이와 같은 실천적 논의는 먼저 이 관계의 냉전적 구성에 대한 구조화이론적 이해를 필요로 하는 것이다. 체제 형성에 있어 구조의 상대적 비결정성을 보여주는 이 글은 이론적으로는 현실주의와 구성주의의 연결, 그리고 실천적으로는 새로운 관념과 제도의 모색 가능성을 시사해준다고 할 수 있다.

....

25 이러한 작업은 구조 측면과 함께 한반도 평화체제나 일본의 헌법개정, 그리고 양국의 사회적 요인과 같은 주체 측면의 고찰이 수반되어야 한다. 동아시아 국제관계에 있어서 이차적 상징(second image) 논의의 의미에 대해서는 Shin(2016)을 볼 것.

참고문헌

김명섭. 2007. "샌프란시스코평화체제의 변동과 6자회담." 『국방연구』 50(2): 57-85.

김숭배. 2015. "베르사유평화체제와 샌프란시스코평화체제 속의 한일관계." 연세대학교 정치외교학과 박사학위논문.

김태기. 1999. "1950년대초 미국의 대한 외교정책: 대일강화조약에서의 한국의 배제 및 제1차 한일회담에 대한 미국의 정치적 입장을 중심으로." 『한국정치학회보』 33(1): 357-377.

남기정. 2016. 『기지국가의 탄생: 일본이 치른 한국전쟁』. 서울: 서울대학교출판문화원.

니클라스 루만. 2012. 『사회의 사회 1, 2』. 장춘익 옮김. 서울: 새물결.

_____. 2018. 『사회의 정치』. 서영조 옮김. 서울: 이론출판.

류지아. 2010. "한국전쟁 전후, 대일강화조약 논의에 의한 아시아 내에서 일본의 안보와 위상: 한국과의 관계를 중심으로." 『한일민족문제연구』 18: 69-105.

박건영. 2018. 『국제관계사: 사라예보에서 몰타까지』. 서울: 사회평론아카데미.

신욱희. 2002. "냉전기 미일동맹의 정치경제, 1954-1960: 일본의 역할." 문정인, 오코노기 마사오 편. 『시장, 국가, 국제체제』. 서울: 아연출판부.

_____. 2016. "'일본문제'에서 '북한문제'로: 한국전쟁을 통한 동북아시아에서의 위협전이." 『한국정치외교사논총』 38(1): 151-177.

_____. 2017. 『삼각관계의 국제정치: 중국, 일본과 한반도』. 서울: 서울대학교출판문화원.

_____. 2019a. "동북아 냉전체제의 형성: 사건과 주체성." 신욱희·권헌익 편, 『글로벌 냉전과 동아시아』. 서울: 서울대학교출판문화원.

_____. 2019b. "전이이론으로 본 청일전쟁: 19세기 말 일본의 대한반도 정책 목표." 『한국정치외교사논총』 41(1): 47-68.

월츠, 케네스(Kenneth Waltz). 2000. 『국제정치이론』. 박건영 옮김. 서울: 사회평론.

유의상. 2015. "샌프란시스코 대일강화회의와 한국의 참가문제: 한국의 내재적 요인과 그 영향." 『사림』 53: 265-303.

이종원. 2013. "샌프란시스코 체제의 지속과 변용." 서울대 아시아 연구소 학술회의, "중국혁명, 한국전쟁, 동아시아 지역질서" 발표논문.

전재성. 2019. 『주권과 국제정치: 근대 주권국가체제의 제국적 성격』. 서울: 서울대학교출판문화원.

_____. 2020. "주권 개념과 실천을 통해 본 근대국제체제." 제주평화연구원-서울대 국제문제연구소 비교지역질서센터 공동심포지엄 (제주, 1월 30일).

정병준. 2019. 『샌프란시스코평화조약의 한반도 관련 조항과 한국정부의 대응』. 서울: 국립외교원.

정효식. 2020. "미국엔 중국 조공(朝貢)문화엔 없는 동맹이란 DNA가 있다." 『중앙일보』,

2월 10일.

허수진. 2019. "프랑코 통치 하 스페인의 제국 정체성과 모로코 영토외교(1940): 존재론적 안보 접근." 서울대학교 외교학과 석사학위논문.

현무암. 2014. "샌프란시스코 체제의 전환과 한미일 의사 동맹 관계." 『황해문화』 83: 34-64.

Albert, M. et al. 2013. *Bringing Sociology to International Relations: World Politics as Differentiation Theory.* Cambridge: Cambridge University Press.

Bennett, A. and J. Checkel, eds. 2015. *Process Tracing: From Metaphor to Analytic Tool.* Cambridge: Cambridge University Press.

Cha, V. 2016. *Powerplay: The Origins of the American Alliance System in Asia.* Princeton: Princeton University Press.

Cronin, J. 1996. *The World the Cold War Made: Order, Chaos, and the Return of History.* New York: Routledge.

Dower, J. 2014. "The San Francisco System: Past, Present, Future in US-Japan-China Relations." *The Asia-Pacific Journal* 12(2): 1-41.

Giddens, A. 1986. *The Constitution of Society: The Outline of the Structuration Theory.* Berkeley: University of California Press.

Hopf, T. 2012. *Reconstruction of the Cold War: The Early Years, 1945-1958.* Oxford: Oxford University Press.

Jervis, R. 1980. "The Impact of the Korean War on the Cold War." *Journal of Conflict Resolution* 24(4): 563-592.

_____. 1997. *System Effects: Complexity in Political and Social Life.* Princeton: Princeton University Press.

Khong, Y. F. 2013. "The American Tributary System." *The Chinese Journal of International Politics* 6: 1-47.

Kim, D-C. 2015. "The San Francisco Peace Treaty and 'Korea'." K. Hara, ed., *The San Francisco System and Its Legacies: Continuation, Transformation, and Historical Reconciliation in the Asia-Pacific.* New York: Routledge: 97-114.

Lake, D. 2009. *Hierarchy in International Relations.* Ithaca: Cornell University Press.

Lane, J-E. 2007. *Comparative Politics: The Principal-Agent Perspective.* New York: Routledge.

Larson, D. et al. 2014. "Status and World Order." T. V. Paul, et al. eds., *Status in World Politics.* Cambridge: Cambridge University Press: 3-30.

Lebow, R. Ned. 2010. *Forbidden Fruit: Counterfactuals and International Relations.* Princeton: Princeton University Press.

Nedal, D. and D. Nexon. 2019. "Anarchy and Authority: International Structure, the Balance of Power, and Hierarchy." *Journal of Global Security Studies* 4(2): 169-189.

Price, J. 2001. "Cold War Relic: The 1951 San Francisco Peace Treaty and the Politics of Memory." *Asian Perspective* 25(3): 31-60.

_____. 2001. "A Just Peace? The 1951 San Francisco Peace Treaty in Historical Perspective." JPRI Working Paper 78, June.

Shin, W. 2016. "Second Image Reconsidered: Quest for Unit Complexity in Northeast Asia." *Korean Social Science Journal* 43(2): 63-73.

Snyder, G. 1984. "The Security Dilemma in Alliance Politics." *World Politics* 36(4): 461-495.

Swenson-Wright, J. 2005. *Unequal Allies?: United States Security and Alliance Policy toward Japan, 1945-1960*. Stanford: Stanford University Press.

Syrus, J. 2019. "The Casualties of US Grand Strategy: Korean Exclusion from the San Francisco Peace Treaty and the Pacific Pact." Senior Honors Papers/Undergraduate Theses, 14 (Washington University in Saint Louis).

Wendt, A. 1987. "The Agent-Structure Problem in International Relations Theory." *International Organization* 41(30): 335-370.

한반도 평화체제 만들기의 국제정치적 기원

북한자료를 통해서 본 정전협정 4조 60항의 합의 과정

구갑우(북한대학원대학교)

I. 문제 설정

한반도 평화협정이라는 의제의 국제법적 근거는, 한국전쟁을 중단하는 합의로 1953년 7월 27일 체결된 "정전협정(Armistice Agreement)" 4조 60항과 5조 62항이다.[1] 서문에서 "최후적인 평화적 해

....

* 이 글은 『한국과 국제정치』 37권 2호(2021)에 실린 논문을 수정, 보완한 것임.

1 "정전협정"의 공식 언어는 "조선문 중국문 및 영문"이다. "정전협정"의 말미에는, "이 세가지 글의 각 협정 문본은 동등한 효력을 가진다"고 적혀 있다. 영문 제목은, "AGREEMENT BETWEEN THE COMMANDER-IN-CHIEF, UNITED NATIONS COMMAND, ON THE ONE HAND, AND THE SUPREME COMMANDER OF THE KOREAN PEOPLE'S ARMY AND THE COMMANDER OF THE CHINESE PEOPLE'S VOLUNTEERS, ON THE OTHER HAND, CONCERNING A MILITARY ARMISTICE IN KOREA"이다. 유엔 사이트에 피디에프 파일 형태로 원본이 게재되어 있다. https://peacemaker.un.org/sites/peacemaker.un.org/files/KP%2BKR_530727_Agreement-ConcerningMilitaryArmistice.pdf (검색일: 2021년 2월 20일). 조선어 제목은, "조선인민군 최고사령관 및 중국인민지원군 사령원을 일방으로 하고 련합국군 총사령관을

결"까지 유효기간을 설정한 정전협정의 4조 "쌍방 관계 정부들에의
건의" 60항과 5조 "부칙" 62항의 내용은 다음과 같다.[2]

조선문제(Korean question)의 평화적 해결(peaceful settlement)을 보
장하기 위하여 쌍방 군사사령관은 쌍방의 관계 각국 정부에 정전협
정이 조인되고 효력을 발생한 후 삼(3)개월 내에 각기 대표를 파견
하여 쌍방의 한급 높은 정치회의(political conference)를 소집하고
조선으로부터의 모든 외국 군대의 철거 및 조선문제의 평화적 해결
등 문제들을 협의할 것을 이에 건의한다.

본 정전협정의 각 조항은 쌍방이 공동으로 접수하는 수정 및 증보
또는 쌍방의 정치적 수준에서의 평화적 해결을 위한 적당한 협정
(appropriate agreement) 중의 규정에 의하여 명확히 교체될 때까지
는 계속 효력을 가진다.

이 두 조항에 따르면, 정전협정을 대체하는 '평화협정'은 한반도
문제의 "평화적 해결"을 모색하는 "정치회의"를 통해 만들어지는
"적당한 협정"을 의미한다.

....

다른 일방으로 하는 조선 군사정전에 관한 협정"이다. 북한에서 "정전협정"의 원문은,
1953년 7월 28일 군 언론매체인 『조선인민군』 "부록"으로 간행되었다. "정전협정"의 중
국어 명칭은 "朝鮮人民軍最高司令官及中國人民志願軍司令員一方與聯合國軍總司令另一
方關於朝鮮軍事停戰的協定"이다. 원문은 『人民日報』, 1953. 07.28.

2   평화협정과 관련된 또 다른 조항은 "군사정전의 확고성을 보장함으로써 쌍방의 한급 높
은 정치회의를 진행하여 평화적 해결을 달성하는 것을 리롭게 하기 위하여"가 담긴 제2
조 "정화 및 정전의 구체적 조치"의 13항이다. 이 글에서는 『조선인민군』 "부록"에 실린
"정전협정" 원문을 인용한다. 필요한 경우, "정전협정"의 영문이 부기된다.

정전협정 4조 60항에 의거하여 1954년 4월-6월에 개최된 제네바 정치회담부터 한반도 평화과정(peace process)—1990년대 중후반의 남북미중 4자회담. 2003년-2008년의 남북미중일러의 6자회담, 2018년의 남북, 북미, 남북미정상회담 등—이 진행될 때마다, 평화협정을 포함한 협력의 제도화를 의미하는 평화체제라는 의제의 설정을 위해 명시적으로 또는 암묵적으로 정전협정 60항과 62항이 소환되었다. 정전협정 체결 이후 한 달여가 지난 1953년 8월 28일 유엔총회(UN General Assembly)에서는 평화협정의 체결을 목표로 하는 정전협정 4조 60항의 "실행"을 위한 "결의안(Resolution)"을 채택했고,[3] 정전협정의 60항과 62항 모두 한반도 평화과정의 당사자인 남북한에게 평화협정을 위한 국제법적 근거로 인용되어 왔다.[4] 그러나 한반도 평화과정에서 평화체제 구축에 대한 정치적 합의가 만들어지곤 했지만, 평화협정이 체결되지는 않았다.

이 글은, 한반도에서 외국군 철수와 한반도 문제의 평화적 해결이라는 두 쟁점을 함께 담고 있는 정전협정 4조 60항 그 자체의 '모호성'과 '특이성'이, 정전협정을 대체하는 평화협정 체결에 부분적이지만 부정적 영향을 미치고 있다고 생각한다. 특히 한국전쟁에 개입한 중국인민지원군이 1958년 북한에서 철수한 조건 하에서, 정전

....

3 https://undocs.org/en/A/RES/711(VII) (검색일: 2021년 2월 20일).
4 한반도 평화체제에 대한 한국 외교부의 입장은, http://www.mofa.go.kr/www/wpge/
   m_3982/contents.do (검색일: 2021년 2월 13일) 참조. 1990년대 초중반 중립국감독위
   원회와 군사정전위원회에서 외국 대표단을 철수시키고 '조선인민군 판문점대표부'를
   설치하는 방식으로 정전협정을 무력화한 북한도, 2018년 9월 외무성 산하 군축 및 평화
   연구소 소장의 글 "조선반도에서의 평화체제구축은 시대의 절박한 요구"에서 정전협정
   4조 60항을 평화체제를 위한 국제법적 근거로 사용했다. www.mfa.gov.kp 참조.

협정 4조 60항에 근거한 평화협정 체결 협상에서는 주한미군의 철수가 논란의 대상이 될 수밖에 없다. 이 글의 질문은, 정전협상의 평화과정에서 왜 평화협정을 지향하는 정전협정 4조 60항이 포함되었는가가 아니라, 왜 한반도에서의 외국군 철수와 한반도 문제의 평화적 해결이 4조 60항에 '함께' 들어갔는가이다.

기존 연구는 정전협정 4조 60항이 공산군 측 제안을 미국이 수용한 것으로(김보영 2016, 81-97, 203-210), 또는 비슷하게 즉각적인 외국군 철수를 주장했던 북중과 정전협정 이후 외국군 철수를 논의하자는 유엔군 측의 안을 타협한 결과로 보고 있다(홍용표 2006, 35-55).[5] 적절한 기술이지만, 2차대전 이후 한반도 정전협정 이전에 체결된 정전협정들—이스라엘-이집트, 이스라엘-요르단, 이스라엘-레바논, 이스라엘-시리아 정전협정—에도 '평화적 해결'과 관련한 조항들이 담겨 있었다(Department of State 1957, 698-724). 즉 정전협정 속의 평화적 해결이라는 의제는, 한반도 정전협상이 진행될 때, 행위자들의 적절한 행동을 위한 집합적 기대로 정의되는 하나의 '규범(norm)'으로 정착되어 있었다. 즉 정전협정 속의 평화적 해결은, 정전 규범의 국제정치적 '진화(evolution)'의 결과였다(Katzenstein 1996, 5; 구갑우 2021; Cf. Axelrod 1986).[6]

....

5   정전협정 4조 60항에 관한 선구적 연구로는, 김명기(1980)가 있다. 이 연구의 목적은, 정전협정 4조 60항에 따라 예정된 정치회담에서는 미국의 주장에 따라 군사적 문제만을 다룬 정전협정과 달리 한국이 당사자로 참여할 수 있다는 논리를 전개하는 것이었다. 따라서 논문에서 2쪽 정도를 차지하는 정전협정 4조 60항의 "교섭과정"에서는 군사문제와 정치문제를 분리하는 것이 불가능하다고 주장했던 공산 측의 주장에 주목했다. 정전협상 평화과정에서 미국과 유엔군이 공산 측의 정전전략에 휘말려 들어갔거나 또는 북중소가 단일한 입장을 견지했다는 기존 연구들에 대한 비판으로는, 양영조(2018)가 있지만, 이 연구에서는 정전협정 4조 60항의 협상 평화과정을 다루지 않고 있다.

다른 한편 4조 60항의 외국군 철수는 한국전쟁 이전부터 북한의 주장이었다는 점도 고려되어야 한다. 북한은 소련과 함께 2차대전의 종료 즈음에 한반도에 진주한 미군과 소련군의 동시 철수를 주장했었다. 같은 맥락에서 정전협상에서의 외국군 철수는, 한국전쟁을 '내전'으로 규정한 소련과 북한의 요구였다. 공산진영 가운데 한반도에 군대를 파견한 중국은 정전에 관한 논의가 진행될 즈음에는 외국군 철수를 의제화하려 했으나 정전협상 개시 직전에는 미국이 외국군 철수를 정치적 의제로 간주하고 있다는 이유로 북한과 달리 외국군 철수를 의제화하는 것에 주저했으나 소련의 권고로 이 의제에 동의했다는 점도 주목의 대상이다. 그리고 미국이 정전협상의 평화과정에서 미군의 한국주둔으로 입장을 선회했음에도, 외국군 철수가 의제로 포함된 정전협정 4조 60항에 동의한 이유도 질문의 대상이다.

이 글의 목적은 정전협정 4조 60항의 탄생 및 60항에 외국군 철수와 평화적 해결이라는 쟁점의제가 포함된 이유에 대한 '재해석'이다. 주요 자료 가운데 하나는 정전협상 연구에 거의 사용되지 않았던 정전협상 기간 동안 간행된 북한의『로동신문』이다. 북한의 시각에서 생산된 정전협상 보도를 당시에 생산된 외교문서들, 특히 미국 윌슨센터(Wilson Center)의 국제사 '디지털 아카이브(Digital Archive)' 문건들, 미국 정부의 간행물, 국방부 군사편찬연구소가 간행한『중국 자료로 읽는 6.25전쟁 정전』, 그리고 국사편찬위원회 '한

<hr />

6   규범을 정의할 때, "주어진 정체성(a given identity)"을 가진 행위자가 원래 정의에 들어 있다. 규범이 갈등을 규제하기 위한 기제(mechanism)로 사용될 때, 정체성을 정의하게끔 하는 "구성적(constitutive) 효과"를 가질 수 있기 때문이다.

국사 데이터베이스'에서 제공하고 있는 '휴전회담회의록' 등의 자료들을 통해 교차 검증하는 것도 이 글의 목적 가운데 하나다.[7]

II. 정전협상과 외국군 철수의 의제화

일방이 타방에게 완전한 승리를 거둘 수 없을 때 시작되는 평화과정 가운데 하나인 정전협상(armistice negotiation)이 예정되자 (Tonge 2014, 11-12), 한반도 전쟁의 당사자 모두 자신들의 협상안을 준비하기 시작했다. 미국 정부가 유엔사령부에게 제공한 핵심 지침은,[8] 미군이 1940년에 발간한 『육전규칙』에서 정전을 전쟁의 일

....

[7] 특히, 미국 국무부가 1957년 출간한 『미국 외교정책 1950-1955: 기본 문서(*American Foreign Policy 1950-1955: Basic Documents*)』를 『로동신문』의 보도와 대조한다. 미국의 정책적 영향이 담긴 국제적 합의문들이 미국 외교정책이라는 제목 하에 실려 있는 이 자료집은, '비교정전연구'를 할 수 있는 자료로 활용할 수 있다. 『북조선실록』에 실릴 예정인 북한의 자료를 미리 볼 수 있게 해주신 경남대 극동문제연구소의 김광운 박사님께 깊은 감사를 드린다.

[8] 미국 정부의 지침은 1951년 5월 미국의 아시아정책 전반을 재검토하는 보고서 "NSC 48/5"에 기초해 있었다. NSC 48/5는 "자유세계(free world)" 대 "소련권(Soviet orbit)"이라는 냉전적 대립을 설정하고 "현재적 목표(current objectives)"로, 소련의 동맹으로서 중국을 분리하고, 일본-류큐-필리핀-호주-뉴질랜드를 잇는 방위선을 유지하면서 소련권에서 벗어날 수 있도록 대만의 방위력을 강화하며, 일본이 미국에 우호적인 '자주국가(self-reliant nation)'가 되는 것을 지원하는 것을 제시했다. 한반도의 갈등과 관련해서는, 미국의 궁극적 목표인 한반도에서의 통일된, 독립, 민주국가의 건설을 군사적 수단이 아니라 정치적 방법을 통해 모색하겠다는 의지를 밝혔다. 그리고 미국이 수용할 수 있는 당시 해법의 최소치로, (1) 적절한 정전협정(armistice agreements) 하에서 교전행위의 종료; (2) 38도선 경계 이남에 위치한 대한민국의 행정적 군사적 방어; (3) 한반도에서 적절한 단계를 거쳐 외국군(non-Korean armed forces)의 철수; (4) 북한의 침략을 억제하거나 격퇴할 수 있는 한국의 군사력 증가의 허용 등을 제시했다. "Report to the National Security Council by the Executive Secretary." https://history.

시적 중단으로 정의한 것처럼(War Department 1940, 69-73; 구갑우 2021), 정전협상이 군사적 문제에 국한되어야 한다는 것이었다(Hermes 1992, 7). 즉 대만 문제나 중국의 유엔 가입과 같은 정치적 문제, 38도선을 경계로 하는 영토적 문제 등은 정전협상의 대상이 아니라는 것이었다. 미국 합동참모본부가 유엔사령부에게 제안한 "미국의 최소 입장(the minimum US position)"은 정전협정이, (1) 한반도로 한정되고 엄격히 군사적 문제로 제한되어야 하며 어떠한 정치적 또는 영토적 문제를 다루지 않아야 하고; (2) 다른 협정에 의해 대체될 때까지 유효하며; (3) 비무장 지역(area)을 건설하고; (4) 정전협정을 감독할 군사정전위원회(Military Armistice Commission)를 만들고 이 위원회가 한반도 전체에 대한 자유롭고 무제한의 접근을 가능하게 하며; (5) 정전 동안 외부로터 한반도로 유입되는 군비의 증강을 중단하고;[9] (6) 한반도에 존재하는 전쟁장비의 수준을 증가시키는 것을 금하는 내용을 담는 것이었다(Schnabel and Watson 1998, 5-6).[10]

최종적으로 유엔사령부에 전달된 "구체적 세부사항"에 추가된 내용들은, 비무장 지역을 정전협정이 합의될 때 양측이 대치하고 있

state.gov/historicaldocuments/frus1951v06p1/d12 (검색일: 2021년 3월 5일).

9 당시 미국 국무부는 상원 위원회에서 중국이 정전 노력에도 불구하고 한반도에서 군사력을 계속 증강하고 있다고 보고했다. "U.S. to Ask Inspection Right In Truce Parley, Says Rusk." *New York Times*, July 3, 1951.

10 미국 국무부가 기록으로 남긴 유엔사령부가 유엔 사무총장에게 1950년 8월에 한 보고에 따르면, 당시 유엔사령부가 설정한 원칙은, (1) 분계선은 38도선이 아니라 군사적 현실에 기초해야 한다; (2) 재침략을 예방하기 위해 정전협정은 상대적 군비증강을 예방할 수 있는 조항을 포함해야 한다; (3) 포로교환은 국제법, 제네바협약, 인도주의적 원칙에 기초해야 한다는 것이었다(Department of State 1957, 2627).

는 전선을 기초로 20마일 범위를 가지는 지대(zone)로 만들고, 군사적 문제만을 논의하는 정전협상에서는 38도선을 경계로 한 해결은 없으며, 정전합의는 해상과 공중에도 적용되고, 포로는 일대일 교환을 원칙으로 한다는 것이었다(Schnabel and Watson 1998, 5-6). NSC 48/5와의 근본적 차이는, 미국이 38도선을 군사분계선으로 인정하지 않겠다는 것이었다. 정전협정 4조 60항의 측면에서 본다면, 유엔사령부가 정전협상을 앞두고 설정한 원칙들에는, 외국군 철수가 의제에 포함되지 않았음을 확인할 수 있다. 한반도 문제의 평화적 해결과 정전협정의 평화협정으로의 대체는, 정전협정의 유효기간과 관련된 문제이기 때문에 정전협정에 포함될 수 있는 의제였다.

미국이 같은 편으로 간주한 공산진영의 북한과 중국의 협상안은, 미묘하지만 결정적인 차이를 보였다. 중국은 7월 3일 소련의 스탈린에게 보낸 전문에서 협상안으로, (1) 양측은 동시에 정화의 명령을 내려야 한다; (2) 양측은 38도선을 경계로 10마일씩 후퇴하고 완충지대를 설정해야 한다; (3) 양측은 외부로부터의 군비증강을 중단해야 한다; (4) 양측은 앞의 사항들을 감독하는 중립국가들의 통제위원회를 만든다; (5) 양측은 포로를 송환해야 한다는 것 등을 제시했다.[11] 부가적으로, 중국인민지원군을 포함한 모든 외국군이 특정 기간 내에 한반도에서 철수한다는 조항에 대해 중국은 정전협상에서 이 문제를 유엔군 측이 정치적 문제로 간주해서 정전회담에서 해결되지 않을 수 있음을 지적했다.[12] 스탈린은 즉각 답신에

....

11 "Telegram from Mao Zedong to Stalin, July 03, 1951." https://digitalarchive.wilson-center.org/document/110022 (검색일: 2021년 3월 15일). 포로 송환과 관련하여 중국은 유엔군 측이 일대일 교환을 제안할 것을 염려하고 있었다.

서, (1)과 (2)에 대해서는 이견이 없고, (3)에 대해서는 미국이 제안하면 수용할 수 있으며, (4)는 만약 미국이 유엔으로부터 통제위원회를 구성한다면 수용할 수 없으며, 포로문제를 다룬 (5)도 제안해야 하고 강조해야 한다고 말했다. 그리고 중국이 염려한 외국군 철수와 난민에 관한 부분도 제출되어야 하고 강조되어야 한다고 지적했다.[13]

북한의 협상안은, 북한 주재 소련대사관이 보낸 7월 1일자 전문을 보면, 협상대표단을 북한 측의 남일 총참모장, 박동조 외무성 부상, 중국인민지원 대표로 한다는 것과 함께, (1) 정화와 군사작전 중단의 시간; (2) 38도선으로부터 5-10km의 범위에서 군대의 철수; (3) 정화로부터 육지와 공중에서 38도선의 통과 금지; (4) 한반도 수역에서 해군의 철수와 봉쇄의 해제; (5) 두 달 안에 모든 외국군의 한반도로부터의 철수; (6) 포로의 교환과 사인의 복귀 등의 내용을 담고 있었다.[14] 협상의 주체를 북한으로 설정하고 있는 북한의 협상안은,[15] 한반도에서 외국군 철수와 두 달이라는 철수 시점을 의제화

....

12 또 하나의 부가적 쟁점으로, 중국은 북한이 요구하는 난민의 원래 거주지로의 복귀가 남북 사이에 많은 쟁점을 안고 있기에 다른 의제에 영향을 미칠 수도 있음을 지적했다.

13 "Ciphered Telegram, Filippov (Stalin) to Mao Zedong." https://digitalarchive.wilsoncenter.org/document/112147 (검색일: 2021년 3월 15일).

14 "Ciphered Telegram No. 501869 from Razyvaev to Shtemenko, on Kim Il Sung's Delegation and Its Demands at Peace Talks, July 01, 1951." https://digitalarchive.wilsoncenter.org/document/110375 (검색일: 2021년 3월 15일). 이 전문에 나타난 외국군 철수에 관한 중국의 유보적 입장을 과장하는 해석일 수 있다. 중국이 한국전쟁에 개입하기 전인 1950년 7월 중국은 한반도 문제의 평화적 해결을 위해, 모든 외국군의 철수를 주장한 바 있다(김학재 2015, 291-291). 중국의 한국전쟁 개입 후인 1951년 1월 중국정부가 한반도 정전과 관련하여 발표한 비망록에도 모든 외국군 철수가 포함되어 있었다(정형아 2021, 39-41).

하고 있다는 점에서 중국의 협상안과 차이를 보였다. 그러나 스탈린이 모택동에게 보낸 답신에서 확인할 수 있듯이, 소련은 정치적 문제인 외국군 철수를 의제화할 것을 요구했다. 7월 2일 스탈린이 북한 주재 소련대사에게 보낸 전문에서는, 북한과 중국이 정전협상안에 대해 합의해야 한다는 내용이 있었다.[16] 소련은 외국군 철수 문제와 관련하여 북한의 입장에 동의했다.

III. 정전협정 4조 60항의 형성과 북한

한국전쟁 발발 후 1년여가 지난 1951년 7월 10일 첫 정전회담이 진행되었다. 북한의 『로동신문』 7월 12일자는 북한대표 남일의 연설의 시작을 "조선전쟁이 신속히 종결되여야 한다는 것을 과거에도 주장하여왔고 현재도 역시 주장하고 있다"로 기록하고 있다.[17] 최초

15　공산 측 정전협상 대표단 구성에서 중국은 북한에 수석대표를 양보했다. 대표단 숫자도 북한이 한 명 더 많았다. 그러나 중국은 외교부 출신들을 북한에 파견하여 '전방지휘부'를 구성해서 정전협상에 영향을 미쳤다. 정전협상을 둘러싼 북한과 중국의 갈등은 박영실(2011) 참조. 1951년 7월 6일 유엔사령관은 한국 측 정전협상의 대표로 백선엽 육군 소장을 임명했다. 한국 정부나 유엔군 측으로부터 임명장도 없이 유엔사령관의 구두명령만으로 대표가 되었다(백선엽 1999, 213-217). 정전협상 첫 회의에 참석한 백선엽은, 7월 13일 이승만 대통령으로부터 신임장을 받았다. 북중과 한미의 정전협상 대표단 구성 평화과정의 차이를 보여주는 부분이다.

16　"Ciphered Telegram no. 101529 from Filippov [Stalin] to Razybaev, on Kim Il Sung's peace demands, July 02, 1951." https://digitalarchive.wilsoncenter.org/document/110376 (검색일: 2021년 3월 15일).

17　남일의 연설은 등화의 연설과 함께 『로동신문』 보도 전인 1951년 7월 11일 『인민일보』에 발표되었고(정형아 2021, 477-479), 모택동은 남일과 등화의 원고에 관해 소련 대표의 제의에 의해 정전담판을 거행한다라는 구절을 삭제하라는 의견을 1951년 7월 9일

북한의 협상안을 반복하면서 남일은 "가급적 속한시간에 모든 외국 군대를 철거시키도록 할 것이"고, "외국군대가 철거한다면 조선전쟁의 정지와 조선문제의 평화적 해결의 기본적 보장을 받게"된다고 주장하며, 추후 정전협정 4조 60항에 담기게 되는 내용을 언급했다.[18] 평화적 해결이 정전협정 일반이 가지는 구절이라면, 외국군 철수는 한반도적 특수성이 반영된 주장이었다. 7월 10일 정전협상의 내용을 보도한 7월 12일 『로동신문』은 유엔군 측 대표인 조이(C. Joy) 장군의 개막연설을 담지 않았고, 반면 중국 대표 등화(鄧華) 장군의 개막연설의 핵심인 "중국인민지원군이 조선인민군을 원조하는 목적은 조선의 평화를 회복하며 중국의 안전을 보장함에 있"다는 내용을 인용했다. 그리고 "조선에서 교전쌍방이 정전하면 38선을 쌍방의 군사계선으로 확정하며 모든 외국군대를 철거시키는 것은 조선인민과 중국인민의 지망과 의사에 부합"된다는 등화의 발언도 있었다. 북한이 정전협상의 의제로 상정한 외국군 철수에 중국도 동의함을 밝힌 것이다. 북한은 중국과 함께 정전협상의 의제로 외국군 철수를 상정한 것이다.

사실, 북한은 한반도에서의 외국군 철수를 정전협상 이전부터 주장했다. 첫째, 1945년 8월 해방 이후 미국과 소련의 군대가 한반

....

보냈다(정형아 2021, 53-54). 즉 남일과 등화의 연설은 모택동의 사전 검토를 받았다.

18　"정전담판의 제1일." 『로동신문』, 1951년 7월 12일. 남일의 연설에서 다른 두 내용은, "상호 합의기초에서 쌍방은 모든 적대적 군사행동을 정지하도록 동시에 명령하"는 것과 "38선을 군사계선으로 확정하고 쌍방의 무장부대는 동시에 38선으로부터 10키로메터 철거하"는 것이었다. 남일의 발언은, 국사편찬위원회 한국사데이터베이스의 정전협상 회의록에서도 확인 가능하다. https://digitalarchive.wilsoncenter.org/document/116197 (검색일: 2021년 3월 15일).

도에 진주한 이후, 북한은 1947년 9월경부터 소련의 제안을 인용하는 방식으로 "조선에서 쏘미량국군군대의 철거"를 주장했다.[19] 미소공동위원회가 결렬될 즈음이었다. 1948년 1월 북한의 신년사나 4월 30일 개최된 남북조선의 제 정당 사회단체 지도자들의 협의회에서도, "조선문제는 쏘련정부와 쏘련대표단이 주장한 것과 같이 쏘미량군이 동시에 우리나라에서 철거하고 우리민족 자신의 손으로써 완전 자주독립국가를 건설"할 수 있다는 논리를 전개했다.[20] 둘째, 한국전쟁의 발발 직후 미국이 개입하자 북한은 다시금 외국군 철수를 주장했다. 한국전쟁을 "내전"으로 규정한 소련의 주장을 인용하는 방식이었다. 예를 들어, 1950년 7월 5일『로동신문』은 "쏘베트정부는 조선사람들이 북부아메리카사람들이 전세기 60년대 북미주의 남북을 단일한 민족적 국가로 통일할 권리를 가졌던 바와 같이 조선사람들도 남북조선을 단일한 민족적 국가로 통일"할 수 있다는 논리 하에 "미국무력의 즉시 철거"를 요구했다.[21] "내전 내부적 충돌 공민전쟁"으로 정의된 한국전쟁에 미국이 개입한 것은 "국제공법

....

19 "사설: 스띠꼬브대장의 9월 26일 성명에 대하여."『로동신문』, 1947년 9월 29일; "조선문제에 관하여 드.마-샬에게 보낸 브.므.몰로또브의 서한."『로동신문』, 1947년 10월 14일.
20 "1948년을 맞이하면서 조선인민에게 보내는 신년사."『로동신문』, 1948년 1월 1일; "남북조선 제 정당 사회단체 지도자들의 협의 성립 공동성명서 발표." 1948년 5월 1일. 1948년 12월 북한에서 소련군이 철수한 이후인 1949년 6월 29일 "조국통일민주주의전선" 결성대회에서도 북한은 남한에서의 미군철수를 주장했다.『조선중앙통신』, 1949년 6월 29일. 그러나 1948년 9월부터 시작된 주한미군의 철수는 그 시점에 거의 완료되고 있었다. 이 시기에 남북한 양쪽에는 미국과 소련의 군사고문단이 활동하고 있었고, 군사원조를 진행하고 있었다(Sawyer 1988, 96-113).
21 "조선에 대한 미국의 무력간섭에 관한 쏘련 부외상 아.아.그로믜꼬의 성명."『로동신문』, 1950년 7월 5일.

위반정책"이라는 소련의 논리를 북한은 수용했다.[22] 정전협정에 외국군 철수를 포함시키자는 북한의 주장은, 이 두 차례의 외국군 철수 요구의 연장이었다.

1950년 11월 미국 국무부가 정전을 고려할 때는 외국군 철수를 의제로 생각하고 있었지만(김학재 2015, 280-281), 1951년 7월 10일 정전협상에서 유엔군 측이 제안한 최초 의제들에는 외국군 철수가 포함되지 않았다.[23] 그러나 협상 평화과정에서 유엔군 측은 북한이 주장하는 외국군의 빠른 시일 내의 철수에서 "흥미로운 하이라이트(interesting highlight)"를 발견했다.[24] 북한이 규정한 외국군에 중국인민지원군이 포함된다는 것이었다. 중국대표 등화의 발언 가운데서는, 한반도 문제에는 군사적 측면과 정치적 측면이 상호 연계되어 있기 때문에 둘을 완전히 분리하는 것이 불가능하다는 말에 주목했다. 중국은 외국군 철수라는 의제를 군사적 문제로 정리했고, 정전협상에서도 같은 주장을 했다.[25] 유엔군 측은 외국군 철수라는 의제

....

22 "국제공법의 제 문제에서 무지한 행위." 『로동신문』, 1950년 8월 11일.

23 유엔군 측의 최초 의제는, (1) 회의 의제의 채택; (2) 국제적십자 대표의 포로수용소 방문; (3) 한반도에만 한정되는 군사적 문제의 논의; (4) 교전행위와 군사행동의 중단; (5) 비무장지대(demilitarized zone)에 대한 합의; (6) 군사정전위원회의 구성; (7) 군사정전위원회 예하의 군사감시단(Military observer teams)의 감시원칙에 대한 합의; (8) 군사감시단의 구성과 기능; (9) 포로에 관한 합 등이었다. 공산군 측은 최초 남일의 의제설정 이후 유엔군 측과의 협상 평화과정에서 '의제의 채택'과 '포로문제'를 새로운 의제로 만들었다.

24 이하에서 언급하는 정전협상 첫날의 시간대별 미국 측 기록은, "Letters from General Ridgeway to the Joint Chiefs of Staff on a Ceasefire Negotiations in Korea." https://digitalarchive.wilsoncenter.org/document/116197 (검색일: 2021년 3월 15일).

25 유엔사령관은 정전협상의 평화과정을 시간대별로 정리해 합동참모본부에 보고했고, 공산군 측은 중국협상단으로부터 받은 내용을 시간대별로 모택동이 스탈린에게 전문을

에 대해 처음에는 유엔군 산하에 있는 군대를 파견한 각각의 정부들과 유엔이 철수를 승인해야 한다는 입장을 개진했다. 즉 유엔사령부 대표는, 정전이 합의된 이후에 한반도에서의 외국군 철수의 문제를 관련 정부들의 동의 하에 논의해야 함을 "반복적으로(repeatedly)" 언급했고, 즉 군사적 문제만을 다루는 정전협상에서는 외국군 철수가 의제가 되는 것에 "격렬히(vigorously)" 반대했다고 공산군 측은 기록하고 있다.[26] 남일은 구체적으로 어떤 이슈가 정치적인 것인가라는 질문을 던지며,[27] 외국군 철수가 없다면 정전이 어려울 수 있다는 입장을 밝혔다. 정전협상 첫날 외국군 철수란 의제를 둘러싼 양 진영의 공방이었다.

7월 11일 2차 정전회담과 관련하여, 북한의 『조선중앙통신』 7월 12일자는 미국대표는 "조선으로부터의 외국군대 철거문제에 있어서 그 문제는 마치도 군사적 담판과는 아무런 관련도 가지고 있지 않으며 따라서 그는 오직 해당 정부들에 의하여서만 결정될 수 있다고 주장함으로써 그 문제의 토의를 거절하였다"고 보도했다.[28] 중국의 모택동은 7월 11일 오전 7시에 김일성과 팽덕회에게 "철군 조항을 반드시 고수해야 한다"는 내용의 전보를 보냈다(정형아 2021, 55). 미국은 외국군 철수가 한국전쟁에 개입한 정부들의 협상에 의

....

보내는 방식을 취했다. "Cable, Mao Zedong to Joseph Stalin, July 11, 1951." https://digitalarchive.wilsoncenter.org/document/117409 (검색일: 2021년 3월 15일).

26 "Cable, Mao Zedong to Joseph Stalin, July 11, 1951." https://digitalarchive.wilsoncenter.org/document/117413 (검색일: 2021년 3월 15일).

27 "Cable, Mao Zedong to Joseph Stalin, July 11, 1951." https://digitalarchive.wilsoncenter.org/document/117409 (검색일: 2021년 3월 15일).

28 『로동신문』, 1951년 7월 14일.

해 결정될 문제라고 주장했지만, 사실 유엔군이 철수할 경우 강한 북한군과 한반도에 인접한 만주지역에 주둔한 중국군이 야기할 수 있는 위험을 염려했다(Schnabel and Watson 1998, 11). 미국은 사상자가 8만 명에 육박함에도 불구하고, "미국의 안보에 보다 사활적인 지역에 미군을 재배치를 하는 것을 원하고" 있었다(Reston 1951). "극동(Far East)"에서의 "정치적 문제(political problems)"의 전반적 해결은 수년이 소요될 것이고, 그때까지 "가공할 만한 물리력(for-midable forces)"을 유지해야 한다는 입장이었다. 7월 13일 모택동은 스탈린에게 보낸 전문에서, 중국은 외국군 철수를 의제화할 것임을 언급하면서도 만약 38도선을 경계로 쌍방의 군대가 철수한다면, 한반도에서 외국군 철수는 지연될 수도 있고, 한반도에서의 외국군 철수는 정전협상과는 별개의 무대에서 수행될 수 있음을 알렸다.[29]

7월 15일 열린 3차 정전회담에서는 회담 장소인 개성과 개성 주변을 중립지대(neutral zone)로 만드는 안이 논의되었다.[30] 7월 16일 미국 대통령은 유엔군의 철수가 남한 국민들에게 미칠 "해로운 효과(deleterious effect)"를 고려하면서 합동참모본부를 통해 유엔사령부에게 외국군 철수는 정부 수준에서 논의되어야 하고, 개성에서의

....

29 "Cable, Mao Zedong to Joseph Stalin, July 13, 1951." http://digitalarchive.wilson-center.org/document/117419 (검색일: 2021년 3월 15일).

30 7월 13일 유엔사령관이 회담 장소인 개성을 "중립지대"로 하자는 방송을 했고, 공산군 측은 14일 이 제안을 수용했다. "Text of Message from General Matthew B. Ridgway Broadcast to the Communists on July 13, 1951." https://digitallibrary.un.org/record/480547/files/S_2266-EN.pdf; "Text of a Communique and Supplementary Announcement Issued July 15 by the United Nations Command after the Third Session of Cease-Fire Negotiations in Kaesong." https://digitallibrary.un.org/re-cord/480547/files/S_2266-EN.pdf (검색일: 2021년 3월 20일).

협상은 군사정전 문제에만 국한되어야 함을 지시했다(Schnabel and Watson 1998, 11).[31] 외국군 철수 의제를 유엔군 측이 수용한다면, 공산군 측이 정치적 문제를 제기할 기회를 신속히 포착할 것이라는 것도, 반대 이유 가운데 하나였다. 7월 16일 열린 4차 정전회담에서 유엔군 측의 제안 가운데 회의 의제의 채택, 비무장지대의 설치, 군사정전위원회와 군사감시단의 구성, 전쟁포로에 관한 협의 등의 의제를 설정하는 것에 대해서 쌍방이 근접하고 있었지만, 외국군 철수라는 의제설정에 대한 합의는 이루어지지 않았다.[32] 이 시점에서 정전을 최초 제안했던 소련의 말리크는 한반도에서 정전이 "거의 확실(almost sure)"하다는 발언을 했다.[33]

7월 17일 모택동이 협상단의 일원인 이극농에게 보낸 전보문에서는, "각국이 조선에 파병한 것은 전투하러 온 것이지 여행을 하러 온 것이 아닌데, 정전회담이 어째서 정전을 토론할 권리는 있고 철군을 토론할 권리가 없겠는가"라는 표현이 나올 정도로, 철군을 의제화하는 것에 중국은 강한 의지를 보였다(정형아 2021, 64). 그러나 이 시점에서 모택동은 "정전 이후 회의를 열어 철군 문제 등을 토론하고자 한다면" 수용할 생각을 가지고 있었지만(정형아 2021, 67-68), 유엔군 측에 그 사실을 알리지는 않았다(토르코토프 2003, 332-

....

31 1951년 8월 유엔군 전선사령부는 "개성에서 진행 중인 회담의 명칭은 휴전회담, 정전회담 또는 평화회담이라고 칭해서는 아니 될 것이며 군사휴전회담(military armistice)라고 칭하는 것이 정당한 것이다"라는 용어에 대한 정의를 신문기자단에게 제공했다. 『민주신보』, 1951년 8월 12일. http://db.history.go.kr/id/dh_022_1951_08_10_0020 (검색일: 2021년 3월 16일).

32 "Transcript of 16 July 1951 Proceedings." http://db.history.go.kr/id/pn_001_0040.

33 "Malik Is 'Almost Sure' Of an Armistice in Korea." *New York Times*, 17 July, 1951.

334). 7월 18일 6차 정전회담에서도 공산군 측은 외국군 철수를 의제로 요구했다.[34] 7월 19일 미국의 합동참모본부는 대통령의 승인을 받은 국무부의 지시에 따라 유엔사령관에게 유엔은 "긴 시간 동안(for a long time)" 한반도를 떠나지 않을 것임을 알렸다(Schnabel and Watson 1998, 11-12). 동시에 정전협상이 파국으로 가는 것을 막기 위해 군대의 감축과 철수를 구분하는 권한을 유엔사령관에게 부여했다. 그러나 군대의 감축은 논의의 대상이 되지 않았다. 7월 19일 7차 정전회담에서는 한반도 평화가 수립될 때까지 유엔군이 주둔해야 한다는 유엔군 측 입장과 정전 이후에도 외국군이 존재하는 상황을 원하지 않았던 공산군 측의 주장이 팽팽하게 맞섰다.[35]

1949년 6월 주한미군이 공식적으로 철수했음에도 한국전쟁 직전까지도 한반도에서 외국군의 철수를 주장했던 북한은, 7월 25일 9차 정전회담에서, "1950년 6월 25일 표면상으로 보면 외국군대가 없었던 것은 사실"임을 인정하면서도, 한국전쟁을 계기로 외국군대가 개입하면서 "조선 내정문제의 평화적 해결을 방해하였"다는 논리를 전개했다.[36] 중국인민지원군의 개입은, "외국군대가 조선민주주의인민공화국의 령토 깊이 쳐들어와 직접 중화인민공화국의 안전을 위협"했기 때문에 불가피했다는 것이 남일 대표의 발언이었다. 그리고 "조선으로부터 모든 외국군대를 철거하"는 것은 "조선의

....

34 http://db.history.go.kr/id/pn_001_0060 (검색일: 2021년 3월 10일).

35 http://db.history.go.kr/id/pn_001_0070 (검색일: 2021년 3월 10일).

36 이하 북한의 주장은, "조선정전회의 제9차회의에서." 『로동신문』, 1951년 7월 27일. 9차 정전회담의 기록은, http://db.history.go.kr/id/pn_001_0090 (검색일: 2021년 3월 10일).

정전 및 휴전 실현문제와 분리시킬 수 없"다는 입장을 견지했다.

외국군 철수를 정전협상의 의제로 삼는 것에 대해 미국이 완강하게 반대하자 북한과 중국은 타협안을 모색했다. 중국의 주은래가 모택동의 심의를 거쳐 정전협상 중국 대표단의 책임자인 이극농과 김일성, 팽덕회에게 보낸 1951년 7월 23일 전문에는 "조선으로부터의 외국군 철수 문제는 이번 회의의 의제에 포함하지 않고 정전 후 또 다른 회의에서 해결하는 데 동의한다"는 구절이 포함되었다(정형아 2021, 69-71). 그리고 7월 25일 회담이 재개되면 남일이 외국군 철수가 정전협상의 의제에 포함되지 않은 것에 대해 "유감"을 표명하고 정전협정 4조 60항의 초안의 내용을 제시하라는 주은래의 지시가 전문에 담겼다.

7월 27일 『로동신문』은 8차에 걸친 정전회담에서 외국군 철수에 대한 유엔군 측의 "동의"를 얻지 못했음을 유감스럽게 생각하며 다음과 같은 제안을 했다고 보도했다.

지금 우리는 하루속히 정전합의에 도달하여 전 세계 평화애호인민들의 초보적인 희망을 실현시키기 위하여 모든 외국군대의 조선철거문제는 우리가 실현하려는 정전 및 휴전문제와 이와 같은 심각한 련계성이 있고 조선전쟁에 참가한 외국병사들이 정전 후에 집으로 돌아가서 평화스러운 생활을 할 것을 그렇게 갈망함에 비추어 우리는 이번회담에서 정전 및 휴전문제를 토의해결한 후에 이와 같은 중요한 문제에 대하여 명확한 처리를 하여야한다. 이를 위하여 우리는 이미 합의에 도달한 4개 조항 외에 제5항『쌍방의 관계 각국 정부에 대한 건의사항』을 첨가할 것을 제의한다. 이렇게 함으로써 쌍방이 4개 조항을 토의하고 구체적 합의에 도달한 후 쌍방이 관계 각 국정부에 대한 건의를 토의하여 정전협정 실현 후 일정한 기한 내에 쌍방의 고급대표 회담을 소집하여 조선으로부터 외국군대를 철거하는 문제를 협의하도록 할 것이다.

결국, 공산군 측은 외국군의 즉각 철수에 대한 유엔군 측 반대에 직면하여 정전협정이 체결된 후에 외국군 철수를 논의하는 타협안을 제시했다. 7월 23일 주은래의 전문에는 만약 유엔군 측이 이 타협안에 동의하지 않으면 취소하라는 지시까지 담겼다. 모택동이 이극농에게 "새로운 건의에 반대한다면 다시 두 번째 발표 원고를 사용하라"고 한 것을 보면(정형아 2021, 72), 공산군 측은 타협안을 제시할 때 타협안에도 유엔군 측이 동의하지 않으면 타협안조차 취소할 생각을 가지고 있었다. 유엔사령부는 워싱턴과 긴급 메시지 교환을 한 후 "누구도 구속하지 않는 멋진 불명확한 제안"으로 묘사되었던(Hermes 1992, 156), "쌍방의 관계 각국 정부에 대한 건의사항(Recommendation to the governments of the countries concerned on both sides)"을 수용했다. 그러나 유엔군 측 대표단은 "건의"의 성격에 대해서는 책임지지 않겠다는 입장을 분명히 했다. 당시 미국 국무부는 "진정한 평화(genuine peace)"가 수립되기 전까지는 한반도로부터 유엔군을 철수하지 않겠다는 입장이었다(Schnabel and Watson 1998, 13). 7월 26일 10차 정전회담에서 유엔군과 공산군은, 제5의제로 "양측의 관계된 정부에 건의"에 합의했다(Department of State 1957, 2637-2638).[37]

1952년 1월 31일 제5의제에 대한 논의가 정식으로 이루어지기 전까지, 외국군 철수에 대한 요구를 계속했다. 북한의 논리는, "외국군대철거가 조선문제를 평화적으로 해결하는 유일한 열쇠"라는 것이었다.[38] 미국이 "남조선 강점"을 위해 이 문제에 반대하고 있다는 주장과 함께였다. 1951년 8월 17일 군사분계선 설정을 위한 제2분과 회의가 개최되고 11월 27일 28차 정전회담에서 군사분계선과 비무장지대에 대한 합의를 본 이후, 공산군 측이 다시금 외국군 철수가 한반도 문제의 평화적 해결을 위해 필요하다고 주장하자, 유엔군 측은 외국군 철수의 문제는 정전협정 이후의 정치회담의 문제라고 반응했다.[39] 정전 기간 동안 외국군의 감축을 제한했던 공산군

....

37 (1) 회의 의제의 선택; (2) 군사분계선의 설정; (3) 정전감시기구 등 정전을 실시하기 위한 구체적 협의; (4) 포로에 관한 협의 등이 다른 의제들이었다.

38 "미국인들이 개성정전 담판을 중단시켰다."『로동신문』, 1951년 8월 8일; "위대한 쏘베트군대에 의하여 해방된 8.15 6주년 기념 평양시 경축대회에서 진술한 조선민주주의인민공화국 내각수상 김일성 장군의 보고."『로동신문』, 1951년 8월 15일; "쏘련정부가 미국 정부에 전달한 성명서."『로동신문』, 1951년 10월 19일.

39 북한의 남일 대표는 제3의제와 관련하여 다섯 가지의 원칙적 제의를 했다. 그 가운데서 주목되는 것은 현재도 논란이 되고 있는 서해상의 해상경계선과 관련된 세 번째 원칙이다. 내용은 다음과 같다. "쌍방의 모든 무장력량은 정전협의 조인 후 5일 내로 군사분계선을 경계로 하고 상대방의 후방과 연해 도서 및 해상에서 철거할 것이며 만일 철거를 연기할 아무러한 리유가 없이 기한이 지나도 철거하지 않을 때에는 상대방은 치안을 유지하기 위하여 이러한 무장인원들에게 모든 필요한 행동을 취할 권한이 있음."『로동신문』, 1951년 11월 27일. 추론하면, 1951년 11월 말의 시점에서 북한은 군사분계선의 '직선 연장'으로 해상 군사분계선을 생각한 듯하다. 반면 유엔군 측은, 육해공상에서의 무력의 철수를 언급하면서도 "상대방에 의해 통제되는(controlled) 영토로부터"를 덧붙이고자 했다. http://db.history.go.kr/id/pn_002_0020 (검색일: 2021년 3월 10일). 정전협상을 보도하는『로동신문』에는, 유엔군 측이 "상대방 후방의 바다의 섬들을 계속 점령하며 상대방의 령해를 포화의 봉쇄권 내에 두어 상대방의 후방을 직접 위협할 것을 요구하였다"(1951년 12월 2일), "상대방은 우리측 후방의 도서와 해상은 『바닷물이 조선 이외의 것인 것처럼 조선 경내에 있지 않다.』고 공공연하게 말하면서 우리측 후방에

측의 주장에 대해 무력의 제한과 감축도 정치회담의 의제라는 것이 유엔군 측의 입장이었다(Hermes 1992, 18). 11월 28일 제3의제인 정화와 정전감시를 위한 논의가 있을 때도, 북한은 "조선정전 후 적대행위가 다시 발생하지 않도록 보장하기 위한 근본적 방법은 전쟁상태를 균형적으로 유지하는데 있는 것이 아니라 근본적으로 전쟁상태를 없애기 위하여 모든 외국군대가 철퇴하며 한걸음 나아가서 조선문제를 평화적으로 해결하는데 있는 것이"라는 입장을 밝혔다.[40]

1951년 12월 3일 34차 정전회담에서 공산군 측은 "의정 제3항"을 논의하면서, 군사정전의 안정성을 보장해 "보다 높은 수준의 정치회담(a political conference of a higher level)"의 개최를 촉진하기 위해, 양측이 한반도에 병력과 무기를 반입하지 말자는 제안을 했다. 12월 5일 유엔군 측도 제3의제와 제5의제를 동시에 토론하기로 결정했다. 그리고 12월 19일 미국 대통령은 공산 측이 외국군 철수를 계속 주장하면, 독립된, 민주정부 하에서의 한반도 통일을 삽입하라는 훈령을 유엔사령부에 보냈다(Hermes 1992, 156-157). 따라서 제3의제를 토론하는 과정에서 정치회담이 계속 언급되었다. 북한은 "정전 후 신속히 고급정치회의를 소집하여 조선으로부터 모든 외국군대를 철거시키며 조선문제를 평화적으로 철저히 해결"하자는 본래의 주장을 계속했다.[41] 그리고 12월 30일 제3의제 분과위원회 회

....

그들의 무장력량을 남겨둘 것을 고집하였다"(1951년 12월 11일)는 구절들이 등장했다. 정전협상 당시 해상경계선 문제를 둘러싼 양 진영의 공방이었다.

40 "조선 정전담판 회의-11월 28일 회의." 『로동신문』, 1951년 11월 30일.
41 "조선 정전담판 회의-분과위원회 12월 9일 회의." 『로동신문』, 1951년 12월 11일; "조선 정전담판 회의-량분과위원회 12월 13일 회의." 『로동신문』, 1951년 12월 15일.

담에서 북한은 유엔군 측이 동의했던 "고급정치회의"가 "정치적 수준의 행동(action at a political level)"으로 바뀐 것을 고급정치회의의 "취소"로 간주했다.[42] 유엔군 측의 답변은 정치회담의 개최 그 자체로는 아무 것도 성취할 수 없기 때문에 정치회담의 목적인 한반도 문제의 평화적 해결을 위한 원칙의 수정이었다는 것이었다.[43]

1952년 1월 3일 미국은 국무부 유엔담당 차관보인 히커슨과 극동담당 부차관보 존슨이 국무장관에게 제출한 비망록을 통해, 정전협정 이후 정치회담은 공산군 측이 주장하는 것처럼 제3의제에서가 아니라 제5의제로 다루어져야 함을 분명히 했다. 그리고 정전협정으로 해결되지 않은 여타의 문제들과 한반도의 통일을 포함하는 문제 등은 정치적 해결의 대상임을 유엔사령관에게 전달했다.[44] 당시 미국의 합동참모본부는 정전 후 정치회담이 미국, 중국, 북한으로 제한되는 것을 염려했다.[45] 즉 정치회담에 참여하는 정부들을 특정하지 않고자 했다.[46] 1월 29일 유엔사령관이 합동참모본부에 보낸 전문에서는, 공산군 측이 정치회담의 개최를 정전협정 이후 "90일" 내로 시간제한을 두려는 것에 대해 시간을 특정하지 않고 "그런 빠른 조치가 취해져야 한다"로 하는 것에 대한 질문이 있었다.[47]

1952년 1월 31일 유엔군 측은 제5의제의 논의와 이 의제를 다

42 "조선 정전담판 회의 량분과위원회 12월 30일 회의." 『로동신문』, 1952년 1월 1일; http://db.history.go.kr/id/pn_004_0260 (검색일: 2021년 3월 15일).

43 http://db.history.go.kr/id/pn_004_0270 (검색일: 2021년 3월 15일).

44 http://db.history.go.kr/id/dh_024_1952_01_03_0040 (2021년 3월 15일).

45 http://db.history.go.kr/id/dh_024_1952_01_29_0010 (2021년 3월 15일).

46 "미 합동참모본부, 릿지웨이 장군에게 휴전협상 관련 의견 전달." http://db.history.go.kr/id/dh_024_1952_02_01_0010 (2021년 3월 15일).

47 http://db.history.go.kr/id/dh_024_1952_01_29_0010 (2021년 3월 15일).

룰 분과위원회의 설치를 제안했다. 그러나 별도의 분과위원회는 구성되지 않았고, 2월 6일부터 개최되는 정전회담 본회의에서 다루기로 했다. 2월 6일 판문점에서 열린 36차 정전회담에서, 제5의제인 "쌍방의 관계 각국 정부에 대한 건의사항"이 논의되었다. 북한 대표는, 한반도에서의 정전이 한반도 문제의 평화적 해결을 위한 다리로 역할을 해야 한다는 것에 대해 양측이 반복해서 의사표현을 했다고 언급하며, 다음과 같은 제안을 했다.[48]

조선문제의 평화적 해결을 보장하기 위하여 조선민주주의인민공화국과 중화인민공화국의 량국 정부를 일방으로 하고 유엔의 관계 각국 정부를 다른 일방으로 하는 적대 쌍방은 조선정전협정이 조인되고 효력을 발생한 후 각기 대표 5명을 파견하여 정치회를 (연다).

그리고 정치회담의 의제로, (1) 조선으로부터 일체 외국 군대를 철거하는 문제; (2) 조선문제의 평화적 해결 및; (3) 조선의 평화와 관련된 기타 문제 협의(Other questions related to peace in Korea)를 제시했다.[49] 기타 문제를 의제로 포함시키고자 할 때, 북한대표는 1950년 6월 27일 미국의 트루먼 대통령이 공식적으로 한국전쟁이

....

48 "정전담판 전체 회의와 제3항 참모회의 및 제4항 분과위원회 회의를 개최하였다." 『로동신문』, 1952년 2월 8일.

49 "세계인민이 요구하는 조선에서 전쟁을 정지하는 보편적인 평화적 희망을 만족시키기 위하여 우리측은 조선에서 모든 외국군대와 장비를 철퇴시키는 문제를 쌍방간 고급정치회의에 넘겨서 토론하는데 동의하였고 조선의 군사정전 담판을 엄격한 군사범위로 제한하였다." "조선 정전담판 회의 1월 9일 의정 제3항 분과위원회에서 진술한 우리측 대표 해방장군의 연설." 『로동신문』, 1951년 1월 12일.

동아시아(the East)의 기타 문제와 연관되어 있다는 발언을 했음을
언급했다. 트루먼 대통령은 1950년 6월 27일 한국전쟁을 계기로,
미국 공군과 해군의 한반도 파병, 대만해협에 미군 7함대의 파견,
필리핀 주재 미군의 강화, 인도차이나에 있는 프랑스군에 대한 지원
등을 결정했다.[50] 대만 정부에게 중국 본토에 대한 공중과 해상작전
중단을 요구하는 것도 그 명령 가운데 하나였다. 북한대표는 미국
대통령의 결정을 인용하며 "기타 문제"를 의제로 만들고자 했다.

3일 동안 공산군 측의 제안을 검토한 후 2월 9일 개최된 37차 정
전회담에서 유엔군 측은 자신들이 작성한 정전협정 4조 60항의 초
안을 "군사령관은 한반도에서 정치적 해결과 관련한 문제들을 고려
하지 않았다"는 말로 시작했다. 정전협상이 군사적 문제에 한정되
어야 한다는 미국적 정의를 다시금 강조하는 문구였다. 정치적 문제
들은, 한반도 정전협정에 의해 제기되지만 해결되지 않은 문제들인
독립된, 민주정부 하에서 한반도의 통일과 기타 문제들이었다. 제
5의제에 대한 유엔군 측의 제안은, 군사령관이 "북한과 중국"을 한
편으로 하고 "유엔과 한국"을 다른 한편으로 하여 각각의 정부에게,
"3개월 내에" 고위급 정치회담 또는 "적절하다고 판단되는 기타 정
치적 수단"을 통해 이 문제들을 다루는 "조치를 취하도록(steps to
be taken)", 각각의 정부에 건의한다는 것이었다. 정치회담의 의제

....

50 당시 『로동신문』 보도에는 없는 내용이지만, 정전회담 회의록에는 북한대표의 언급으
로 기록되어 있다. http://db.history.go.kr/id/pn_002_0100 (검색일: 2021년 3월 17
일). 트루먼 대통령의 발언은, "Statement by the President, Truman on Korea." June
27, 1950, History and Public Policy Program Digital Archive, Public Papers of the
Presidents, Harry S. Truman, 1945-1953. http://digitalarchive.wilsoncenter.org/
document/116192 (검색일: 2021년 3월 20일).

로는, "한반도에서 비한국군(non-Korean forces)의 철수", "한반도 문제의 평화적 해결", "평화와 관련된 기타 한반도 문제(Other Korean questions related to peace)"를 제기했다.[51] 주목되는 것은 공산군 측의 제안이었던 한반도 평화와 관련된 기타 문제가 "평화와 관련된 기타 한반도 문제"로 바뀐 것이었다. 유엔군 측은 1950년 6월 27일 트루먼 대통령이 언급했던 한반도 이외의 문제들, 예를 들어 대만 문제나 중국의 유엔 가입 등을 정전협정 이후의 정치회담에서 다루는 것을 원하지 않았다.

2월 10일 개최된 38차 정전회담에서 공산군 측은 유엔군 측의 제안을 검토한 후, "구체적(specific) 건의"를 만들어야 하고, 정치회담은 "확실한 시한 내에(within a definite time limit)" 개최되어야 하며, "적절한 수단"이나 "조치를 취하도록"과 같은 문구는 사용되지 말아야 한다고 반박했다.[52] 반면, 유엔군 측은 자신들이 제5의제를 수용한 이유가 유엔사령부가 관계국 정부들에게 한반도와 직접적으로 관계되지 않은 문제의 토론을 건의할 준비가 되어 있음을 의미하지 않는다고 주장했다. 다른 정치적 수단을 삽입한 이유는 군사령관이 정부에게 특정 유형의 정치적 포럼을 만들라고 하는 듯 보이는 것을 피하기 위함이라는 것이 유엔군 측의 입장이었다. 그리고 유엔사령부는 정치회담을 소집하는 것에 동의하지 않지만, 정치회담을 가능한 한 방법으로 건의했다고 밝혔다. 정치회담의 세 번째 의제를 수정한 이유는 아시아 일반의 문제가 유엔사령부 대표단

....

51 http://db.history.go.kr/id/pn_002_0110 (검색일: 2021년 3월 20일).
52 http://db.history.go.kr/id/pn_002_0120 (검색일: 2021년 3월 20일).

의 권한 밖이기에 만약 북한 측이 동의하지 않으면 삭제해도 된다는 것이 유엔군 측의 의견이었다. 그러나 공산군 측은 한반도 평화와 관련된 기타 문제가 정치회담에서 논의되는 것이 적절하다는 의견을 굽히지 않았다. 제5의제의 정전협정 조항의 내용을 둘러싼 양 진영의 공방에는 정전과 정전협정의 개념에 대한 서로 다른 생각들이 반영되어 있었다(구갑우 2021).

2월 11일의 39차 정전협상에서도 양 진영의 제5의제를 둘러싼 문구 싸움은 계속되었다.[53] 공산군 측은 모든 외국군의 철수와 한반도 문제의 평화적 해결과 직접적으로 관련된 문제를 정치회담에서 논의하는 것이 양측의 합의라고 주장하며, 제3의제를 논의할 때 정치회담의 개최를 통해 평화적 해결을 촉진하기로 했음을 상기시켰다. 정전협상은 군사적 문제에 국한되어야 한다는 유엔군 측의 주장에 대해서는, 건의가 한반도 문제의 평화적 해결을 위한 사령관들의 진정성의 표현이라고 주장했다. 그리고 "한반도 평화와 관련된 기타 문제"라는 정치회담의 의제를 "한반도 평화와 직접적으로 (directly) 관련된 기타 문제"로 수정하여 제안했다. 유엔군 측은 제3의제를 논의할 때의 합의는 제5의제 하에서 논의해야 한다는 것이었다고 반박했다. 그리고 정전회담은 정치적 포럼을 위한 의제를 결코 지시할 수 없고, 공산군 측은 한반도 문제로부터 멀리 떨어져 있는 문제를 포함시키려 하고 있으며, 결국 공산군 측은 정치회담에서 아시아의 모든 문제를 다루려 한다고 주장했다. 즉 공산군 측이 제5의제에 담고자 하는 내용들은 정전회담과 무관한 주제들이라는 것

....

53 http://db.history.go.kr/id/pn_002_0130 (검색일: 2021년 3월 20일).

이었다. 정치회담 개최를 위한 기일을 명확히 하는 것도 군사령관이 정치적 권위체의 기능을 찬탈하는 행위라는 것이 유엔군 측의 입장이었다. 그리고 마지막으로 공산군 측에게 "한반도 평화와 직접적으로 관계되는 기타 문제"가 무엇을 의미하는지를 물었다.

2월 11일의 정전회담을 보도하는 『로동신문』은 제5의제에 대한 북한의 입장을 다음과 같이 정리했다.[54] 첫째, 북한은 정전회담이 시작될 때부터 모든 외국군대의 철수를 주장했지만 유엔군 측이 정전회담에서는 정치문제를 결정할 수 없다고 했기에 쌍방은 "명확한 량해 밑에 이 문제와 조선문제의 평화적 해결에 직접 관계가 있는 기타 문제를 쌍방의 관계 각국 정부의 정치회의에서 토의해결하기로 하였"다는 것이다. 북한은 정전회담의 목적을 "조선에서 쌍방의 적대 행동을 종결시키기 위한 것이며 조선으로부터 모든 외국군대를 철거하고 조선 인민이 자기 문제를 해결할 수 있는 기본 조건을 창설하기 위한 것"으로 본 반면 미국은 정전회담은 군사적 문제만을 논의하는 장이라는 주장을 고수했다는 것이다. 둘째, "적당한 정치 방법"이니 소위 "3개월내에 절차를 취하여"라고 한 것은 "정치회의의 소집을 부정한 것이며 3개월 내에 이 정치회의를 소집함으로써 조선문제의 평화적 해결을 실현하"고자 하는 의지의 부정이었다는 것이다. 즉 유엔군 측은 한반도 문제의 평화적 해결을 위한 의지를 결여하고 있다는 것이 북한의 주장이었다. 셋째, "조선 문제는 고립된 것이 아니라 조선의 평화의 공고는 조선 평화와 관계된 기타 문제 해결에 달"려 있다는 것이 북한의 주장이었다. 유엔군 측이

....

54 『로동신문』, 1952년 2월 13일.

"반대 리유로 삼을 수 있는 모든 구절을 해제하기 위하여" 수정 제
안에서 "직접 관계 있는 기타 문제"로 문구를 바꾸었다는 것이다. 2
월 12일 열린 40차 정전회담에서도 이 공방은 반복되었다.

　2월 12일 열린 40차 정전회담에서도 양 진영의 동어반복과 같은
공방이 있은 후 2월 14일 도쿄에서 열린 미국 고위급 정책결정자들
의 정치회담 참석차 출국했던 유엔군 측 수석대표 조이 장군이 2월
15일 경기도 문산의 전선교섭본부로 귀환하면서 2월 16일 41차 정
전회담이 열렸다.[55] 이 회담에서 공산군 측은 다음과 같은 수정안을
제출했다.[56]

　　조선문제의 평화적 해결을 보장하기 위하여 쌍방 군사 사령관은 쌍
　　방 관계 각국 정부에 정전 협정이 조인되고 효력이 발생한 후 3개월
　　내 각각 대표를 파견하여 쌍방 고급 정치 회의를 소집하여 조선으
　　로부터 모든 외국 군대의 철거 및 조선문제의 평화적 해결 등 문제

....

55　이 회의에는, 릿지웨이 사령관, 유엔군 측 수석대표 조이 장군, 그리고 합동참모본부와
　　국무부의 관계자들이 참여했다. 유엔군 측 수석대표가 정전협상의 와중에 직접 도쿄 회
　　의에 참석하여 정전문제를 토의했다. "동경에서 미 고위급 정치회담 개최." 『민주신보』,
　　1952년 2월 17일. http://db.history.go.kr/id/dh_024_1952_02_14_0020 (검색일: 2021
　　년 3월 18일). 회의의 내용은 정전협상 최대 쟁점인 포로문제였던 것 같다. 합동참모본
　　부와 국무부는 유엔사령관에게 "모든 비송환자의 일방적 석방"이란 개념을 제시했다고
　　한다(Hermes 1992, 150; Schnabel and Watson 1998, 87).
56　『로동신문』, 1952년 2월 18일. 영문은, "In order to ensure the peaceful settlement of
　　the Korean question, the Military Commanders of both sides hereby recommend
　　to the government of the countries concerned on both sides that, within three
　　months after the Armisitice Agreement is signed and becomes effective, a political
　　conference of a higher level of both sides be held by representatives appointed
　　respectively to settle through negotiation the questions of the withdrawal of all
　　foreign forces from Korea, the peaceful settlement of the Korean questions, etc."

를 협의할 것을 제의한다.

정전협정 4조 60항의 원형으로, 맞춤법 수정을 제외하면, 초안
의 "고급(a higher level)"이 협정에는 "한급 높은"으로, "제의한다
(recommend)"가 "이에 건의한다"로 바뀌었음을 확인할 수 있다. 북
한이 제출한 정전협정 4조 60항의 초안과 4조 60항의 영문은 일치
하지만, 이후 한글 표현만 다듬어졌다. 공산군 측은 2월 9일 미국이
제안한 초안에서 언급된 한반도의 통일, "적당한 정치 방법", "절차
를 거쳐"를 삭제하고, 자신들이 주장했던 "한반도 평화와 직접적으
로 관계되는 기타 문제"를 "등"(etc.)으로 처리했다. 그리고 "외국군
(foreign forces)"이 "비한국군(non-Korean forces)"과 같은 의미라
고 덧붙였다. "등"과 관련하여, 공산군 측은 정치회담에서 한반도의
평화와 직접적으로 관계되는 문제를 다루어야 하지만, 유엔군 측이
"비이성적 거부(unreasonable objection)"를 하고 있기 때문에 사용
된 표현이라고 밝혔다.[57]

2월 17일의 42차 정전회담에서 유엔군 측은 공산군 측의 수정
안을 수용하면서, 건의는 유엔은 물론 한국정부에도 할 것이고, 외
국군은 북한이 이야기한 것처럼 비한국군을 의미하며, 유엔사령부
는 "등(etc.)"을 한반도 외부의 문제와 관련된 것으로 이해하지 않는
다는 단서조항을 덧붙였다.[58] "등"에 대해 유엔군 측이 민감하게 반

....

57 http://db.history.go.kr/id/pn_002_0150 (검색일: 2021년 3월 20일).
58 북한은 외국군 철수, 조선문제의 평화적 해결, 조선의 평화와 관련된 기타 문제의 토의
    를 제안했고, 결국 정전협정 4조 60항에는 두 의제와 더불어 "등"이 첨가되는 방식으로
    타협이 이루어졌다고 기록하고 있다(조선중앙통신사 1952, 439-440). 북한의 역사서는,

응하고 해석을 덧붙인 이유 가운데 하나는, 대만 정부와 미국 내 대만 정부 지지자들 때문이었다(Foot 1990, 75-76). 제5의제가 제3의제와 함께 논의된 기간을 빼면 공식적으로 1952년 1월 31일에 제안된 제5의제의 토론이 2월 17일에 완료되었다. 정전협상의 의제 가운데 양 진영이 가장 빠르게 합의에 도달한 것이다.[59]

따라서 왜 다른 정전협상의 의제보다 제5의제에 대해 양 진영은 빠르게 합의할 수 있었는가라는 질문이 제기된다. 전통적인 해석은, 정전협정 4조 60항이 그 용어를 모호하고 폭 넓게 유지하는 방식으로 다루어졌기 때문이라는 것이다. 그리고 즉각적인 외국군 철수를 주장했던 북중과 정전협정 이후 외국군 철수를 논의하자는 유엔군의 안을 타협한 결과였다는 것도 유력한 해석이다. 이 해석들에 기초하면, 정전협정 체결 이후 정치회담 개최 전망이 불투명했다(Foot 1990, 74; 홍용표 2006, 35-55; 김보영 2016, 208-209). 중국의 한국전쟁 역사서는 미국 측이 "정치회의를 개최해 한반도의 평화문제를 근본적으로 해결할 생각이 없었"기 때문에 정전협정 4조 60항을 둘러싸고 "크게 논쟁을 벌이지 않았다"고 평가한다(중국 군사과학원 군사역사연구부 2005, 343-347). 다른 한편 미국은 1953년 8월 7일 유엔사령부가 유엔 사무총장에게 보낸 특별보고에서, 정전협상에 정치적 문제를 삽입하려는 공산군 측의 노력이 정전협상의 지연을 야기할 수 있기 때문에, 정전협정 4조 60항을 수용했다고 주장했다(Depart-

....

정전협정 4조 60항이 자신들의 "주동적 제안"이었고, 이 정전협정 4조 60항이 "조선문제의 평화적 해결의 가능성을 열어놓았다"고 해석했다(강근조 1985, 150-153).

59 제2의제는 4개월이, 제3의제는 6개월 10일이, 제4의제는 18개월 11일이 소요되었다(박태균 2005, 248-261).

ment of State 1957, 2631-2632).

탈냉전시대 북미협상의 의제인 비핵화만큼이나 외국군 철수 의제는 정전협정의 공식 체결 전에도 쟁점 사안이었다. 1953년 6월 이승만 정부의 반공포로의 일방적 석방 이후 한미상호방위조약 체결에 대한 언급이 나오자 북한은 중국의 『인민일보』를 인용하는 방식으로 "정전협정 초안 제5조 60항"에 의거한 "조선문제의 진일보적인 평화적 해결이 다시 저애를 받게 된다는 것을 누구나 인정하지 않을 수 없다"는 입장을 밝힌 바 있다.[60] 정전협정 4조 60항이 합의되고 한 달이 채 안 된 시점인 1952년 3월 7일 한국 정부는 "소련이나 그 위성국가와 정치적 내지 외교적 회담"에 대해 "아무 기대를 갖고 있지 않"을 뿐만 아니라 "그러한 회담에 한국정부대표가 참가하는 일은 없을 것"이라고 발언하기까지 했다.[61] 정전협정 체결 직후인 1953년 7월 28일 미국 국무장관은 정치회담이 비생산적이라면 한국과 함께 정치회담에서 철수할 것이라고 말했다(Department of State 1957, 2674). 그러나 그 철수가 전쟁의 재개가 아님을 북진통일을 주장하던 한국 정부에게 전달했다. 정치회담에 한국의 참여를 유도하기 위한 설득이자 압박이었다.

1953년 8월 8일 한미는, 상호방위조약의 초안을 교환했다. 외국군 철수를 위한 정치회담이 있기 전에 주한미군의 주둔을 용인하는 조약의 초안이 마련된 것이다. 한미공동성명에는 정전협정 4조 60

....

60 『로동신문』, 1953년 6월 14일. 정전협정 체결 전인 1953년 7월 11일 한미는 "상호방위조약"에 합의했음을 밝힌 바 있다(Department of State 1957, 2673-2674).

61 "정전문제에 대한 李대통령과 외지 기자 간의 문답, 1952년 3월 7일." http://db.history. go.kr/id/dh_024_1952_03_07_0040 (검색일: 2021년 3월 15일).

항에 따라 정치회담이 열리면 한반도의 "통일된, 자유롭고, 독립적인 한반도"의 건설을 공동의 노력을 하겠지만, 만약 정치회담이 무용한 것으로 판명되면 그 회담에서 철수하겠다는 의사를 다시금 밝혔다. 한국이 일방적 군사행동으로 한반도 통일을 추구하는 것은 다시금 금지사항으로 언급되었다(Department of State 1957, 2674-2676). 1953년 8월 28일 유엔총회에서는 정치회담의 개최를 요구하는 결의안이 통과되었다. 유엔이 설정한 목표는 "대의적 형태의 정부 하에서 통일된, 독립된, 민주적 한반도의 평화적 수단에 의한 건설"이었다.[62] 즉 한미와 유엔은 정전협정 4조 60항 초안에서 제시한 것처럼, 정치회담을 통해 북한을 평화적으로 흡수하는 방식의 통일을 추구하고자 했다. 정전협정 4조 60항에 따른 정치회담의 실패를 예견하게 하는 신호였다.

정전협정 제4조 60항에 따라 정치회담을 준비하기 위한 예비회담이 1953년 10월 26일 판문점에서 열렸다. "3개월 내"라는 정전협정 제4조 60항을 준수하려는 시도였지만, 회의 개최에 대한 합의는 이루어지지 않았다. 남북미중의 대표가 참여한 예비회담에서 공산군 측은, 1953년 8월 유엔총회 결의안에서 언급된 것처럼 소련을 정치회담에 중립국으로 참여시키고 인도를 포함한 여타 중립국도 참여하는 원탁회의를 주장한 반면, 미국은 중립국의 참여를 반대했

....

62 "Convening of a Political Conference of Korea: Resolution 711 (VII) of the United Nations General Assembly, August 28, 1953." Department of State, *American Foreign Policy*, 26760-2678. 유엔사령부는 한반도 정전협정의 특이성으로, 정전협정이 군사령관들에 의해 서명되었지만, 유엔총회에서 채택되었음에 주목한다. 정전협정이 평화협정을 위한 협상공간을 제고하고 있음도 강조의 대상이다. https://www.unc.mil/History/1951-1953-Armistice-Negotiations/ (검색일: 2021년 3월 15일).

고 소련이 정치회담에 참여한다면 공산진영에 속해야 한다고 주장했다(오정현 2017, 15-16). 미국은 1953년 12월 8일 다시 열린 예비회담에서, 소련도 참여하는 정치회담을 생각하며 정치회담의 구성과 장소, 정치회담의 시간, 정치회담의 절차적 문제, 정치회담의 행정, 정치회담의 비용 등을 담은 문건을 제출하기도 했지만, 결국 미국 국무부는 1953년 12월 21일 "평화회담(peace conference)"이라고도 부른 정치회담의 결렬을 선언했다(Department of State 1957, 2680-2684). 미국은 이 제안서에서 소련을 포함하여, 중립국인 버마, 인도, 인도네시아, 파키스탄을 초청하겠다는 제안을 했음을 밝히기도 했다. 물론 소련이 중립국이 아님을 강조했다.

1954년 2월 18일 미국, 영국, 프랑스, 소련의 4국 외무장관 회의에서 "한반도 문제의 평화적 해결"을 위한 관련국 회의를 제네바에서 개최하기로 합의했다. 정치회담을 위한 예비회담에서 북중이 제안한 장소는 중립국 인도의 뉴델리였다. 제네바 정치회담의 주요 의제로는 인도차이나에서의 "평화의 복원"도 포함되었다. 제네바 정치회담은 1954년 4월 26일부터 6월 15일까지 개최되었다. 한국전쟁에 참여한 국가들 가운데 남아프리카공화국을 제외하고 모두 참가한 한반도문제 해결을 위한 다자회의였다(정영철·정창현 2017, 37-61; 홍용표 2006; 김연철 2011). 남한은 이 정치회담에서 유엔감시하의 남북한 총선거를, 북한은 중립국감시단하의 총선거를 통한 통일방안을 제시했다. 북한은 유엔이 한국전쟁에 참여했다는 이유로 양심적 중재자로 간주하지 않았다. 외국군 철수와 관련하여 남한은 남북한 총선거 이전 중국군의 철수, 북한은 모든 외국군의 철수를 요구했다. 결국 제네바 정치회담에서는 한반도의 정전을 평화로 전환하는, 즉 평화체제 구축을 위한 어떠한 조치도 만들어지지 않았다.

IV. 정전협정 4조 60항의 평가

정전협정 4조 60항에 대한 적절한 해석들이 있어 왔지만, 한반도 평화체제라는 의제의 국제정치적 기원이 되는 정전협정 4조 60항이 만들어지는 미시적 평화과정에 대한 탐구는, 정전협정 4조 60항이라는 진화된 '국제규범'의 형성 평화과정을 재평가하게 한다.

첫째, 정전협정 4조 60항은 1863년 미국의 내전 당시 만들어진 '리버 규칙(Lieber code)'과 1874년 브뤼셀 선언으로 등장한 '상호합의(mutual agreement)'에 의한 전쟁의 중단을 의미하는 일반적인 정전 개념의 연장이면서도 한반도적 특수성이 담지된 조항이었다 (Roberts 2019; Bailey 1977; Benvenisti and Lustig 2020; Levie 1956; 구갑우 2021). 2차대전 이후 중동지역에서 도입된 정전협정에서 볼 수 있듯이, 정전의 유효기간은 '평화적 해결' 때까지였다. 정전협정 4조 60항은 한반도 문제의 평화적 해결을 위한 정치회담의 필요성을 언급하고 있다는 점에서, 중동지역의 정전협정보다 진화된 규범의 형태였다(Department of State 1957, 698-724). 미국의 소극적 수용이 강조되지만, 미국은 자신의 외교정책의 역사를 정리하면서, 1953년 정전협정 이후 1955년까지를 정전협정 4조 60항에 기초하여 한반도에서의 "정치적 해결(political settlement)"을 모색했던 시기로 정리하고 있다(Department of State 1957, 2673-2702).

둘째, 미국이 외국군 철수가 포함된 정전협정 4조 60항에 동의

한 이유에 대해서는 보다 정치한 설명이 필요하다. 1949년 6월 미군이 남한에서 철수했지만 한국전쟁 발발과 함께 다시금 군대를 파병한 미국은, 북한의 외국군 철수 요구에 중국군이 포함된다는 점에 주목하여 정전협정 이후의 정치회담의 의제로 외국군 철수에 동의했다. 정전협정이 체결된 이후, 1951년 5월 NSC 48/5에서 볼 수 있듯이 미군을 포함한 유엔군의 단계적 철수도 생각하고 있었다. 그러나 정전협상의 평화과정에서 미국은 한국에 상당 기간 군대를 주둔하는 것도 고려하고 있었다. 정전협정 4조 60항에 대한 합의는 1952년 2월이었지만, 정전협정이 체결되기 전인 1953년 6월 한국이 반공포로를 일방적으로 석방하자 개시된 한미협상에서 정전협정 이후 한미상호방위조약을 체결하는 약속이 이루어졌다(김선숙 2004, 309-311).[63] 미국은 이미 정전협상의 와중인 1951년 8월 필리핀, 9월 일본과 군사동맹을 체결한 바 있었다.[64] 따라서 1952년 2월 합의된 정전협정 4조 60항의 외국군 철수라는 의제는 다가올 정치회담에서 해법을 찾기 어려운 의제가 될 소지를 안고 있었다.

셋째, 한국전쟁 전인 1947년 9월부터 한반도에서의 외국군 철수를 주장하던 북한은 한국전쟁을 계기로 미군과 유엔군이 개입하자 정전협상에서 다시금 외국군 철수를 의제화했다. 미소 양군의 철수를 주장했던 것처럼, 정전협상에서 유엔군과 중국군의 동시 철수가 북한의 목표였다. 한국전쟁을 내전으로 규정한 북한은 외국군의 개

....

63 이승만 정부는 1949년 봄 미국에게 대서양동맹과 같은 태평양동맹의 결성이나 상호방위조약의 체결을 요구했다(김명섭 2015, 191).
64 1953년 10월 한국과 상호방위조약을 체결한 미국은, 1954년 12월 대만과 상호방위조약을 체결했다.

입이 내정간섭이라는 논리를 동원하여 외국군 철수를 정당화하고자 했다. 정전협상을 시작할 즈음 중국은 외국군 철수 의제화에 잠시 주저했지만, 정전협상 과정에서 북한과 함께 일관되게 외국군 철수를 의제화하고자 했다. 그러나 중국은 외국군 철수를 정전협정 이후의 정치회담의 의제로 만들었다. 북한이 정전협정 체결 이후에 전개된 한반도 평화과정에서 정전협정을 대체하는 평화협정 체결과 관련하여, 외국군과 관련된 의제를 주도적으로 제기할 수 있었던 근거 가운데 하나가 정전협정 4조 60항이었다.

V. 정전협정 4조 60항의 현재성: 결론에 대신하여

미국의 리버 규칙 142조와 『육전규칙』 253조에 따르면, "정전은 부분적 또는 일시적 평화도 아니다. 정전은 당사자들에 의해 합의된 범위 내에서 군사작전의 중지일 뿐이다"(War Department 1940, 173-174).[65] 이 정의에 따르면 정전협정 4조 60항은 정전에서 평화로 가는 매개체였다. 정전이 전쟁의 법적 상태를 종결하는 것은 아니기 때문이다(Bailey 1977, 472). 정전협정 4조 60항의 정치회담은 정전협정을 평화협정으로 대체하는 계기다. 한반도 정전협정 이전인 1949년에 체결된 이스라엘-이집트, 이스라엘-요르단 정전협정은, 정치회담을 거쳐 각각 1979년과 1994년 '평화조약(Treaty of

---

65 리버 규칙의 원문은, https://avalon.law.yale.edu/19th_century/lieber.asp#sec8 (검색일: 2021년 3월 3일).

Peace)'으로 대체되었다. 반면 1949년 체결된 이스라엘-레바논, 이스라엘-시리아의 정전협정은 평화협정으로 대체되지 않은 상태다.

정전협정에서 평화협정으로의 이행 전에 종전의 단계를 설정할 수도 있다. 정전의 의미가 교전의 중단에서 교전의 '종료(termination)'로 이동했다는 국제법적 해석을 수용하면, 사실 종전이란 단계는 필요하지 않을 수 있다(Dinstein 2000, 147). 2000년대 한반도 평화과정들에서 '종전선언(end-of-war declaration)'을 정전협정과 평화협정 사이의 한 단계로 설정한 이유는, 한반도 평화과정이 한반도 특수적 의제인 비핵화와 연계되면서, 비핵화를 위한 교섭수단으로서 종전선언이란 의제를 설정했기 때문이다(도경옥 2019, 27-50). 정전협정 4조 60항에 정치회담의 의제로 들어간 냉전시대의 외국군 철수는, 탈냉전시대의 비핵화와 시차를 두고 공존하는 대칭 관계에 있는 의제다. 외국군 철수가 냉전시대 한반도 힘의 균형에 대한 북한적 문제제기였다면, 비핵화는 탈냉전시대 한미가 북한에 대해 제기하는 의제다.

북한은 김정은 집권 초기인 2012년 4월 헌법에 핵보유국을 명문화하면서 "조선반도 비핵화"가 요원해지고 있다고 했고, 2013년 1월 "조선반도 비핵화"의 "종말"을 선언했지만, 2016년 7월 정부 대변인 성명을 통해 조선반도 비핵화를 다시금 소환하면서 비핵화의 대가로 "핵사용권을 쥐고있는 미군의 철수를 선포"할 것을 요구했다(구갑우 2017, 94-95, 104). 한반도 평화과정이 재개되기 전에, 정전협정 4조 60항에 근거한 외국군 철수 의제를 핵과 관련한 주한미군의 철수로 한정한 것이다. 2017년 말 재개된 한반도 평화과정 속에서, 북한은 외국군 철수를 한미연합군사훈련의 중단과 핵 관련 전략

자산의 한반도 전개 금지로 대체했다. 주변국가들은 인정하지 않지만 스스로 핵국가임을 선언하면서, 외국군 철수의 형태와 정도가 약화된 것이다. 한반도 평화과정에 비핵화가 삽입되면서 나타난 북한의 입장 변화였다.

그러나 북한이 정전협정 4조 60항에 기초한 외국군 철수라는 의제를 완전히 포기했다고 보기는 힘들다. 2016년 1월 『법률가위원회백서』를 통해 북한은 정전협정 4조 60항에 따른 정치회담이 개최되기 전에 체결된 한미상호방위조약이 "비법장"이라는 논리를 전개한 바 있다(구갑우 2017, 102).[66] 2018년 9월 한반도 평화과정 속에서도 북한 외무성은 홈페이지에 올린 "공식입장"이란 글에서 한반도 평화체제의 국제법적 기원으로 정전협정 4조 60항을 소개하면서, 동일한 논리를 전개한 바 있다. 물론 북한이 한반도 평화과정 속에서 주한미군의 즉각적인 철수를 주장하고 있지는 않다.[67] 북한의 시각에서 정전협정 4조 60항은 한반도에서 정전협정을 대체하는 평화협정을 포함하는 평화체제 구축의 국제법적 근거로 작동하고 있다.

북한이 비핵화와 관련하여 단계적, 동시적 접근을 제안할 때, 북한은 선 평화협정 후 비핵화의 구도를 가지고 있는 것처럼 보인다. 완전한 비핵화 이전에 정전협정을 평화협정으로 대체하려는 의도다. 정전협정과 평화협정 사이에 미국의 대북적대시정책의 폐기라는 중간 단계를 설정한 것으로 해석될 수도 있다(구갑우 2017, 101-102; 2020, 154-156). 한국의 외교부도 한반도 평화체제란 의제의 국

....

66 www.mfa.gov.kp 참조.
67 북한이 비핵화와 같은 의미로 사용하고 있는 '비핵지대(nuclear-free zone)'에는 "외국기지의 철수"가 추가되어 있다(사회과학원 김일성주의연구소 2005, 309).

제법적 기원을 정전협정 4조 60항에서 찾고 있다.[68] 1997년부터 1998년까지 개최된 남북미중의 4자회담을 언급하면서, "평화협정의 당사자"와 "평화협정과 동맹의 관계"가 쟁점이었다고 기록하고 있다. 그리고 2018년의 한반도 평화과정에서 정전협정을 평화협정으로 대체하려는 노력이 있었음을 평가하며, 정전협정과 평화협정의 중간단계로 '종전'을 설정하기도 했다. 그러나 평화협정의 체결 시점을 완전한 비핵화가 이루어질 때를 상정하고 있다는 점에서, 북한의 제안과 차이가 있다. 정전협정 4조 60항을 남북한 모두 평화협정으로 가는 매개로 생각하지만, 외국군 철수의 형태 그리고 비핵화와 평화협정의 선후관계 등이 정전협정 4조 60항을 둘러싼 현재적 쟁점들이다.

....

68 https://www.mofa.go.kr/www/wpge/m_3982/contents.do (검색일: 2021년 3월 15일).

참고문헌

『로동신문』.

Department of State. 1957. *American Foreign Policy 1950-1955: Basic Documents*. Washington D.C.: U.S. Government Printing Office.

Wilson Center Digital Archive (https://digitalarchive.wilsoncenter.org).

국사편찬위원회 휴전회담의록 (http://db.history.go.kr/item/level.do?itemId=pn).

강근조 편집. 1985. 『조선민주주의인민공화국 대외관계사 1』. 평양: 사회과학출판사.

김명기. 1980. "한국군사정전협정 제60항에 관한 연구: 남북한의 법적 당사자를 중심으로." 『국제법학회논총』 25(1-2): 55-72.

구갑우. 2017. "북한 핵 담론의 국제정치: 북한적 핵 개발의 이유와 김정은 정권의 핵 담론." 『동향과 전망』 99.

_____. 2020. "한반도 안보 딜레마와 북한의 '경제·핵' 조건부 병진노선의 길: 2019년 12월 한반도 위기와 평화체제를 중심으로." 『동향과 전망』 108.

_____. 2021. "한반도 정전(armistice) 개념에 관한 소고." 미발표원고.

김명섭. 2015. 『전쟁과 평화: 6.25전쟁과 정전체제의 탄생』. 서울: 서강대학교출판부.

김보영. 2015. "1954년 제네바정치회담과 외국군 철수 의제." 『군사』 95: 55-87.

_____. 2016. 『전쟁과 휴전: 휴전회담 기록으로 읽는 한국전쟁』. 서울: 한양대학교 출판부.

김선숙. 2004. "6·25 휴전협상과정에 있어 이승만의 협상전술: 포로교환문제를 중심으로." 『국제정치연구』 7: 1

김연철. 2011. "1954년 제네바 회담과 동북아 냉전질서." 『아세아연구』 54(1).

도경옥. 2019. "종전선언과 평화협정 2단계 구상의 의미와 과제." 『통일정책연구』 28: 1.

박태균. 2005. 『한국전쟁』. 서울: 책과함께.

백선엽. 1999. 『길고 긴 여름날 1950년 6월 25일』. 서울: 지구촌.

사회과학원 김일성주의연구소. 2005. 『대중정치용어사전』. 평양: 과학백과사전출판사.

양영조. 2018. "유엔군과 공산군의 정전회담 전략과 정책: 한·미 및 북·중·소 입장과 대내·외 갈등을 중심으로." 『전쟁과 유물』 9: 228-267.

오정현. 2021. "1954년 제네바 정치회담과 한반도 국제관계: 전후 분단체제의 형성." 서울대학교 대학원 외교학과 석사학위논문.

정영철·정창현. 2017. 『평화의 시선으로 분단을 보다』. 서울: 유니스토리.

조선중앙통신사 편. 1952. 『조선중앙년감, 1951-1952』. 평양: 조선중앙통신사.

중국 군사과학원 군사역사연구부. 2005. 『중국군의 한국전쟁사 3』. 국방부 군사편찬연구소 역. 서울: 국방부 군사편찬연구소.

토르코토프, A.V. 2003. 『한국전쟁의 진실과 수수께끼』. 구종서 옮김. 서울: 에디터.

홍용표. 2006. "1954년 제네바회의와 한국전쟁의 정치적 종결 모색." 『한국정치외교사논총』

28(1).

Axelrod, R. 1986. "An Evolutionary Approach to Norms." *American Political Science Review* 80: 4.

Bailey, S. 1977. "Cease-Fires, Truces, and Armistices in the Practice of the UN Security Council." *The American Journal of International Law* 71: 3.

Benvenisti, E. and Lustig, D. 2020. "Monopolizing War: Codifying the Laws to Reassert Government Authority, 1856-1874." *European Journal of International Law* 31(2): 127-169.

Dinstein, Y. 2000. "The Initiation, Suspension, and Termination of War." *International Law Studies* 75.

Foot, R. 1990. *A Substitute for Victory*. Ithaca: Cornell University Press.

Hermes, W. 1992. *Truce Tent and Fighting Front*. Wahington, D.C.: Center for Military History.

Katzenstein, P. 1996. "Introduction: Alternative Perspectives on National Security." in Katzenstein, ed. *The Culture of National Security*. New York: Columbia University Press.

Levie, H. 1956. "The Nature and Scope of the Armistice Agreement." *The American Journal of International Law* 50(4): 880-906.

Reston, J. 1951. "U.S. Officials Wary Stress Other Problems Expected to Develop After an Armistice." *New York Times*, 11 July.

Roberts, A. 2019. "Foundational Myth in the Laws of War: The 1863 Lieber Code, and the 1864 Geneva Convention." *Melbourne Journal of International Law* 20(1): 158-196.

Sawyer, R. 1988. *Military Advisors in Korea: KMAG in Peace and War*. Washington, D.C.: Center of Military History.

Schnabel, J. and R. Watson. 1998. *The Joint Chiefs of Staff and National Policy Volume III 1951-1953: The Korean War Part Two*. Washington, DC: Office of Joint History.

Tonge, J. 2014. *Comparative Peace Processes*. Cambridge: Polity.

War Department. 1940. *Rules of Land Warfare*. War Department Field Manual FM 27-10. https://www.loc.gov/rr/frd/Military_Law/pdf/rules_warfare-1940.pdf (검색일: 2021년 3월 1일).

1954년 제네바 정치회담과 한반도 국제관계

전후 분단체제의 형성

오정현(서울대학교 정치외교학부)

I. 문제 제기

'한반도 분단체제'는 샌프란시스코 조약과 한국전쟁에서 비롯된 정전 상태가 결합한 '두 개의 전후' 체제의 산물로서, 남북한의 내부적 문제를 넘어 강대국 정치의 영향을 받은 동아시아 냉전 질서, 즉 외부 구조의 힘이 함께 작용하여 국제화된 현상이라 말할 수 있다(남기정 2019).

그렇다면 이러한 현상 속에서 형성된 한반도 냉전 질서의 기점은 어디로 삼아야 하는가? 현재까지 지속되는 한반도의 분단 상황을 1953년 체제[1]로 규정할 수 있는가? 한 가지 확실한 사실은 정전

....

* 이 글은 『통일정책연구』 제30권 1호에 게재된 "1954년 제네바 정치회담과 한반도 국제관계: 전후 분단체제의 형성"을 단행본 편집에 맞게 수정한 것임.

협정은 양측의 군사행동을 중지하는 일시적인 합의에 지나지 않았다는 것이다. 정전협정문에 규정된 것처럼 국제사회가 정치회담을 통해 한반도 문제를 평화적으로 해결하기로 합의한 사실은 1953년 정전협정이 분단을 결정한 것이 아니며, 정치회담까지 한반도의 실질적인 정치적 문제를 유예하였다는 것을 우리에게 알려준다. 따라서 본 연구는 제네바에서 개최된 이 정치회담을 단일사례로 살펴봄으로써 한반도 분단을 1953년 체제로 규정하던 시간적 범위를 확장하고 더 나아가 한반도 안에서 나타난 동아시아 냉전의 모습을 입체적으로 그리려는 시도라고 할 수 있다.

1954년 제네바에서 개최된 한반도 정치회담은 주권국가 대한민국이 처음으로 국제무대에 발을 내디딘 외교사의 시작점이자 정전협정 이후 다자회담 형식으로 통일 문제를 다룬 유일한 사례이다. 또한 7·4 남북공동선언이나 6·15 남북공동선언 등 남과 북에 한정된 통일방안 논의와는 달리, 본 회담은 실질적인 한반도 분단의 당사국들이 다양한 통일방안의 가능성을 논의했다는 특징을 가진다.

회담은 국제연합 회원국 중 남아공을 제외한 한국전쟁 참전국 및 한국으로 구성된 자유진영과 북한·중국·소련으로 구성된 공산진영으로 나뉘어 진행되었다. 이들은 정전협정에서 해결되지 않은 전후 과제, 즉 외국군 철수와 선거방식 등 한반도 문제의 평화적 해결을 위한 정치적 사안을 논의했다. 그러나 회담은 아무런 결실을 보지 못했고 50일이 넘는 기간을 표류한 끝에 공동합의문을 채택하

....

1　필자는 1953년 정전협정이 한반도를 분단체제로 전환시키는 기점으로 활용되고 있다는 측면에서 1953년 체제라는 용어를 사용했다.

지 못한 채 연합국의 단독 선언문 발표와 함께 종료되었다. 제네바 정치회담의 실패로 일시적인 합의에 불과했던 정전협정은 자연스럽게 분단체제로 이어졌고 한반도의 냉전 질서는 고착화되었다.

흥미로운 사실은 제네바 정치회담에서 미국 아이젠하워(Eisenhower) 행정부가 한반도 상황을 안정적으로 관리하기 위해 조건부 중립화 통일방안을 최선책으로 놓고 현상변경을 시도했다는 점이다. 물론 미국의 이익에 부합하고 한국이 반발하지 않는다는 전제 아래의 영세 중립화였기 때문에 미국은 이에 대한 실현 가능성에 의문을 가지기도 했지만, 공산진영과의 논의를 통한 타협 의지를 가지고 있었던 것은 분명하다. 한국전쟁을 겪으며 과도하게 늘어난 국방비 지출을 감축하고 경제적 안정을 확보하고자 했던 미국은 뉴룩(New Look) 정책을 통해 최소비용으로 효율을 극대화하고자 했다. 이는 군사적 측면에서 공산진영의 확장을 억제하는 소극적인 현상유지 정책에 불과했다. 하지만 미국의 중립화 통일방안은 공산진영의 확장을 막는다는 점에서 뉴룩 정책의 방향과 일치하나 현상변경을 시도한다는 점에서 차이가 있었던 일종의 변형된 뉴룩 정책이었다.

그러나 회담이 진행됨에 따라 미국은 분단된 한반도를 유지하는 전략으로 입장을 수정했다. 그렇다면 본래 제네바 정치회담 내 미국의 목표가 어떠한 정치적 협상 과정을 거쳐 현상유지로 귀결되었는가. 본 연구는 한반도의 현상유지, 즉 분단의 제도화에 영향을 준 핵심 변수로 미중 대결과 한미 간의 갈등에 주목한다.

1954년은 미중갈등의 양상을 포착할 수 있는 중요한 시기이다. 냉전 초기 미국 외교정책을 설계하고 실행한 덜레스(Dulles 1954)

국무장관은 1954년 『포린어페어스(*Foreign Affairs*)』 기고문에서 미국이 2차 세계대전 이후 빠르게 전환되는 국제정세 속에서 평화와 안전을 위한 정책 구상의 어려움을 겪고 있음을 드러냈다. 마찬가지로 미국외교협회(Council on Foreign Relations)도 1954년의 대표적인 사건으로 제네바 정치회담, 인도차이나 정전협정 등을 꼽았다. 이들은 이 시기를 국제정세의 중대한 전환기로 표현하면서 미국이 국제정세에 연루된 가장 힘든 시기로 정의하고 제네바 정치회담에 대한 상세한 설명의 필요성을 지적했다(Stebbins 1956, vii-viii, 1-2, 198).

한편 한미상호방위조약 체결의 사례는 한미 간의 갈등을 대표적으로 보여준다. 1953년부터 1954년까지의 약 2년에 걸친 시간 동안 양국은 정치, 경제, 통일, 반일 문제 등을 망라한 여러 방면에서 심각한 불화를 겪었다. 안보 차원에서 중국 및 북한에 예방전쟁을 해야 한다는 한국의 입장과 일본을 핵심축으로 동아시아 전략을 펼치려는 미국의 입장은 끊임없이 충돌했다. 특히 1954년 7월 한미 정상회담에서 미국이 제시한 조건은 통일방안을 넘어선 전방위적인 한국에 대한 압박이었고, 이를 거부한 한국에 7억 불의 원조가 중단되었다. 또한 환율 현실화 문제 때문에 빚어진 갈등으로 인해 한국이 유엔군 현지경비 대여금 지급을 중지하고 이에 미국이 유류 공급 중단과 같은 방식으로 대응하면서 한국의 경제가 마비되는 충격적인 상황이 발생하기도 했다(『경향신문』 1954/11/22; 1954/12/31).

제네바 정치회담은 한미상호방위조약 체결에서부터 비준서 교환에 이르는 한미동맹 형성기와 중첩된다. 한미동맹의 기원 연구로 잘 알려진 이혜정(2004)은 한미상호방위조약의 연기 과정을 포착하여 유예기의 분기점 중 하나로 제네바 회담을 설명하고 회담 과정에서 나타난 한미 관계의 대립에 관한 연구의 필요성을 지적한다. 이러한 배경에서 제네바 정치회담 참가를 둘러싸고 한국은 독자적 군사행동을 실행할 것이라고 미국을 위협하며 협력을 위한 상호방위조약 개정을 요구했다. 마찬가지로 한반도에서 전쟁을 억제하고자 했던 미국은 한국을 신뢰할 수 없게 되었고 상호방위조약 비준 연기로 맞대응했다.

이렇듯 제네바 정치회담에 관한 본 연구는 외국군 철수, 통일안과 같은 회담 의제에 집중하거나 관련국의 참가 동기와 입장에 비중을 둔 기존 연구와는 달리(라종일 1997; 홍용표 2006; 김보영 1997), 미국의 현상변경 시도가 회담장 안팎에서 나타난 중국과의 적수게임[2]과 한국과의 동맹게임[3]의 결과로 와해되는 과정을 중심으로 풀어내고자 한다.[4] 이를 통해 차선책이었던 미국의 현상유지 전략이 결국 한반도를 둘러싼 갈등과 대립을 일시적으로 봉합시키고 결론적으로 분단체제라는 결과를 만들어냈음을 확인한다.

....

2   적수게임의 논의에 대해서는 Thompson(2001)을 볼 것.
3   동맹게임의 논의에 대해서는 Snyder(1984)을 볼 것.
4   권오중(2005)과 김연철(2011)은 제네바 정치회담 연구를 동북아 냉전 질서 논의로 확장시켰다. 하지만 권오중이 밝힌 바와 같이 회담에서 나타난 한미 간 갈등의 원인은 단순히 의제에 대한 입장 차이에서 비롯되었다고 보기 어렵다. 또한 미국의 조건부 한반도 중립화 전략과 연결성을 확인하지 못한 채 처음부터 현상유지 전략을 통해 한반도의 세력균형을 이루려고 했다는 주장도 타당하지 못하다. 김연철의 연구 역시 한미의 이해관계에 대한 자세한 분석이 필요하다. 이러한 기존 연구들의 문제는 미국 측 1차 자료를 제대로 활용하지 못했거나 회담의 과정을 분단이라는 결과에 끼워넣는 문제를 내포하고 있다고 판단된다.

II. 제네바 정치회담의 성립 배경

1954년 4월 26일부터 6월 15일까지 약 두 달간 제네바에서 개최된 정치회담은 한반도 평화 정착을 위한 협의의 필요성을 제기한 정전협정의 규정에 따라 성사되었다. 본 회담은 양측의 전투행위를 중단하는 군사적 합의인 정전협정을 대체하는 것으로, 정치적 차원의 한반도 평화 정착을 위한 협정을 의미했다.

정전협정문 4조 60항이 삽입된 배경에는 한반도 문제의 평화적인 해결보다 외국군 철수 문제를 해결하려는 공산진영 측의 의도가 있었다. 1951년 7월 10일 개성에서 열린 정전협상 1차 본회의에서 북한 대표 남일은 전쟁을 빠르게 종결하고 협정을 도출하기 위한 조건 중 하나로 한반도 내 외국 군대의 철수 문제를 협상 의제에 포함하고자 했다.[5] 유엔군은 상호 합의에 도달하기 위한 노력의 일환으로 정전협정이 발효된 이후 일정 기한 내에 양측 군사령관이 모든 외국 군대의 단계적 철수 협상을 위한 고위급 대표자 회의 소집을 양 진영 정부에 '건의(recommend)'하자는 공산진영의 제안을 수락함으로써 1951년 7월 26일 정전회담의 안건이 확정되었다.[6] 1953년 7월 27일 정전협정 체결 후 한반도 문제는 8월 제7차 유엔 총회에 곧바로 회부되었다. 채택된 결의안 711(VII)에는 정전협정

....

[5] The Commander in Chief, United Nations Command(Ridgway) to the Joint Chiefs of Staff, July 10, 1951, *Foreign Relations of United States* (이하 *FRUS*), 1951, Korea and China, VII, Part 1, 649-656.

[6] The Commander in Chief, United Nations Command(Ridgway) to the Joint Chiefs of Staff, July 26, 1951. *FRUS*, 1951, Korea and China, Volume VII, Part 1, 735-737.

을 승인하고 4조 60항에 명시된 것처럼 협정 체결 후 3개월 이내에 한반도 평화 교섭을 위한 정치회담을 개최하는 권고안이 명시되었다.[7]

미국은 유엔총회 결의안에 따라 조속한 시일 내에 정치회담을 위한 참가 구성원, 시기, 장소 등의 세부사항을 결정하기 위해 공산 진영과 의견을 교환하고자 했다. 하지만 중국 및 북한은 자신들의 입장을 무시한 일방적인 유엔 결의안에 반발하며 협상을 거부했다. 결국 정전협정이 권고한 정치회담 개최 기한 3개월을 다 채운 1953년 10월 26일이 되어서야 정치회담 준비를 위한 예비회담이 판문점에서 개최되었지만 아무런 성과 없이 무기한 중단되었다.

난관에 봉착했던 정치회담 개최는 남북한이 배제된 베를린 외상 회담에서 열강들의 합의로 성사됐다. 미국 정부는 독일 통일과 오스트리아 조약 합의를 논의하기 위해 미국·영국·프랑스·소련 4개국 열강 외무장관이 모이는 회의를 제안했으나 소련 측은 국제정세에 합법적인 권리를 가지고 있는 중국이 본 논의에 참여해야 한다는 입장을 제시했다. 하지만 미국은 독일 통일 논의에 중국이 대표로 참석할 자격이 없으며 관련 없는 문제들로 실질적인 논의를 지연시키고 방해하는 행위는 회담을 실패로 이끄는 것이라고 반박했다. 여태껏 독일 문제에 대해 중국 참여를 논의한 적이 없었고, 국제적으로 논란의 대상이 되는 중국이 유럽 지역의 문제에 참여할 근거는 더더욱 없었기 때문이다. 이러한 미국의 반대 의사에 소련은 미국이

....

7   United Nations, Resolutions adopted by the General Assembly during its 7th session, 28 August 1953. A/RES/711(VII) [C], https://digitallibrary.un.org/record/666188 (2020/6/10).

유럽 문제뿐만 아니라 극동 지역의 가장 시급한 문제로 지적한 한반도 문제를 해결하기 위해 정전협정이 권고하고 있는 정치회담을 논의하자고 제안했다.[8]

이로써 1954년 1월 25일부터 2월 18일에 걸쳐 베를린에서 회담이 개최되었다. 4개국 외무장관들이 모인 자리에서 소련 대표 몰로토프(Molotov)는 중국이 정전협정을 주도해 한반도에서 유혈사태를 종식시키는 합의를 이끌어낸 직접적인 이해관계국이며, 국제정세의 긴장 상태 완화를 위해 중국이 참여하는 5강 회담의 중요성을 강조했다. 하지만 미국 덜레스 국무장관은 유엔에서 침략국으로 지정된 중국 공산 정권이 인도차이나에서 베트민 반란을 지속적으로 지원함으로써 군사적 위협을 제공하고 있고 한반도 정치회담 개최도 방해하는 상황에서 중국의 회담 참여는 불필요하다는 입장을 보였다.[9]

미국의 단호한 반대로 소련의 5강 회담 계획은 무산됐지만, 영국과 프랑스의 의견을 수용하여 베를린 회담 폐막일에 제네바에서 정치회담을 소집한다는 4개국 공동성명을 발표했다. 회담의 형태는

....

8   The Secretary of State to the Embassy in the United Kingdom. August 14, 1953. *FRUS*, 1952-1954, Germany and Austria, VII, Part 1, 614-616; The Soviet Ministry for Foreign Affairs to the Embassy of the United States. November 3, 1953. *FRUS*, 1952-1954, Germany and Austria, VII, Part 1, 658-667; The Soviet Ministry for Foreign Affairs to the Embassy of the United States. November 26, 1953. *FRUS*, 1952-1954, Germany and Austria, VII, Part 1, 673-677.

9   The United States Delegation at the Berlin Conference to the Department of State. January 25, 1954. *FRUS*, 1952-1954, Germany and Austria, VII, Part 1, 811-817; The United States Delegation at the Berlin Conference to the Department of State. January 26, 1954. *FRUS*, 1952-1954, Germany and Austria, VII, Part 1, 827-832.

유엔군 측 대표로 미국이 한국전쟁 참전국과 대한민국을 초청하고 공산진영은 소련이 대표로 북한과 중국을 초청하는 것으로 결정되었다. 또한 4개국 공동성명에서 평화적 방식을 통한 통일되고 독립된 한반도 건설이 국제적 긴장 완화와 아시아 내의 평화 회복에 중요한 역할을 할 것이라고 명시했다. 이렇게 베를린 외상회담에서는 판문점 예비회담에서도 결정하지 못한 정치회담 개최를 확정함으로써 한반도 문제 논의의 발판을 마련했다.[10] 그러나 이 정치회담에서 인도차이나 문제도 함께 논의하기로 결정하면서 한반도 문제 해결의 중요성이 분산되었다. 미국의 국무장관 덜레스는 한국 측에 정치회담에서 한반도 문제만을 다룰 것이고 본 의제가 진전을 보이기 전까지 다른 문제를 논의하지 않을 것을 약속했지만 열강들의 움직임에 의해 그 약속을 지키지 못했다.

....

10 미국은 베를린 공동성명서에서 중국이 열강이라는 특별한 권위를 부여받지 않고 다른 참가국과 동일한 지위로 회담에 참가해야 한다는 것과 중국과의 협상은 단지 역내 문제를 해결하기 위한 것이며 중국을 외교적으로 승인하는 것이 아님을 명시했다. United States Delegation Record of the Second Restricted Meeting of the Berlin Conference. February 11, 1954. *FRUS*, 1952-1954, Germany and Austria, VII, Part 1. 1037-1051; United States Delegation Record of the Fourth Restricted Meeting of the Berlin Conference. February 15, 1954. *FRUS*, 1952-1954, Germany and Austria, VII, Part 1. 1110-1116; Proposal of the Soviet Delegation. February 6, 1954. *FRUS*, 1952-1954, Germany and Austria, VII, Part 1, 1188; Final Communique of the Berlin Conference. February 18, 1954. *FRUS*, 1952-1954, Germany and Austria, VII, Part 1, 1205-1206.

III. 제네바 정치회담과 미중 적수게임

1. 미국의 동아시아 전후질서 구상과 대중(對中)전략

국공내전과 한국전쟁은 미국의 동아시아 전략을 전환시키는 결정적인 사건이었다. 한국전쟁이 발발하자 트루먼(Truman) 행정부는 전후 처리 과정을 제대로 마무리하지 못한 채 일본을 재무장시키고 경제 재건을 신속히 지원하며 전쟁에 막대한 비용을 투입했다. 미 공화당은 중국 본토를 침탈당하고 한국전쟁에서 승리하지 못한 원인이 트루먼 행정부의 유럽 우선 정책에 있음을 비판했고, 이후 대통령에 당선된 아이젠하워는 대중 압박 및 봉쇄를 한층 더 강화하는 안보정책으로 선회한다(Gaddis 1982, 130). 그는 정체된 휴전협상 상황을 타개하기 위한 해결책으로 공세적 대중 압박을 실시하며 중국의 영향력을 약화시키려고 했다.

대표적으로 아이젠하워 대통령은 취임 직후 연두 교서를 통해 대만 수역에서 해군 7함대를 주둔시키는 중립화 정책을 철회하며 대만의 국민당이 중국 본토를 압박할 수 있도록 허용했다.[11] 군사적 압박뿐만 아니라 달러 자산 통제 및 선박 규제와 같은 경제적 제재 조치도 적용했다. 이와 같은 결정을 내린 배경에는 남한 및 유엔군에 대한 중국 공산당의 공격 강행과 휴전협정 제안 및 유엔 결의안 거절에 있었다.[12] 대통령 선거에서 한국전쟁 종식을 공약으로 내

....

11 중립화 정책은 트루먼 대통령이 실행한 것으로 대만 해협에 해군 7함대를 배치함으로써 중국 공산당으로부터 대만을 방어하는 동시에 대만의 중국 본토 공격을 금지하는 이중 봉쇄의 성격을 가지고 있었다.

세운 아이젠하워 행정부는 재래식 무기 사용 확대와 원자탄 투하를 고려하면서 정체된 상황을 타개하고자 했고 결과적으로 취임 6개월 만에 정전협정이라는 성과를 달성했다.

한국전쟁이 일단락되었지만, 미국의 전후체제 전략구상은 1953년 10월이 되어서야 '뉴룩 정책'이라는 이름으로 등장하기 시작했다. 이 같은 방안은 불안정한 미국 내 경제적 입장을 고려한 결과였다. 뉴룩 정책은 동맹국과의 관계 강화, 공산진영을 억제하는 핵무기 전략이 국가방위정책의 핵심이었으며 그에 따른 효과로 미국 내 제도를 유지하고 경제를 안정시키는 것이었다. 동아시아 안보전략은 본 정책의 틀 속에서 관련국과 활발하게 동맹을 체결하고 그들에게 중심 역할을 부여하는 작업이었다. 1951년 일본 평화조약 체결을 시작으로 미필상호방위조약(1951), ANZUS(호주 및 뉴질랜드, 1951), 한미상호방위조약(1953), SEATO(동남아시아 집단방위조약, 1954), 중미공동방위조약(1955) 등 태평양 지역 안보체제를 공식적으로 구축한 미국은 양자 및 다자 동맹을 통한 허브 앤 스포크(Hub-and-Spoke) 전략으로 동맹체결의 새로운 시대(Pactomania)를 열었다. 국제적 차원의 동맹 네트워크 형성은 소련과 중국을 둘러싸는 봉쇄 전략을 완성해나가는 과정이었다.

......

12 Study Prepared by the Staff of the National Security Council. April 6, 1953. *FRUS*, 1952-1954, China and Japan, XIV, Part 1, 175-179; The Acting Secretary of State to the Embassy in the Republic of China. January 30, 1953. *FRUS*, 1952-1954, China and Japan, XIV, Part 1, 132; Memorandum of Conversation, by the Director of the Office of Chinese Affairs (McConaughy). January 30, 1953. *FRUS*, 1952-1954, China and Japan, XIV, Part 1, 133-134; Message From the President to the Congress. February 2, 1953. *FRUS*, 1952-1954, China and Japan, XIV, Part 1, 140.

여러 지역에 관여하고 있던 미국은 해당 지역 국가의 지상군을 동원해 미국의 가장 큰 문제 중 하나인 과도한 국방예산 지출을 절감하고 주둔하고 있던 미군을 철수해 이동식 순환배치를 추진했다. 사실 뉴룩이라는 개념이 등장하게 된 것은 이 집단안보체제에서 최소한의 비용으로 최대한의 효과를 가능하게 한 핵 억제력의 도입 때문이었다. 미국은 원자탄과 해공군력으로 전력을 보충하며 동맹국들을 안정적으로 관리하고자 했다(Lefler and Westad 2010, 294).

구체적으로 NSC 보고서(148, 154/1)에 나타난 미국의 극동지역 정책은 중국의 군사력 증강과 공격적 태도를 안보위협으로 정의하고 역내 공산주의의 지배력 확립을 억제하려는 목표를 가지고 있었다.[13] 외교적 고립과 강압 정책을 통해 중국의 확장을 저지하고 침략을 막기 위해 대만 국민당, 인도차이나의 프랑스군과 베트남, 한반도 등에 대한 군사적 지원에 박차를 가했다. 또한 미국은 정전협정 이후 중국의 유화적 태도가 아시아 내 서방 세력의 영향력을 제거하기 위한 것이며 결국 무력을 통해 공산주의 지배를 유지할 것으로 판단하여 경계를 늦추지 않았다.

하지만 뉴룩 정책이 공세적인 전략을 의미하는 것은 아니었다. 상대방이 일정 기준의 한계선을 넘었을 때 핵무기 사용을 고려한다는 측면에서 공세적이라고 할 수 있겠지만, 아이젠하워 행정부의 롤백 전략은 국내정치적 상황을 고려한 공격적인 수사에 불과했다. 그

....

13 Study Prepared by the Staff of the National Security Council. April 6, 1953. *FRUS*, 1952-1954, China and Japan, XIV, Part 1, 175-179; Statement of Policy by the National Security Council. July 7, 1953. *FRUS*, 1952-1954, Korea, XV, Part 2, 1342-1344.

들 또한 지난 정권에서 실행한 NSC 68과 유사한 봉쇄전략을 추진
했고 이는 공산진영의 확장을 막는 소극적인 현상유지정책에 머물
렀다(Mayers 1983, 60).

2. 정치회담에서 나타난 미중 대결

자유진영 16개국과 공산진영 3개국이 참가한 한반도 정치회담
은 당시의 국제정세와 각국 관계를 반영했고 진영 간의 갈등 또한
보여주었다.[14] 미국과 연합국 측의 회담 목표는 한반도 통일이었지
만 진영 내부에서는 평화를 이룩하는 방식과 그에 따른 강조점이
달랐다. 이에 대해 미국 대표인 덜레스 국무장관은 연합국 측이 단
일한 입장으로 연합전선을 펼치는 것을 중요하게 생각했다.

제네바 정치회담 개최 다음 날부터 대표들의 발언이 시작되었
다. 본회의는 대한민국 변영태 장관의 개회 연설로 시작되었다. 발
언은 대한민국이 유일한 합법적인 정부임을 밝히고 북한에 한하여
유엔의 감시 아래 선거를 실시하는 것이 유엔의 결의안에 부합하는
방식임을 상기시키는 것이 주된 내용이었다. 그는 유엔의 권위를 강
조하고 선거가 열리는 명확한 시점을 요구했다. 또한 1951년 2월 1
일 유엔 결의안에 따라 침략국으로 규정된 중공군은 한반도에서 철

....

14 한편 인도차이나 문제에 관한 9개국 회의는 제네바에서 5월 8일부터 6월 19일까지 진
    행되었다. 중국은 한반도보다 인도차이나 문제에 더 많은 노력을 쏟은 것으로 보인다.
    한반도 문제에서는 성과를 기대하기 어려웠던 반면 인도차이나 전쟁에서 미국의 개입
    으로 인한 확전을 피해야 했기 때문이다. 중국은 미·영·프의 서로 다른 이해관계를 이
    용하고 합의안을 도출하고자 했다(Chen Jian and Shen Zuihua 2007).

수해야 하며, 이를 한국전쟁 전부터 주둔하고 있던 유엔군과의 동시 철수를 논하는 것은 부당한 것이라고 피력했다.[15]

변영태 장관의 뒤를 이어 북한 남일 외무상의 연설이 있었다.[16] 그는 본 회의에서 민주주의적 원칙에 입각해 평화적 통일을 성사시켜 줄 결정들을 기대한다면서 발언을 시작했다. 그는 한반도 분단의 책임을 미국에 돌리고 한국전쟁보다 이전인 해방기 당시 미국이 모스크바 회의의 결정을 위반하고 남한의 단독선거를 실시함으로써 분단을 초래했다고 주장했다. 변영태 장관과 마찬가지로 남일 외무상도 한반도 문제를 평화적으로 해결하기 위한 대책으로 외국군 철수 문제를 꺼내들었다. 외국의 간섭은 민주주의적 방식의 통일에 장애물이기 때문에 6개월 이내에 모든 외국 군대는 철수해야 하며 남북한 사이에 '전체 조선 인민이 참가하는 전 조선적 선거를 실시하는 것의 합의'가 있어야 함을 언급했다. 또한 이와 같은 구체적 합의를 위해 남북 대표로 선출된 '전한국위원회'를 구성할 것을 제시했다. 남일 외무상의 발언은 대한민국 입장에서 반대할 수밖에 없는 요구사항이었다. 대한민국 정부를 대체하는 연합정부 설립 논의는

....

15 선거는 1947년 11월 14일 유엔의 결의안에 따라 한반도 전역에서 실시될 예정이었으나 공산진영의 거부로 인해 유엔 선거감시단의 입북이 불가해졌다. 따라서 1948년 2월 26일 유엔 소총회의 결의로 남한만의 단독 선거를 통해 민주 정부를 수립하였다. 변영태 장관은 대한민국 국회가 북한의 선거에 대비해 100여 석을 남겨두었으며, 남북 총선거를 다시 실시하는 것은 유엔의 위신을 떨어뜨리는 것이라고 주장했다. 1954년 4월 27일 변영태 장관 개회 연설 전문 참고(변영태 1997, 165-173).

16 제네바 정치회담에서 공산진영의 발언을 정확하게 이해하기 위해 북한 자료인 조선중앙년감에서 회담의 연설문을 참고하였다. 로동신문에서도 회담의 진행과정을 기술하고 있으나 본 연구에서 사용되는 한국, 미국, 중국의 1차 문헌들이 정책결정과정을 살펴볼 수 있는 외교문서로 다른 성격을 가지기 때문에 주요 참고 자료에서 제외하였다.

실현 불가능한 것이었으며 동시 철군과 유엔 감시를 거부하는 주장은 수용할 수 없었다.[17]

남과 북의 주장에 대해 미국 측은 남한을, 중국과 소련은 북한의 입장을 지지했다. 미국 덜레스 국무장관은 다음날 3차 본회의 연설에서 한반도 통일을 추진하는 데 있어 북한 측이 언급하지 않은 유엔의 권위와 책임을 강조했다. 유엔은 대한민국 수립에 우선적인 책임이 있으며, 대한민국이 침략을 당했을 때 헌장에 따라 처음으로 집단안보체제를 실행했다고 주장했다. 또한 유엔 결의안에 따라 1950년 10월 7일 실행되어야 했던 북한 지역에서의 선거를 유엔 관리하에 실시할 것을 촉구했다. 이미 자유선거로 인구의 4분의 3을 대표하는 대한민국 정부가 소수의 주민을 통치하고 있는 북한 정권과 연합하도록 강요하는 공산진영의 제안에 문제를 제기했다. 북한 측이 언급한 외국의 간섭 배제는 유엔의 감독을 배제하려는 의도이며 6개월 이내에 모든 외국군을 철수하자는 제안은 유엔군과 달리 중공군이 한반도로 빠르게 진입할 수 있기 때문에 "과거의 역사를 반복하고 싶지 않다"며 반대했다. 요약하자면, 남한과 북한을 동등한 정권이라고 간주하는 것은 한국의 위신과 유엔의 권위를 손상시키는 것이기 때문에 군의 동시 철수 입장을 반대하고 중공군의 철수가 선행되어야 한다고 주장하며 남한 측 입장을 지지한 것이다.[18]

덜레스 국무장관에 이어 중국 대표 주은래(周恩来)가 발언을 진

....

17 남일, "4월 27일 회의에서 한 남일 외무상의 연설"(조선중앙통신사 1954, 315-317).

18 Third Plenary Session on Korea, Geneva, April 28, 3:05 pm.: The United States Delegation to the Department of State. April 28, 1954. *FRUS*, 1952-1954, The Geneva Conference, XVI, 154-155; 국방군사연구소(1998, 647-657).

행했다. 그는 토론 과정에서 한반도 문제보다 아시아의 전반적 정세와 일반적 문제들을 언급했다. 그는 제네바 회담을 세계정세의 긴장을 완화시키고 현안들을 평화적으로 해결하려는 시도로 정의하면서, 아시아 민족의 해방운동에 간섭하고 침략 전쟁을 추진하는 미국을 역내 정세를 불안하게 하는 분쟁의 원인으로 비판했다. 또한 미국과 관련국이 아시아의 현실을 제대로 인정하지 않고 아시아 국가들의 독립과 진보를 쟁취하려는 것을 침략으로 간주하며 미국이 제국주의 정책을 감추고 있다고 비판하였으며 오히려 한국전쟁을 미국의 '간섭 전쟁'으로 규정하고 중국 본토를 침략하려는 목적을 가지고 있다고 발언했다. 더불어 정전협정의 중요한 조항인 외국군 철수 문제와 관련해 협정이 조인된 지 얼마 지나지 않아 한국과 상호 방위조약을 체결하면서 전쟁 도발과 침략 의도를 드러냈고 한반도 문제의 평화적 해결을 반대하고 있다고 주장했다. 중국은 외국군 철수 주장을 아시아 국가들에 대한 내정 간섭을 하지 않는 원칙으로 이해하고 있었던 것이다(조선중앙통신사 1954, 317-320; 中华人民共和国外交部档案馆 2006, 457-458). 이로써 제네바 회담은 자유진영 대 공산진영의 싸움이 아닌 서양 제국주의와 범아시아 국가가 주도하는 반식민주의의 대결의 장으로 전환되었다.[19]

공산주의 중국은 국가 수립 이후 첫 국제회의였던 제네바 회담을 통해 강한 인상으로 국제사회에 등장했다. 그들은 회담에 적극적으로 참여하여 단순히 회담 의제에 국한되지 않고 외교 활동을 전

....

19 Zhang(2007, 511); Third Plenary Session on Korea, Geneva, April 28, 3:05 pm.:
    The United States Delegation to the Department of State. April 28, 1954. *FRUS*,
    1952-1954, The Geneva Conference, XVI, 154-155.

개해 나갔으며 국가 간의 경제 관계를 강화하고자 했다. 또한 미국의 군비 확대와 전쟁 계획을 약화시켜 국제적 긴장 상태를 완화하고 고립된 상태를 벗어나 국제무대에 등장하여 열강의 지위를 확립하고자 했다.[20] 이처럼 중국 또한 한반도 문제 해결을 동아시아 정책의 최우선 목표로 삼고 있지 않았으며, 협상이 교착 상태에 빠질 경우 현 분단 상황을 유지할 계획이 있었음을 확인할 수 있다.[21]

소련 대표 몰로토프도 중국의 발언에 힘을 실었다. 소련은 식민주의와 관련해 본 회담에 아시아 문제를 함께 논의할 수 있는 인도, 인도네시아, 버마, 파키스탄 같은 국가들이 회담에 참가하지 않는 사실에 불편함을 표현했고 아시아에서 강대국인 중국이 회담에 크게 기여할 수 있음을 언급했다. 그럼에도 불구하고 미국이 유엔에서 중국이 합법적인 지위를 얻는 것에 반대하고 금수조치를 위한 결의안을 통과시키도록 했다며 비난했다.[22]

문제는 회담이 진행될수록 연합국 측 내부에서 이견이 생겨나기

....

20 'Preliminary Opinion on the Assessment of and Preparation for the Geneva Conference,' Prepared by the PRC Ministry of Foreign Affairs (drafted by PRC Premier and Foreign Minister Zhou Enlai) [Excerpt], March 02, 1954, History and Public Policy Program Digital Archive, PRC FMA 206-Y0054. https://digitalarchive.wilsoncenter.org/document/111963. (2020/11/01).

21 From the Journal of Molotov: Secret Memorandum of Conversation between Molotov and PRC Ambassador Zhang Wentian, March 06, 1954, History and Public Policy Program Digital Archive, AVPRF f.6, op. 13a, d. 25, ll. 7. Obtained by Paul Wingrove and translated for CWIHP by Gary Goldberg. Published in CWIHP Bulletin #16. https://digitalarchive.wilsoncenter.org/document/112963. (2020/11/01).

22 Fourth Plenary Session on Korea, Geneva, April 29, 3:05 pm.: The United States Delegation to the Department of State. April 29, 1954. *FRUS*, 1952-1954, The Geneva Conference, XVI, 158-161.

시작했다는 것이다. 공산진영이 지금까지의 심리전에서 승리하고 있다는 판단 하에 자유진영 내에서 일원화된 통일 원칙 수립이 필요했으나, 16개국 모두가 동의할 수 있는 제안서를 만드는 것은 불가능했다. 최선의 시나리오는 변영태 장관이 대한민국의 통일방안을 제시할 때 자유진영의 공개적인 반대를 피하는 것이었다. 미국은 본 회담이 유엔에 대한 거부로 변질되어서는 안 된다는 점을 확실히 했는데, 유엔이 교전국이라는 공산진영의 입장을 받아들인다면 집단안보체제를 적용하며 평화 수호자 역할을 하는 유엔의 존재를 부정하는 것이며 결국 자유진영의 힘을 약화시키는 것이기 때문이었다. 덜레스 국무장관은 한반도 문제보다 유엔과 집단 안보 문제가 훨씬 중요하다는 점을 언급하며 유엔의 원칙에 대한 강력한 지지를 연합국에 촉구했다. 이는 유엔을 활용해 미국 주도의 자유주의 진영의 우위를 점하려는 의도였다(국방군사연구소 1998, 413).

5월 22일 11차 본회의에서 주은래는 남일의 4월 27일 제안을 보완하여 전한국 선거가 중립국감독위원회의 감시를 받는다는 공산진영의 입장을 완성시켰다. 유엔을 반대하는 이유는 유엔이 한국전쟁에 있어 교전국의 입장에 놓여 한국 문제를 공정하게 취급할 수 있는 자격과 도덕적 권위를 상실했기 때문이며, 결론적으로 한국전쟁에 참전하지 않은 중립국 대표들로 위원회를 구성한다는 것이었다. 이후, 변영태 장관은 14개항 통일방안을 발표했으나 공산 측은 유엔 감독하의 선거를 인정할 수 없다며 요지부동 일관된 자세로 거부했다.[23]

....

23 Eleventh Plenary Session on Korea, Geneva, May 22, 3:02 p.m.: The United States

결국 양측은 어떠한 것도 합의하지 못하고 교착 상태에 빠지게 되었다. 미국은 대표단에 한국 문제와 관련된 토의를 조속히 끝낼 것을 지시했다.[24] 회담이 길어질수록 공산주의자들은 유엔의 역할을 격하시킬 것을 연합국 측에 호소할 것이기 때문에 유엔에 대한 입장이 모호해지기 전에 논의를 중단해야 할 것으로 판단했다. 자유진영은 지체되는 협상이 합리적 제안을 거부하는 공산진영의 완강한 태도에서 기인한 것임을 세계에 강조할 생각이었다. 이를 통해 자유진영을 선전하는 효과를 높이고자 했으며 핵심적으로는 연합국의 단결력을 보이고자 했다.[25] 연합국 측은 6월 15일 15차 본회의에서 16개국만의 공동 성명서를 발표하고 일방적으로 회담을 종결시켰다. 한편 공산진영도 회담을 통해 자유진영 내부의 갈등과 혼란을 확인할 수 있었다. 더 나아가 국제사회에 공산진영의 힘과 단결력뿐만 아니라 중국의 영향력을 보여주는 동시에 미국이 회의 목적 달성에 의지가 없다는 사실을 세계에 알리고 평화에 모순을 드러냈다고 선전했다(中华人民共和国外交部档案馆 2006, 453, 465).

Delegation to the Department of State. May 22, 1954. *FRUS*, 1952-1954, The Geneva Conference, XVI, 310-313; 국방군사연구소(1998, 806-817); 中华人民共和国外交部档案馆(2006, 459).

24 미국 측 대표는 한반도 문제를 정치적으로 해결할 것을 기대하지 않고, 연합국 측에서 어떤 공동제안으로 회담이 결렬되어야 세계에 더 많은 지지를 얻을 수 있을까 고민했다(한표욱 1996, 204).

25 The Acting Secretary of State to the United States Delegation. May 31, 1954. *FRUS*, 1952-1954, The Geneva Conference, XVI, 327.

IV. 제네바 정치회담과 한미 동맹게임

1. 미국의 한반도 정책 논쟁: 중립화론

정전협정 체결이 가까워지면서 미국의 한반도 정책에 변화가 생겼다. 미국의 정책결정자들 사이에서 정전협정 이후 한반도 정책 방향과 한반도 정치회담이 개최되는 상황을 검토한 결과, 한반도 중립화 통일방안이 고려되었다. 중립화 통일방안은 이후 NSC 170/1 문서에 언급되는 것을 끝으로 미국 정부 내에서 직접적으로 논의되지는 않았지만, 본 방안을 달성하기 위한 미국 대표들의 움직임을 제네바 정치회담에서 확인할 수 있다.[26]

처음으로 제기된 한반도 중립화 방안은 국무부 내부에서 제기한 것으로 덜레스 국무장관은 본 방안이 한반도 정책에 가장 중요한 문제로 국가안보회의에서 논의되어야 한다고 판단했고 국가안보회의 기획위원회(NSC Planning Board)에 제출할 것을 승인했다. 미 국무부에서 언급한 중립국은 중립주의가 아닌 미국의 이익에 부합하는 친미 성향의 조건부 영세중립국을 의미하는 것이었다. 내용은 다음과 같다.[27]

....

26 박태균(2019)의 연구는 미국의 대한정책에 나타난 중립국 논의를 확인하고 그 함의를 제공했으나 정치회담과의 연결고리를 다루지 못했다. 장준갑(2002)도 한국전쟁 직후 미국의 한반도 정책을 고찰함으로써 중립화 방안에 관해서 기술했으나 일면만을 확인하여 미국은 한국과 공산진영이 본 방안을 수용할 수 없었다고 단언한다. 그러나 이러한 주장은 중립화 방안을 둘러싼 미국 정책입안자 사이의 논쟁을 확인하지 못한 데에서 기인한다. 미국의 전략을 단편적으로 해석하는 문제점을 해결하기 위해서 같은 시기의 '한반도', '제네바 회담' 등의 사안에 대한 개별적 외교문헌을 동시 비교해 당시를 전체적으로 이해하는 작업이 필요하다.

정전협정은 정전협정에 서명한 이후 90일 이내에 한반도 정치회담을 요구한다. 정치회담은 공산진영과 대한민국을 포함한 유엔 측 간에 진행될 것이다. 미국의 전술은 실현 가능한 범위 내에서 한반도에 대한 미국의 기본적인 목표가 무엇인지에 비추어 결정되어야 한다. 미국의 안보체제에 편입시켜 군사동맹국으로 발전한 대한민국 중심의 통일된 한반도를 달성하는 것은 불가능하다. 이 목적은 정전협정이 체결되었을 때 한반도에 있는 공산군을 축출할 때 가능하다. 따라서 실행 가능한 대안적 목표는 다음과 같다.

A안: 미국의 안보체제에 대한민국을 편입시키고 군사동맹국으로 발전시켜 현 군사경계선에서 무기한 분단된 한반도.

B안: 대한민국 시스템하에서 통일된 중립화된 한반도. 이와 같은 목표는 미국이 한반도를 미국의 군사적 영역에서 배제하고 한반도에서 병력 및 기지를 철수하는 대신 미국의 정치적 지향성에 따라 통일된 한반도를 수립하는 것으로 공산진영과의 합의를 수반한다. 이 목표는 대한민국 하에 중립화된 한반도의 영토 및 정치적 보존을 보장하고 유엔 가입과 대한민국 지상군의 수준과 특성의 제한을 수반한다.[28]

....

27 Draft Paper for Submission to the Planning Board of the National Security Council, June 15, 1953. *FRUS*, 1952-1954, Korea, XV, Part 2, 1181-1183.
28 이후 미국 정책결정자 내부에서 한반도 중립화 방안은 '한국과 상호방위조약을 체결하지 않는다'는 문구를 포함했다.

1953년 7월 2일 제152차 국가안보회의에서 한반도 중립국화 방안을 제시한 NSC 157 문건에 대한 검토를 진행했다.[29] 회의에서는 미국의 한반도에 대한 전략적 평가와 함께 정책결정자 내부의 대립을 확인할 수 있다. 국방부와 합동참모본부는 중립국 방안에 부정적 견해를 보인 반면 국무부는 국가안보회의 기획위원회와 함께 중립화에 찬성하는 입장이었다.[30]

국무부와 합동참모본부는 한반도 중립화 방안에 대한 공산진영, 동맹국, 대한민국 등의 예상 반응을 평가했고 여러 가지 정책적 이견을 보였다. 스미스(Smith) 국무차관은 합동참모본부가 제출한 보고서 내용에 반박했는데 그 내용은 다음과 같다. 첫째로, 공산진영이 분단 상황보다 중립화 방안을 선호할 수 있을 것으로 판단했다. 중립화 방안에 동의하는 것이 북한을 포함한 공산세력의 위신을 추락시킬 수도 있겠지만 한반도가 미국과 일본의 잠재적인 군사적 근거지가 될 경우의 위협을 피할 수 있으며, 만주와 중국 북부에 집중된 산업, 운송, 항공시설 가까이의 미군기지 설립을 무마시킴으로써 이것을 공산진영의 이익으로 간주할 수 있을 것이라 예상했다. 두 번째, 대부분의 자유진영 국가들이 미국의 동맹국으로서 한반도의 중립화를 적극적으로 찬성하리라 판단했다. 중립화는 진영 간의 전쟁 가능성을 낮추고 대한 정책에 사용되는 미국의 병력 자원을 다

....
29 Memorandum of Discussion at the 152d Meeting of the National Security Council, Thursday, July 2, 1953, July 2, 1953. *FRUS*, 1952-1954, Korea, XV, Part 2, 1301-1312.
30 Report by the National Security Council Planning Board Submitted to the National Security Council, June 25, 1953. *FRUS*, 1952-1954, Korea, XV, Part 2, 1273-1274.; Memorandum by the Joint Chiefs of Staff to the Secretary of Defense, June 30, 1953. *FRUS*, 1952-1954, Korea, XV, Part 2, 1288-1291.

른 지역으로 이동시켜 자유진영의 입지를 강화시킬 수 있다는 것이었다. 세 번째는 대한민국의 반응에 대한 고려로, 이승만 대통령과 남한 국민들은 분단 상황에 대해 불만을 가지고 있기 때문에 통일 전략을 수용할 수 있을 것이고, 이승만 대통령 스스로도 현 분단 상황보다는 조국 해방과 통일을 이뤄낸 사람으로 평가받기를 더 선호할 수 있다고 판단했다. 그 밖에도 한반도 내 군사력 철수로 인한 국지적 위험은 대량보복전략으로 충분히 억제 가능하며 내부 전복에 대한 위험에 대비할 병력만 유지하면 된다고 주장했다. 또한 한반도의 통일은 현상유지보다 중요한 업적으로 평가되며 유엔과 미국의 위신 증진에 도움이 될 수 있을 것이라고 평가했다.

국무부와는 반대로 합동참모본부는 중립화 방안의 실행 가능성을 낮게 판단했다. 기본적으로 북한 측이 협정에 대해 동의하고 공산진영이 정치적 합의를 준수할 가능성이 희박하다고 평가했다. 중립화는 한반도에 생긴 안보 공백을 공산세력에게 기회로 제공하고 체코슬로바키아와 같이 지배하는 이상적인 상황을 조성할 수 있는 위험한 제안이라고 주장하며, 공산주의자들이 이 제안을 받아들인다면 일시적인 양보에 불과하며 한반도 지배 목적을 포기했다고 단정해서는 안 된다고 경고했다. 이들은 중공군이 압록강 이북으로 철수했을 뿐 언제나 국경에 가까운 군사력을 이용해 위협할 수 있다는 입장이었다. 둘째로, 한반도에서 유엔군이 철수하는 것은 여러 국가의 입장에서 볼 때 공산주의와의 군사적 대결을 회피하는 것으로 비추어질 수 있어 미국과 유엔의 위신을 떨어뜨릴 것이라고 주장했다. 이에 덧붙여서 한반도 중립화가 선례가 되어 국제정세의 긴장 상태로 있는 독일, 인도차이나 등으로 확대된다면 미국의 안보이익에 손실을 입힐 수 있다는 점도 언급했다. 따라서 한반도 통일 달성 전까지 한국에 대한 군사력 지원은 미국의 안보이익에 필수적이며 한반도 중립화 방안이 추진될 경우 한국의 안보 상황에 대한 우려를 표명했다. 미국의 보복 전략은 한반도에 대한 공산진영의 공격을 억제하지만, 한국의 군사능력 자체도 이 억제력에 중요한 요소라는 점을 강조했다.

이에 덧붙여 합동참모본부는 중립화가 한반도의 비무장 상태를 조성할 것을 우려했으나, 아이젠하워 대통령은 즉각적으로 스위스와 같은 무장중립국 사례를 언급하며 비무장 상태에 관한 가능성을 일축했다. 마찬가지로 국가안보보좌관이었던 커틀러(Cutler)도 현재 미국이 경제적으로 어려운 상황에 있기 때문에 많은 사단을 지원하는 것은 어렵지만 여전히 무장 상태를 의미한다고 덧붙였다. 스미스 국무차관은 내부의 체제 전복을 방어할 수 있는 수준의 무장 상태를 선호했다. 아이젠하워 대통령은 공산진영이 보병 및 경무장 사단 주둔에는 관심이 없고 공습을 두려워하기 때문에 미국이 한반도의 공군 기지를 포기하면 공산진영은 중립화된 한반도에 일정 수준의 무장상태를 수용할 수 있다는 견해를 피력했다. 그럼에도 브래들리(Bradley) 합참의장은 소련군이 중립화에 대한 약속을 위반하고 군사적 침략을 추진할 때 이를 방어할 수 있는 수준의 군대를 갖추어야 한다고 주장하자, 대통령은 중공군이 한반도를 공격한다면 병력을 집결시킬 것이고 그 대규모의 움직임을 우리가 모를 리 없다며 '강대국의 공격 대응까지는 아니나 한국 영토를 방어할 수 있는 군대'라는 표현을 삽입할 것을 제안했다.

합참의장은 회의에서 중립화 통일방안이 한반도의 정치적 해결을 위해 미국에 남아 있는 유일한 대안임을 인정하면서도 정치회담에 초기부터 이 방안을 가지고 들어가는 것은 섣부른 판단이라고 발언했으며, 중립화 통일방안으로 협상을 진행하는 것은 공산진영이 미국으로부터 더 많은 양보를 얻어내는 발판을 마련할 수 있다고 주장했다. 그리고 그가 언제 이 방안을 정치회담의 전략으로 사용할지를 묻자, 대통령은 공산진영과 협상 도중에 미국이 물러나는 전략으로 사용할 수 있다고 답변했고 동시에 이 제안이 한반도의 정치적 문제에 유일하게 가능성 있는 방안이라는 사실을 상기시켰다.[31]

본 회의를 통해 아이젠하워 대통령은 중립화 통일안을 채택했다. 또한 유엔에 대한민국을 가입시키고 대내외적 공격으로부터 영토를 방어할 수 있는 충분한 한국군 병력 규모를 고려해야 한다는 권고를 수용했고, 의견을 개진한 국무부의 조율 아래 적절한 부서와 기관에서 중립화 방안을 실행할 것을 지시했다.[32]

미국 정책결정자들의 한반도 전략을 정리하면, 국무부를 필두로 대통령을 비롯한 핵심 인사들은 중립화 방안을 찬성했다. 국무부는 한국은 그들에게 전략적 가치가 없으며 현재 주둔한 미군을 철수시켜 잘못된 병력 배치 문제를 바로잡을 수 있다는 입장이었다. 아이

....

31 미국의 정책결정자들이 중립화 구상에서도 일본 안보에 미치는 영향을 고려하는 것으로 보아 미국에게 일본은 동아시아 전략의 요충지였음을 확인할 수 있다. 국무부는 공산군이 두만강과 압록강 이북으로 철수하면 일본의 안보 위험은 줄어들 것이라고 평가했던 반면, 합동참모본부는 한반도가 공산권에 의해 통치된다면 일본 열도에 위협이 될 수 있다고 주장했다.

32 Report by the National Security Council, July 7, 1953. *FRUS*, 1952-1954, Korea, XV, Part 2, 1344-1346.

젠하워 대통령과 재무부는 뉴룩 정책이라는 정책의 방향성에서 중립화를 통해 군사력 감축에 따른 국방비 절감 주장에 동의한 것으로 보여진다. 이에 반해 국방부와 합동참모본부는 중립화 방안에 반대하며 강한 군사력을 동원하여 대한민국을 지원해야 한다고 주장했다. 이는 정치, 경제적 지원을 통해 남한을 자유진영의 대표국가로 성장시킨다는 일종의 상징적 가치를 고려한 입장이었다. 미국에게 공산진영과의 정치적 정당성 경쟁은 중요했다. 한국의 번영은 미국을 필두로 하는 자유진영에 대한 위신을 높이고 북한 체제 자체에 불안함과 불만을 제공한다는 전략이었다.

물론 정전협정 이후 상호방위조약이 체결되고, 1953년 11월 NSC 157/1 보고서를 대체하는 170/1이 채택되면서 미국의 한반도 전략이 군사력을 통한 힘의 유지를 확보하는 것으로 설정되었지만, 본 문서는 여전히 정치회담에서 한반도의 중립화 방안을 시도할 것을 명시하며 아이젠하워 대통령과 덜레스 국무장관을 비롯한 정책 결정자들의 의지를 보여주었다.[33]

실제로 회담기간 중 덜레스 국무장관의 행동에서 중립화 방안 실행의 의지를 확인할 수 있다. 그는 프랑스, 영국 대표와 만나 통일에 앞서 북한이 비무장 상태로 중립국이 된다면 미국은 대한민국과의 상호방위조약 체결을 그만두고 병력을 철수할 수 있음을 언급하는 등 실질적인 협상을 위한 7개국 축소회의 성사를 위해 노력했

....

33 Memorandum of Discussion at the 171st Meeting of the National Security Council, November 19, 1953. *FRUS*, 1952-1954, Korea, XV. Part 2, 1617-1620; Report by the Executive Secretary (Lay) to the National Security Council, November 20, 1953. *FRUS*, 1952-1954, Korea, Volume XV. Part 2, 1621-1625.

다.[34]

하지만 실행 가능하리라 판단했던 한반도 중립국화 통일 방안은 회담이 진행될수록 공산진영의 협상 의지 없음을 파악하면서 무산될 수밖에 없었다. 게다가 한국의 군사 기지로서의 전략적 가치에 대한 재평가를 내리게 된다. 국무부 특사 딘은 인도차이나 지역에서 공산진영이 확장하고 오키나와 열도에서 미군 반대로 인해 기지 사용이 불확실해지는 등 여러 사정을 비춰볼 때 한반도의 분단이 미국의 이익에 부합한다고 판단하고 한국에 군사, 경제적 지원을 주장한 것이다. 결국 제네바 회담의 교착 상태와 인도차이나 문제의 악화는 차선책이었던 현상유지방안, 즉 현 군사분계선 내 대한민국을 미국의 군사동맹국으로 발전시키는 방안은 자연스럽게 채택되었고 이것은 분단된 한반도의 귀결을 의미했다.[35]

2. 정치회담 참가와 한미동맹의 유예

공산진영에 대응하는 과정에서 긴밀한 공조가 필요했던 한미 양국은 협력보다는 복잡한 갈등 양상을 보였다. 정치회담에서 나타난 한미 간 갈등의 원인을 단순히 회의 안건에 대한 의견 차이로 설명하는 것은 불완전하다. 정치회담에서 한미관계는 한미상호방위조약

....

34 Luncheon Meeting of Dulles, Eden, and Bidault, Geneva, April 28, 1p.m.: Memorandum of Conversation, by the Ambassador in Switzerland (Willis), April 28, 1954. *FRUS*, 1952-1954, The Geneva Conference, XVI. 152-153.

35 The Ambassador in Korea (Briggs) to the Department of State, May 20, 1954. *FRUS*, 1952-1954, The Geneva Conference, XVI. 296-298.

체결에서부터 비준서 교환에 이르는 동맹의 형성 과정과 함께 이해되어야 한다. 비준서 교환을 두 번이나 유예한 한미 동맹게임은 미중 간의 적수게임 또는 냉전 구도에 대한 이해관계가 충돌하면서 진행되었다.

정전협정 체결부터 첨예한 갈등을 보였던 한미 관계는 결국 정치회담 참가를 앞두고 상호방위조약 비준 연기라는 파장을 낳았다. 미국 측은 베를린 회담에서 한반도 정치회담 논의가 진행된다는 사실을 한국에 미리 통지하지 않았으며, 이에 이승만 대통령은 한반도 문제가 강대국에 의해 결정되고 한반도 통일이 무기한 연장된다는 사실에 뒤늦게 강한 실망감을 표현했다.[36]

이 사실을 알기 약 2주 전 이승만 대통령은 아이젠하워 대통령에게 서한을 보냈는데, 로버트슨(Robertson) 국무부 차관보는 이 서한을 전달한다면 양국 관계에 치명적인 손상을 가져올 것이라 판단하여 전달하지 않았다. 부치지 못한 본 서한에서 이승만 대통령은 중공군이 남아 있는 한반도에서 평화를 유지시키는 것은 불가능하다는 점을 강조하고 미국 측에 어떠한 기대도 없으며 한반도 통일에 대한 의지가 전혀 없음을 비판했다. 안보 문제 외에도 미국이 한국의 재건과 부흥이라는 명목하에 지불하는 원조로 일본 물품을 구매하라는 대한원조정책에 불만을 나타냈다.[37] 미국의 대한원조는 한국이 대충자금으로 일본 물품을 구매함으로써 일본 경제를 부흥시

....

36 The Ambassador in Korea (Briggs) to the Department of State. February 19, 1954. *FRUS*, 1952-1954, The Geneva Conference, XVI, 19.

37 The President of the Republic of Korea (Rhee) to President Eisenhower. February 4, 1954. *FRUS*, 1952-1954, Korea, XV, Part 2, 1745-1747.

키려는 의도로, '1달러를 소비하여 2달러의 가치를 구현'하려는 것이었다(올리버 2013, 715-716). 또한 생산 산업이 아닌 미국의 소비재 중심의 원조정책에 이승만 대통령은 크게 분노했고 이에 저항하여 3월 27일 일본으로부터 수입을 금지했다(『조선일보』, 1954/03/29).

종합하자면, 미국의 입장에서 북한이나 중국은 내부 재건에 집중하기 때문에 군사적 도발의 가능성이 없다고 판단했던 것이며, 한반도에서 남과 북을 이중봉쇄함으로써 전쟁을 방지하고 일본 물품을 구매하여 그들을 빠른 속도로 재건시키는 것이 미국 뉴룩 정책의 전략적 판단이었고, 이승만 대통령은 미국의 전략과 정반대로 대치했던 것이었다.

미 국무부는 한국에게 제네바 회담 참가를 적극적으로 권유했다. 회담이 어떤 나라보다 한국에 가장 직접적인 영향력을 미칠 것이기 때문에 한국을 참가시켜 통일 문제와 외국군 철수 문제 같은 사안을 최대한 빠르게 토의하고자 했던 것이다.[38] 이승만 대통령은 아이젠하워 대통령에게 서한을 보내 한국의 군사행동을 시사하면서 이를 원치 않을 경우 미국이 추가적인 군비 증강 제안을 수용하면 한국이 제네바 회담에 참석할 것이라는 일종의 협박성 서한을 발송했다.[39] 북한이 정전협정을 무시하고 군사력을 보강하고 있으며 주한미군이 철수하는 상황에서 비롯되는 힘의 불균형을 우려하며

....

38 The Ambassador in Korea (Briggs) to the Department of State. March 1, 1954. *FRUS*, 1952-1954, The Geneva Conference, XVI. 26.

39 대통령기록관 소장, 「이승만 대통령이 아이젠하워 대통령에게 보낸 서한」, 서한철 및 외교전문-56, 1954.03.11. https://www.pa.go.kr/research/contents/letter/index.jsp (2020/11/25).

한국군이 먼저 북진을 개시해야 한다는 것이었다. 이는 1953년 12월 주한미군 2개 사단을 철수시킨다는 미국의 발표가 한국의 안보 불안을 가중시켰던 것으로 판단된다.

미국 측은 이승만 대통령과 변영태 외무장관의 서한을 통해 한국이 자신들 없이는 회담이 불가능할 것이라고 믿고 협상의 주도권을 잡으려 한다고 분석했다. 또한 상호방위조약이 미결인 상황에서 이승만 대통령이 쌍방의 협력이 필요한 한미관계를 여전히 수용하지 못하는 것으로 해석했다. 이승만 대통령이 요구한 공군 및 해군력 증가와 함께 한국이 35-40개 사단으로 육군을 운영한다는 것은 한국의 경제력과 인적 자원으로 비추어 볼 때 미국의 지원이 있더라도 비현실적인 제안이었다.[40] 아이젠하워 대통령은 곧바로 이승만 대통령에게 서신을 보내어 만일 한국 정부가 단독으로 군사행동을 취한다면 미군과 유엔군은 이에 개입하지 않을 것이며 한국은 패배를 직면하게 될 것이라고 경고했다. 그리고 회담의 성공 가능성이 낮을지라도 국제사회에 한미가 평화적 통일을 위해 최선을 다하고 있음을 보여주어야 한다는 점을 강조하며 회담의 참가를 권유했다. 동시에 미 국무부는 이승만 대통령이 군사행동을 하지 않는다는 약속을 어김에 따라 상호방위조약 비준서 교환 연기를 일방적으로 통보하면서 한국 측이 미국에 협력하도록 압박했다.[41]

....

40 The Ambassador in Korea (Briggs) to the Department of State. March 16, 1954. *FRUS*, 1952-1954, The Geneva Conference, XVI. 37.

41 이혜정(2004, 27-29); The Secretary of State to the Embassy in Korea. March 20, 1954. *FRUS*, 1952-1954, The Geneva Conference, XVI. 44-46; Progress Report by the Operations Coordinating Board to the National Security Council. March 26, 1954. *FRUS*, 1952-1954, Korea, XV, Part 2, 1767-1775.

양측의 경색된 관계 속에서 이승만 대통령은 아이젠하워 대통령에게 다시 서한을 보내 회담 이후 한반도 통일을 위한 미국의 구체적인 방안을 알려준다면 회담에 참가하겠다는 의사를 전달했다.[42] 그렇지 못할 경우 북한의 군사력에 걸맞은 육군력 증강과 공군 및 해군 병력의 향상을 요청했다.[43] 일주일 후, 아이젠하워 대통령은 한국이 회담에서 동맹국들과 동참해준다면 공산진영에 맞서 연합 전선을 구축하고 자유진영의 결속을 드러내는 데 도움이 될 것이라고 전달하면서 한반도 통일을 위한 한국의 군사행동을 미국이 지원할 수 없지만, 한국의 군사력 향상을 위한 방안을 모색하고 있음을 밝혔다. 더불어 긴밀한 공조 하에 국방력 강화와 경제재건 프로그램을 추진한다면 자유진영은 한반도 내에서 유리한 위치를 선점할 수 있을 것이라고도 언급했다.[44] 이승만 대통령은 아이젠하워 대통령의 군사원조 확대 의사에 만족감을 드러내며 회담 시작 약 일주일 전 변영태 외무장관을 수석대표로 하는 8명의 한국 대표단을 제네바로 파견했다.

....

42 이승만 대통령도 한반도 통일 기회를 한국이 막았다는 국제 여론의 비난을 피하기 위해서는 정치회담을 거부하기 어려웠을 것이다(홍용표 2006, 40).

43 대통령기록관 소장, 「이승만 대통령이 아이젠하워 대통령에게 보낸 서한」, 서한철 및 외교전문-36, 1954.04.08. https://www.pa.go.kr/research/contents/letter/index.jsp (2020/11/25)

44 The Acting Secretary of State to the Embassy in Korea. April 16, 1954. *FRUS*, 1952-1954, The Geneva Conference, XVI, 104.

3. 정치회담의 대응전략과 한미갈등

공산진영 측이 협상 의지가 없음을 알게 된 미국은 자유진영의 도덕적, 정치적 입지를 제고하는 전략으로 선회했다(홍용표 2006, 38). 미국은 자유진영 내 결속을 위해 제네바 회담에 앞서 독자적인 한반도 통일을 위한 3가지 방안(A안: 현 남한 체제에 북한을 흡수하는 방안, B안: 남한의 헌법 구조하에서 통일 정부 수립을 위한 남북한 총선 시행 방안, C안: 입법 회의와 새 정부 수립을 위한 전한국선거)을 구상했었다. 미국은 한국이 현 헌법 체제 유지에 기반을 둔 A안을 환영하겠지만, 연합국 측은 북한 지역에 한정된 선거 진행 방식을 달가워하지 않을 것으로 판단했다. C안은 객관적이고 공정하다는 점에서 영연방 국가들을 비롯한 연합국 다수가 선호할 확률이 높지만, 한국은 현 정권의 지위를 대체하고 북한 체제와 동일하게 간주되는 이 계획을 반대할 것으로 판단했다. 따라서 미국은 한국이 개회 초반 A안을 내놓을 것이라는 가정하에 연합국들의 지지를 얻어 적당한 시기에 한국이 B안에 대해서도 합의할 수 있도록 설득할 계획을 세웠다.[45]

정치회담이 교착 상태에 빠지자 연합국 측 내에서 합리적인 단일 통일방안을 제시하고, 이를 거부할 시 회담 실패의 책임을 공산진영에게 떠넘길 예정이었다. 주한 미국 대사 브리그스(Briggs)는 이승만 대통령과 회담에서 자유진영에서 만장일치로 승인될 수 있

[45] Memorandum by the Technical Secretary, United States Delegation at the Geneva Conference, April 24, *FRUS*, 1952-1954, The Geneva Conference, XVI, 131-139.

는 계획을 제시하며 남한의 헌법 구조하에서 통일 정부 수립을 위한 남북한 총선 시행 방안에 따라 줄 것을 요청했다. 민주주의와 유엔 결의를 통해 남북 동시선거에 훨씬 더 설득력이 생기고 대한민국 정부가 헌법에 입각한 자유정부라는 것을 세계에 증명할 수 있다는 주장이었다. 이에 대해 이승만 대통령은 선거 전에 중국 공산군의 완전한 철수와 더불어 북한 공산군의 완전한 철수나 항복이 필수라고 생각했다. 또한 투표를 통해 국민의 동시선거 의사를 물어보아 본 방안을 지지한다면 유엔 감독하에 남북 모두에서 국회와 대통령 선거를 준비할 것이라는 입장을 밝혔다.[46]

미국은 이승만 대통령이 완강하다면 연합국 측과 미국 내 여론 등을 고려해 B안을 추진할 생각이었다. 스미스 국무차관은 국무부로 보내는 서한에서 한국 측이 B안의 제안을 거부하면 한미관계에 심각한 악영향을 미칠 것이며 상호방위조약 발효와 군사 및 경제 원조프로그램의 범위를 재점검할 수 있다는 사실을 이승만 대통령에게 알리는 강압적인 방법을 고려했다.[47] 그러나 덜레스 국무장관은 이러한 방법을 거부하며 이승만 대통령이 B안을 받아들인다고 할지라도 공산권에서 이를 수용할 가능성은 사실 희박하다고 판단했다. 덜레스 국무장관은 한미상호방위조약 비준서 교환 의사를 보

....

46 마찬가지로 변영태 장관도 영국 이든 외무상이 제안한 남한 선거에 대해 국내 여론을 수렴해야 하는 필요성이 있는데, 당시 헌법상에 관련 조문이 없고 이를 위해 헌법개정 절차가 필요하다고 밝혔다. 또한 얼마 남지 않은 선거의 결과를 취소하고 국회의원을 사직시키는 것 또한 국내법의 문제를 낳는다고 주장했다. 변영태(1997, 90-91); The Ambassador in Korea (Briggs) to the United States Delegation, May 3, 1954. *FRUS*, 1952-1954, The Geneva Conference, XVI, 191-194.

47 The United States Delegation to the Department of State, May 8, 1954. *FRUS*, 1952-1954, The Geneva Conference, XVI. 230-231.

이면 이승만 대통령을 설득할 수 있을 것이라 조언했다. 이와 같은 회유 방식은 인도차이나 상황이 악화되면서 공산진영과 충돌할 수 있으므로 반공국가인 한국과 신뢰 관계를 세우는 것이 중요하다는 생각에서 기인했다.[48]

미국의 정책 결정자들 사이에서도 B안 실시를 고려하던 이 시점에 변영태 장관은 14개항 통일방안을 미국 측에 제시했다. 선거 실시와 관련해서 남한에서도 그 주민의 대다수가 원한다면 이를 시행한다는 조건을 내걸었던 것은 북한에 한해 자유선거를 시행한다는 주장을 간접적으로 제시한 것이었다. 외국군 철수 문제는 중공군의 선철수 주장을 고수했다. 중공군이 선거일 한 달 전에 철수를 완료하고 유엔군이 선거 전에 한국에서 점차적으로 철수하는 것도 가능하지만, 통일한국 정부가 전한국 관리를 성공적으로 수행하고 이에 대한 유엔의 인증을 받기 전까지는 불가능하다고 명시했다. 이후 미국 측의 요청에 따라 한국 측은 "그 주민의 대다수가 원한다면"이라는 주장을 "대한민국 헌법 절차에 의거하여 남한에서도 행할 것"이라는 문구로 변경했다. 미국 대표단은 변영태의 14개 조항이 한국으로부터 얻을 수 있는 최고의 제안이라고 판단 내렸고 연합국 측도 조항 대부분을 수용할 수 있기 때문에 본 방안의 지지를 요청할 예정이었다. 하지만 그렇다고 해서 16개국의 단일 통일방안을 배제한다는 것은 아니었다.[49]

....

48 공산세력과의 대결 구도에서 반공주의 국가인 한국이 가지는 가치는 이승만 대통령에게 높은 대미협상력을 가질 수 있도록 했다(차상철 2013); The Secretary of State to the United States Delegation, May 10, 1954. *FRUS*, 1952-1954, The Geneva Conference, XVI. 243.

여전히 군대 철수 항목에선 유보적인 의견이 있었지만 5월 22일 11차 본회의에서 미국 대표단은 한국 측의 발언이 자유진영 입장에 건설적으로 도움을 주었다고 평가했다. 이에 따라 미국 대표단은 한국의 제안을 지지하고 답례로 덜레스 장관이 상호방위조약 비준서 교환 계획을 밝혔다. 하지만 한국 측은 이를 거부하고 이승만 대통령의 지시에 따라 상호방위조약 비준서 교환의 무기한 연기를 미국에 통보했다. 구체적으로 이승만 대통령은 미일상호안보조약과 유사한 조건으로 '자동개입'과 '조약 유효기간'에 관한 두 가지 조항을 미국에 삽입 및 변경해줄 것을 요구한 것인데, 위협 발생 시 미국이 자동적으로 개입해주길 원했고 중국과 북한에 대응하기 위해 상호방위조약의 효력을 무기한으로 명시하고자 했던 것이다.[50] 회담의 중대한 변곡점이었던 디엔비엔푸 전투에서 프랑스가 패배하면서 참가국들의 관심이 인도차이나에 쏠리고 한반도 회담이 교착 상태에 빠지자 이승만 대통령은 한반도의 평화 통일이 불가능하다는 것을 인지하고 대미 협상력을 높이려는 시도였다. 이렇게 한미 양국의 비준 게임은 장기화되고 있었다.

....

49 The United States Delegation to the Embassy in Korea, May 20, 1954. *FRUS*, 1952-1954, The Geneva Conference, XVI, 299.

50 The United States Delegation to the Embassy in Korea. May 24, 1954. *FRUS*, 1952-1954, The Geneva Conference, XVI, 316-317; United States Summary Minutes of the Fourth Meeting of United States Republic of Korea Talks. July 30, 1954. *FRUS*, 1952-1954, Korea, XV, Part 2, 1857-1860; 연세대학교 국학연구소. *The Syngman Rhee Presidential Papers*. File 500 문서번호 11380154-11380159; File 845 문서번호 00060033; File 848 문서번호 10290024.

V. 결론

1954년 6월 회담이 결렬되자, 한국 측은 본 회담이 한국 문제를 다루는 마지막 기회였음을 언급하며 정전협정을 준수할 의무가 없고 단독 행동을 취할 수 있음을 암시했다. 이에 연합국 대표단은 우려를 표했다.[51] 1953년 8월 유엔총회 결의안에 따라 제네바 정치회담에 참가한 연합국 측은 12월 제9차 유엔총회에 관련 보고서를 제출해야 했다. 한국에서 영국과 캐나다가 제출한 전한국 총선거 협상안이 양 진영의 지지를 받고 있다는 보도가 나오자 국내적으로 거센 반발이 일어났고 한국 정부 측은 이에 항의하며 어떠한 타협도 할 수 없다는 입장을 보였다(『동아일보』, 1954/11/11). 대한민국 대표로 유엔 총회에 참석할 예정이던 변영태 장관은 이러한 국제사회의 움직임을 무산시키기 위해 출국 전 미국 측에 합의의사록을 수용하고 상호방위조약 비준서를 교환하겠다는 의사를 밝혔다.[52] 이와 같은 행보는 미국과 협력을 통해야만 유엔에서 논의하는 한반도 문제를 해결할 수 있다는 판단에서 나온 결정으로 풀이된다. 당시 이승만 정권은 대통령 연임 문제와 관련한 개헌안 추진으로 국내 정치문제에 집중해야 하는 상황이었고, 전한국 총선거가 실행된다면 한국 정부의 정당성이 상실되는 것을 의미했다.

....

[51] Young-Pyun Meeting, Geneva, June 16: The United States Delegation to the Department of State, June 17, 1954. *FRUS*, 1952-1954, The Geneva Conference, XVI, 391.

[52] The Ambassador in Korea (Briggs) to the Department of State, November 14, 1954. *FRUS*, 1952-1954, Korea, XV, Part 2, 1917-1918.

11월 18일 상호방위조약이 발효되고 합의의사록이 체결되면서 한국은 미국의 경제원조와 군사력 지원을 약속받았다.[53] 하지만 합의의사록에 삽입되어 있는 '한국이 유엔을 통한 통일을 위해 노력함에 있어 미국과 협조한다'는 조항과 '대한민국 군대는 유엔사의 작전지휘권 안에 귀속된다'는 조항으로 한국은 미국의 동의 없이는 단독 군사행동을 통한 한반도 무력통일 계획을 시도할 수 없게 되었다. 결과적으로 미국은 북한의 남침과 한국의 북진을 억제하는 이중 봉쇄전략을 통해 한반도를 안정적으로 관리할 수 있게 되었다.

한편 12월 11일 유엔 총회에서는 제네바 회담 연합국 측 공동성명서 보고서를 승인하고 자유진영의 결의안을 통과시킴으로써 한반도 통일을 위해서는 유엔 감시하의 자유선거가 진행되어야 한다는 원칙이 재확인되었다(『동아일보』, 1954/12/10). 또한 다음 해인 1955년 제10차 유엔 총회에서 실질적인 통일방안을 논의하자고 했으나 제네바 정치회담과 같은 강대국 간의 정치적 협상은 더는 존재하지 않았다. 결국 한국을 미국의 안보체제에 편입시키고 군사동맹국으로 발전시킴으로써 한반도에서 힘의 우위를 유지한다는 현상유지 전략이 적용된 것이다.

정전협정 이후 처음이자 마지막으로 다자회담의 형식으로 통일 문제를 논의했던 제네바 회담은 어떠한 결실도 보지 못했고, 일시적인 합의에 불과했던 정전협정은 자연스럽게 두 개의 불완전 국가를 형성하는 분단체제로 완성되어 지금까지 한반도의 냉전 질서를 고

....

53 사실상 합의의사록은 합의가 아닌 미국의 강요에 대한 굴복이었고 합의의사록 체결은 상호방위조약 발효의 조건이었다(이혜정 2020).

착화시켰다.

본 연구는 한반도 전후분단체제를 고찰하기 위해 제네바 회담이라는 사건을 포함하는 시간적 확장의 필요성을 지적하며 지금까지 한국전쟁에만 머물렀던 한반도 냉전의 기원을 재구성했다. 미국의 아이젠하워 행정부가 제네바 정치회담에서 추진한 조건부 한반도 중립화 통일방안이 공산진영과의 적수게임과 한국과의 동맹게임의 복합적인 형태로 전개됨에 따라 회담 실패로 이어졌고 현상유지 정책으로 귀결되었음을 밝힌다. 제네바 정치회담을 통해 한반도 국제관계에서 나타난 중요한 특징들은 다음과 같다.

첫째, 한반도를 규정하는 핵심적인 구조인 정전체제는 동아시아 냉전 질서라는 구조적 변수가 작용한 결과다. 지구적 차원에서 냉전의 기원이 미국과 소련의 대결이었다고 할지라도 한국전쟁 이후 동아시아라는 지역적 공간에서는 미국과 중국의 대결로 자리를 잡게 되었다. 미국은 한반도를 안정적으로 관리하기 위해 뉴룩 정책이라는 세계전략 틀 안에서 미국의 이익에 부합하는 한반도 중립화 통일방안을 통한 현상변경을 시도했고, 반대로 중국은 대내외적 안정을 추구하기 위한 현상유지 정책을 선호했다. 결론적으로 한반도를 안정적으로 관리하려는 양 국가의 입장은 현상유지로 귀결되며 분단이 제도화되었다.

둘째, 국제정치에서 국가이익을 둘러싼 투쟁이 적대적 관계뿐만 아니라 동맹국끼리도 나타날 수 있음을 보여준다. 한미동맹의 형성기는 한미상호방위조약 체결부터 비준서 교환까지로 볼 수 있는데, 이는 제네바 정치회담과 중첩되어 있으며, 여러 방면에서 갈등을 보였던 한미 양국은 이 회담에서 치열한 비준 게임을 펼쳐나갔다. 비준 게임의 이면에는 정권 안보와 국가 건설이라는 핵심 목표를 달성할 수 있는 기회의 장으로 제네바 회담을 활용하려는 이승만 대통령의 전략과 일본을 핵심축으로 동아시아 전략을 펼치려는 미국의 전략이 충돌하고 있었다.

한국전쟁이 발발한 지 70년이 지난 지금도 여전히 한반도는 불안정한 상황에 놓여 있다. 이러한 상황 속에서 제네바 정치회담을 다루는 본 연구는 분단 상황을 지속시키는 한반도 국제관계의 역학 구조가 적수, 동맹, 더 나아가 국내정치라는 삼중 게임의 국제정치적 특성이 복합적으로 작용한다는 사실을 확인한다는 점에서 의의를 가진다. 이 연구가 분단체제를 풀어내는 데 여전히 미흡한 부분들이 있으나 한반도 국제관계와 동아시아 냉전 질서 기원의 이해를 확장하는 데 일부 기여했기를 희망한다.

참고문헌

1. 1차 자료

1) 한국 자료
- 대통령기록관 http://www.pa.go.kr/index.jsp

대통령기록관 소장, 「이승만 대통령이 아이젠하워 대통령에게 보낸 서한」, 서한철 및
　　외교전문-36, 1954.04.08. https://www.pa.go.kr/research/contents/letter/index.jsp
대통령기록관 소장, 「이승만 대통령이 아이젠하워 대통령에게 보낸 서한」, 서한철 및
　　외교전문-56, 1954.03.11. https://www.pa.go.kr/research/contents/letter/index.jsp
- 신문 자료
경향신문. "원조의 실효." 1954년 11월 22일 1면.
경향신문. "행정부 한미방위협정은 발효." 1954년 12월 31일 2면.
동아일보. "한국총선거한국, 공산측대표와 중립국으로 감위구성안대두 영불추진, 미도
　　동의설," 1954년 11월 11일 1면.
동아일보. "유엔정위 한국참전국안채택." 1954년 12월 10일 1면.
조선일보. "일제품불법수입을 엄금." 1954년 3월 29일 3면.
- 연세대학교 국학연구소.
The Syngman Rhee Presidential Papers
- 회고록
변영태. 1997. 『외교여록』. 서울: 외무부 외교안보연구원.
로버트 T. 올리버. 2013. 『건국과 나라 수호를 위한 이승만의 대미 투쟁-하권』. 한준석 옮김.
　　서울: 비봉.
한표욱. 1996. 『이승만과 한미외교』. 서울: 중앙일보사.

2) 미국 측 자료
국방군사연구소. 1998. 『Records of the Korean Political Conference of the US State
　　Department, 제네바 정치회담 회의록』. 서울: 국방군사연구소.
-U.S. Department of State. *Foreign Relations of the United States*, 1951, Korea and
　　China, VII, Part I.
-U.S. Department of State. *Foreign Relations of the United States*, 1952-1954, China and
　　Japan, XIV, Part I
-U.S. Department of State. *Foreign Relations of the United States*, 1952-1954, Germany
　　and Austria, VII, Part I
-U.S. Department of State. *Foreign Relations of the United States*, 1952-1954, Korea,

XV, Part II.

-U.S. Department of State. Foreign Relations of the United States, 1952-1954, The
   Geneva Conference, XVI.

3) 중국 측 자료

-中华人民共和国外交部档案馆. 2006.
   《1954年日内瓦会议(中华人民共和国外交档案选编第1集)》, 北京: 世界知识出版社.

-Woodrow Wilson International Center for Scholars Digital Archive. https://
   digitalarchive.wilsoncenter.org/

4) 북한 측 자료

-조선중앙통신사 편. 1954.『조선중앙년감 1954』. 평양: 조선중앙통신사.

5) 유엔 자료

United Nations Digital Library. https://digitallibrary.un.org

2. 2차 자료

1) 단행본

Gaddis, John L. 1982. *Strategies of Containment: A Critical Appraisal of Postwar
   American National Security Policy.* New York: Oxford University Press

Lefler, Melvin P. and Odd Arne, Westad. 2010. *The Cambridge History of the Cold War
   Volume I Origins.* Cambridge: Cambridge University Press

Stebbins, Richard P. 1956. *The United States in World Affairs 1954.* Council on Foreign
   Relations, New York: Harper & Brother

2) 학술논문

권오중. 2005. "제네바 한국평화회담(1954)의 진행, 결과 그리고 의미."『통일정책연구』
   14(2): 153-180.

김보영. 1997. "제네바정치회담과 남북한 통일정책의 비교연구."『국사관논총』75: 203-219.

김연철. 2011. "1954년 제네바 회담과 동북아 냉전질서."『아세아연구』54(1): 192-219.

남기정. 2019. "한일관계를 어떻게 할 것인가?-한일관계 재구축의 필요성, 방법론, 가능성."
   『역사비평』127: 10-35.

라종일. 1997. "제네바정치회담: 회담의 정치, 1954.4.26/6.15."『고황정치학회보』1: 65-86.

박태균. 2019. "미국의 대한정책을 통해 본 한반도 중립국화 방안."『한국과 국제정치』
   35(3): 67-96.

이혜정. 2004. "한미동맹 기원의 재조명: 한미 상호방위조약의 발효는 왜 연기되었는가?"
   『한국정치외교사논총』26(1): 10-35.

_____.2020. "1954년 한미 합의의사록의 재조명: '114일의 한미분규.'"『한국정치연구』 29(3): 1-34.

장준갑. 2002. "한국전쟁 직후 미국의 한반도정책(1953-1954)."『미국사연구』15: 133-155.

차상철. 2013. "이승만과 한미합의의사록의 체결."『군사연구』135: 39-71.

홍용표. 2006. "1954년 제네바회의와 한국전쟁의 정치적 종결 모색."『한국정치외교사논총』 28(1): 35-55.

Dulles, John Foster. 1954. "Policy for Security and Peace." *Foreign Affairs* 32(3): 353-364.

Chen Jian and Shen Zuihua. 2007. "The Geneva Conference of 1954." Woodrow Wilson International Center for Scholars Cold War International History Project Bulletin, Issue 16: 7-103.

Mayers, David. 1983, "Eisenhower's Containment Policy and the Major Communist Powers, 1953-1956." *The International History Review* 5(1): 59-83.

Thompson, William R. 2001. "Identifying Rivals and Rivalries in World Politics." *International Studies Quarterly* 45(4): 557-586.

Snyder, Glenn H. 1984. "The Security Dilemma in Alliance Politics." *World Politics* 36(4): 461-495.

Zhang, Shu Guang. 2007. "Constructing 'Peaceful Coexistence': China's Diplomacy toward the Geneva and Bandung Conference." *Cold War History* 7(4): 509-528.

1954년 한미 합의의사록의 재조명
'114일의 한미 분규'

이혜정(중앙대학교 국제정치학과)

I. 문제 제기

1954년 7월 27일~30일 워싱턴에서 한미회담이 열렸다. 미국 측은 29일 이승만 대통령과 아이젠하워(Dwight Eisenhower) 대통령의 2차 정상회담 직전에 북진 포기, 유엔사의 한국군 작전지휘권 지속 보유, 환율의 현실화, 한일관계 개선과 한국의 일본 물품 구매 등 미국의 요구를 종합한 합의의사록을 한국 측에 전달했다. 이승만은 30일 덜레스(John Foster Dulles) 국무장관과의 마지막 고위급회담에서 합의의사록의 일본조항을 논의하다가 미국의 일본 편향 정책을 비난하며 회담장을 떠나버렸다.

....

*   이 글은 『한국정치연구』 29집 3호(2020)에 같은 제목으로 발표된 논문을 단행본 편집에 맞게 일부 수정한 것이다.

이후 워싱턴에 남겨진 한국 측 실무진은 미국 측과 회담을 계속했지만, 한미 양국은 11월 17일에서야 합의의사록에 서명했다. 그리고 다음 날 워싱턴에서 비준서가 교환되면서 한미상호방위조약이 발효되었다. 당시 한미회담 협정문으로 불린, 이승만 행정부가 언론에 공개한 합의의사록의 공식 명칭은 "1954년 7월 27일부터 30일까지 화부[워싱턴]에서 이 대통령 및 아이젠하워 대통령 그리고 그들의 고문들 간에 개최된 회의와 추후 양국 정부대표 간에 개최된 협의에 의거한 대한민국정부와 미합중국정부 간에 합의된 의사록과 동부록"이었다(『동아일보』, 1954/11/21: 1).[1]

1954년 7월부터 11월까지 한미 갈등, 당시 언론의 표현으로는 '114일의 한미 분규'는 '부흥경제'에 막대한 지장을 초래했다(『경향신문』, 1954/12/31). 7월 이후 미국의 대한 원조프로그램이 전면 중단되었고 한국이 유엔군 현지 경비(환 대여금) 지급을 중단하자 미국은 석유금수(백두진 1975, 243-244)를 단행하여, 11월 17일 한국이 합의의사록에 서명할 때 서울에서 움직이는 차량은 이승만의 링컨 콘티넨탈이 거의 유일했다고 한다(Time, 1954/11/29). 환율과 대일구매, 군비증강과 작전지휘권, 통일방안 등 합의의사록의 쟁점들은 한미관계 전반의 문제이자 한국의 발전과 생존이 걸린 문제들이었다. 합의의사록은 "114일이라는 장구한 시일동안의 회의록으로서

....

1   "Agreed Minute Between the Governments of the United States and the Republic of Korea Based on the Conferences Held Between President Eisenhower and President Rhee and Their Advisers in Washington, July 27-30, and Subsequent Discussions Between Representatives of the Two Governments." *Department of State Bulletin* (이하 Bulletin) (1954/11/29), 810-811.

정치·군사·경제에 관한 일종의 협정서인 것이어서 단순한 미국의 대한원조자체에 관한 것만이 아니다"(『경향신문』, 1954/11/22).

'114일의 한미 분규'는 일반 대중의 역사적 기억은 물론 학술 연구의 차원에서도 철저히 잊혀져왔다. 그 주된 이유는 이승만에 대한 평가(의 이념적) 문제와 한미동맹의 '정치적 올바름', 그리고 국내와 국제정치 및 안보와 정치경제를 각기 분절적으로 연구하는 경향이 서로 얽혀 있기 때문이다. 1954년 미국의 대한 원조 전체와 동맹을 걸고 이승만이 벌인 '벼랑 끝 외교'는 이승만을 친미독재로 비판하는 진보(서중석 1995; 김창수 2001)의 시각이나, 한미동맹을 '외교의 귀신' 이승만(Kim 2001)이 휴전회담 반대로 얻어낸 성과로 평가하는 보수의 시각(유영익 2005; 김명섭 2015)에서도 잘 보이지 않는다. 한미동맹의 '정치적 올바름'을 기준으로 하면 '114일의 한미 분규'는 불편한 진실이다. 이승만 정부에서부터 한미회담을 "한미 군사경제회담"으로, 그리고 한미회담 협정문을 "한국에 대한 군사 및 경제원조에 관한 한미 간의 합의의사록"으로 의도적으로 '오역'하며(외무부 1959, 202, 520), '114일의 한미 분규'를 역사에서 지워나갔다. 이후 한국 역대 정부들에서, 특히 탈냉전 이후 한미동맹이 신성시되면서, 합의의사록의 경제적 측면이나 양국의 분규는 완전히 망각되었다.

이제는 학계에서도 합의의사록을 작전지휘권의 이양을 통해서 한미동맹이 발효된 계기로 이해하는 것이 정설이다(김일영·조성렬 2003). 반북과 반일, 정치경제와 안보의 연계를 지적한 소수의 연구들이 1954년 한미 간 갈등을 지적하기는 했지만(홍석률 1994; 김일영 1999; 이혜정 2004), 합의의사록 자체를 검토하는 경우에도 환율이나 한일관계 등의 '114일의 한미 분규' 전체에 대한 검토는 여전히 제한적이다(차상철 2013; 이동원 2018; 김계동 2019). 미국의 시각에서 힘(Cha 2016)으로 일본은 물론 이승만이나 장개석 등을 눌러서 냉전기 동아시아 동맹 체제를 형성했다는 연구 역시 역설적이지만 1954년에 미국이 석유를 끊으면서 한국을 압박한 역사적 사실을 간과하고 있다. 미국과 일본, 한국, 대만과의 동맹을 각기 쌍무적 관계(대안적 이해는 신욱희 2019)로만, 그것도 조약 체결에만 주목해서 보았기 때문이다. 1954년의 한미 갈등은 이승만이 미일 동맹의 강화에 강력하게 반발하며 한미상호방위조약의 발효를 둘러싼 미국과의 동맹 게임과 자신의 정권 안보를 위한 국내 정치 게임인 '사사오입' 개헌(이완범 2009)을 동시에 진행한 사례인데, 이와 같은 동맹과 독재의 동시적인 기원에 주목하는 연구는 거의 전무한 실정이다(문제 제기 차원에서 예외는 Hong 1999).

이 글은 이러한 연구의 사각지대를 메우기 위한 초보적인 시도이다. 이 글은, 이승만의 북진과 반일을 앞세운 '반공 국제주의'는 뉴룩(New Look)의 기조에서 미국이 추진한 동아시아 냉전정책 전반의 대안을 모색한 시도였다는 시각에서 한미 양국의 1차 외교 사료와 한국 언론보도를 활용하여, '114일의 한미 분규'의 역사적 과정을 합의의사록에 담긴 미국의 요구에 대한 이승만의 저항과 굴복을 중심으로 추적·복원한다.

II. 배경: 휴전의 거래

1954년의 한미회담은 한국전쟁의 종결을 둘러싼 한국과 미국의 거래를 총결산하는 장이었다. 이승만은 일관되게 '휴전'을 거부했다. 유엔이 38선 북진 직후 통일한국 건설을 목적으로 결의했고, 한국 영토인 북한에 주둔하고 있는 침략자인 중국 군대를 용인할 수 없다는 것이었다. 한국전쟁의 종전을 1952년 대선의 주요 공약으로 내세웠던 아이젠하워 행정부는 1953년 3월 스탈린 사후 '정전'회담의 타결을 위해 노력했다. 미국은 비록 평화조약은 아니지만 국제법적 효력을 지니는 정전협정을 추구했고, 이승만은 휴전 반대를 통해서 통일정책에서 한국의 주권적 권리를 주장하며 정전협정을 묵인하는 조건으로 미국으로부터 최대한의 지원과 보장을 얻어내려 한 것이다(박태균 2005; 김명섭 2015; 김보영 2016).

1953년 8월 이승만과 덜레스 간의 회담은 휴전-정전을 둘러싼 양국의 거래로, 합의된 바는 다음과 같았다. 첫째, 한국은 통일방안을 모색할 주권적 권리를 갖지만 정전협정 서명 이후 90일 이내에 개최될 예정인 정치회담 개회 이후 90일 동안은 일방적 군사 행동을 하지 않을 것이며, 정치회담이 실패하면 한국통일 방안에 대해서 미국과 협의한다. 둘째, 가조인된 상호방위조약의 조기 비준을 추진하고 비준서가 교환되어 조약이 발효되기 전까지는 유엔사가 한국군에 대한 작전지휘권을 갖는다. 셋째, 미국은 향후 3~4년 10억 달러 규모로 양국 공동대표가 운영하는 통합경제위원회에 의해서 집행될 경제원조를 실시한다. 넷째, 한국 육해공군의 증강에 대해서 협의한다.[2]

이들 네 가지 이슈는 1954년 한미회담에서도 주요한 쟁점으로 남아 있었다. 정치회담이 아니라 그를 위한 판문점 예비회담이 1953년 10월 말에서야 시작되고 12월에 결렬되면서, 이승만은 독자적 행동의 권리를 주장하기 시작했다. 이승만의 북진 위협은 미국에게 군사적인 난제를 안겨주었다. 정전을 관리해야 하는 유엔사는 한국군의 독자적인 북진을 저지하는 동시에 공산군의 반격이 남한으로 내려올 경우에도 대비해야 했기 때문이다. 이러한 상황을 관리하기 위해서는 유엔사가 한국군 작전지휘권을 갖는 것이 필수적인데, 이는 1954년 11월 합의의사록을 통해서야 제도화되었다. 미국은 상호방위조약의 비준을 무기로 이승만의 단독 행동을 통제하려 했고, 1953년 11월 방한한 닉슨(Richard Nixon) 부통령이 그 임무를 맡았다(Jorden 1953). 이승만은 미국에게 통보하지 않고 독자적 행동을 하지는 않겠다고 언급했고, 아이젠하워 행정부는 한국의 북진은 상호방위조약의 미국 의무에 해당하지 않는다는 점을 거듭 확인하면서 상원의 비준을 진행했다(Han 1987, 151-152). 덜레스는 한국이 실제 지배하고 있는 지역에 대한 공격만이 조약(3조)의 대상임을 강조하는 한편, 주한미군의 주둔은 조약상(4조) 의무사항이 아니어서 정치회담에서 모든 외국군의 철수가 결정되더라도 한미동맹은 유효하다고 주장했다.[3]

이승만의 북진 위협은 핵 억지를 중심으로 군사력의 비용을 최소화하고 경제 재건과 중립주의 및 평화공세에 맞서려는 미국의 새

....

2 "Joint Statement by the Secretary and President Rhee." *Bulletin*(1953/8/17), 203.
3 "Statement by Secretary Dulles." *Bulletin*(1954/1/25), 133-134.

로운 전략, 뉴룩(Dulles 1954)의 근간을 흔드는 것이었고, 뉴룩은 경제원조와 한국군 증강에 대한 이승만의 요구와 충돌했다. 이승만의 입장에서 10억 달러의 경제원조는 상호방위조약 못지않은 성과였다. 아이젠하워 행정부는 정전협정의 서명과 함께 2억 달러의 원조를 제공했지만, 그 실제 집행은 합동경제위원회의 구성에 달렸는데 이는 한국의 경제적 주권에 대한 미국의 통제를 의미했다. 이승만이 이에 강력하게 반발하면서, 합동경제위원회 구성에 대한 합의인 "경제협정과 재정안정계획에 관한 합동경제위원회 협약"(약칭 백두진-우드 협정)은 12월에야 이루어졌고, 그 사이 경제원조의 집행은 중단되었다(이현진 2009, 185-193).

미국의 입장에서 보면, 뉴룩은 경제원조의 감축과 효과적인 사용을 목적으로 하고 이를 위해서는 특히 일본의 재건과 자립을 위한 지역의 경제적 통합이 필수적으로, 원조의 효과적 사용을 위한 미국의 요구와 한일 협상을 모두 거부하는 이승만은 뉴룩의 장애물이었다. 무엇보다도 뉴룩은 지역의 재래식 병력보다 미국의 핵 능력과 전략적 기동성에 의존했다. 1953년 12월 주한미군 2개 사단의 철수는 뉴룩이 실제로 적용된 최초의 사례 중 하나였다. 이후 이승만은 한국군의 증강을 요구했지만, 덜레스의 입장에서 주한미군의 철수에 따른 한국의 안보 위협은 없었다. 정전협정 체결 직전에 주한 미군이 급격하게 증강되었고, 휴전의 군사적 목적 자체가 대규모 미군이 한 지역에 고정적으로 배치되는 상황을 피해서 기동성을 강화하는 것이었으며, 휴전 이후 공산권의 침략에 대한 억지는 기본적으로 (중국 대륙에 대한 핵 공격 등) 한반도에 국한된 것이 아니기 때문이다.[4]

이승만과 미국 아이젠하워 행정부 모두 한국문제가 한반도에 국한된 지역적 문제가 아니라 자유진영과 공산진영의 국제적 대결의 한 부분이라는 인식을 공유하고, 한반도에서 인도차이나에 걸치는 지역에서 '붉은 중국'의 위협에 주목했다. 하지만 공산주의와의 공존은 불가하다는 이승만의 '반공 국제주의'는 공산진영과의 공존을 전제로 장기적인 정치, 경제, 군사적인 대결을 준비하는 아이젠하워 행정부의 뉴룩과 정면으로 충돌했다. 이승만의 입장에서 휴전은 유엔 결의에 위배되는 것일 뿐 아니라 북한과 중국이 군비를 증강한 상태에서 휴전을 지키는 것은 한국의 안보를 위협하는 것이었다. 하지만 미국의 입장에서 한반도에서의 정전은 아이젠하워가 1952년 대선 과정에서 공약한 대로 "명예롭게(on honorable terms)" 이루어졌고,[5] 아시아에서 최악의 위협은 중국의 인구와 일본의 산업능력, 그리고 동남아의 자원이 공산주의에 장악되는 것이었다.[6] 인도차이나에서 무력과 전복이 결합된 방식으로 확산되고 있는 공산주의를 봉쇄하고, 한국전쟁 특수가 사라지면서 경제적 어려움이 더해가고 있는 "수출해야만 생존할 수 있는 일본(Japan must export to live)"에게 시장을 확보해주는 것이 급선무였다.[7]

이승만의 '반공 국제주의'는 한반도에서 북진을 위협하면서, 대만과의 군사적 협력과 아시아 전체에서 반공연대를 모색하는 한편

....

4   "Withdrawal of Two U.S. Divisions from Korea." *Bulletin*(1954/1/11), 42-43.
5   "The Evolution of Foreign Policy: Address by Secretary Dulles." *Bulletin*(1954/1/25), 108.
6   "The Communist Threat in the Far East." *Bulletin*(1954/1/25), 814-818.
7   "Trade Relations and Japanese Economy." *Bulletin*(1954/2/22), 293.

제국주의를 반성하지 않고 중국과의 무역을 지속하며 공산주의를 허용하고 있는 '용공' 일본의 재건에 반대하였다. 이승만에게 뉴룩은 공산주의는 물론 일본이나 프랑스, 영국 등 식민주의 세력에 대한 '유화'였다. 이승만과 미국의 대립은 미국이 뉴룩에 따른 동남아 개입과 일본 재건을 강화할수록 악화되어 갔다.

한국문제에 관한 제네바 회담은 이승만에게 휴전 협상처럼 미국과 거래할 또 다른 기회를 제공했다. 미국으로서는 한국의 참여와 유엔참전국들과의 공조가 필수적이었기 때문이다. 3월 이승만은 미국 원조자금으로 일본 물품 구매를 완전히 중단했고(『경향신문』, 1954/4/1: 1), 독자적 행동의 권리를 주장하며 한국군 15~20개 사단의 증강을 요구했다. 아이젠하워는 4월 16일 서한에서 이승만에게 제네바 회담 참여를 촉구하며 회담 실패 시 통일방안의 협의와 한국전쟁 참전 퇴역장군 밴 플릿(James Van Fleet)에게 한국군 증강에 대한 검토를 맡길 것을 약속했다.[8]

4월 19일 이승만은 제네바 회담 참여를 발표했고, 4월 26일부터 6월 15일까지 한국문제에 관한 제네바 회담이 열렸다. 5월 인도차이나에서 프랑스의 패배를 배경으로 이승만은 공산주의와 서구 제국주의를 비판하고 북한과 중국에 대한 군사적 행동을 주창하며 라오스 파병을 제안하는 한편, 한미 상호방위조약의 종료 규정을 1년 전 통보에서 미일조약과 같이 영구히 지속하는 것으로 변경할 것을 요구하면서 조약의 발효 조건인 비준서의 교환을 연기하였다.[9]

....

8   Eisenhower to Rhee, 1954/4/16, *Foreign Relations of United States*(이하 *FRUS*), 1952-1954, Korea, XV, Part 2, 104-105.

9   Acting Minister of Foreign Affairs to American Ambassador to Korea, 1954/5/14

미 국무부는 상호방위조약의 변경은 불가하다고 한국에 통보했다.[10] 브릭스(Ellis O. Briggs) 주한 미국대사는 국무부에 개별 사안별로 이승만과 충돌하는 것은 미국의 이익에 도움이 안 된다고 지적하며 제네바 회담의 실패 이후 한미관계를 전면적으로 재검토·재규정하고 필요하다면 새롭게 시작해야 한다고 건의한다. 그에 따르면, 미국은 "경제, 군사, 정치적 문제들을 모두 하나로 모으고 이들을 기반으로 미국의 분명한 입장을 정하고는, 이승만에게 미국의 의도와 능력에 대한 성명을 전면적으로 수용하거나 거부할 것을 요구"해야 했다.[11] 미 합참은 한국군 15~20개 사단 증강은 불가능한 계획이라고 평가했고, 한미 상호방위조약이 공식적으로 발효되기 이전에 이승만으로부터 유엔사의 한국군에 대한 작전지휘권을 인정한다는 공약을 받아내야 한다는 의견을 국무부에 전달했다(Watson 1986, 235-239).

6월 15일 한국전쟁 참전 16개국이 제네바 회담의 실패를 선언한 이후, 1953년 8월 덜레스가 약속했고 1954년 4월 아이젠하워가 다시 확인한 대로, 한국 통일방안에 대한 한미 양국의 협의가 준비되었다. 미국은 브릭스의 제안대로 범정부적으로 한국에 대한 요구를 모으는[12] 한편, 이승만을 국빈 초청하며 1953년 11월 방한 시 닉슨

....

한미 간의 상호방위조약, 롤번호: C-0001, 외교사료관, 국립외교원: Memorandum of Conversation, Subject: US-ROK Mutual Defense Treaty, 1954/6/2, Korean Black Book, FE 1954, Lot 55D480, RG 59, U.S. National Archives(USNA).

10 The Ambassador in Korea (Briggs) to the Department of State, 1954/6/30, *FRUS*, 1952-1954, Korea, XV, Part 2, 1802-1803.

11 The Ambassador in Korea (Briggs) to the Department of State, 1954/5/28. *FRUS*, 1952-1954, Korea, XV, Part 2, 1801.

12 Mutual Defense Treaty (Position Paper), 1954/7/22, Folder: CF 346, Conference

의 국회 연설에 대한 답례 차원에서 미 의회 연설의 기회를 제공했다. 백악관이 밝힌 한미 정상회담의 의제는 두 가지였다. 하나는 한국통일 방안이고 다른 하나는 양국이 공통적으로 관심을 갖는 한미 관계의 제반 문제들이었다.[13] 전자는 이승만의 주된 관심이고, 후자는 미국의 주된 관심이었다.

7월 22일 공보처는 한국통일 및 원조문제 관련 회담을 위한 이승만의 방미를 발표했다. 24일 기자회견에서 이승만은 방미의 일차적인 목표는 통일문제로 그 "유일한 방안은 자유진영이 중국공산군을 여하한 방법으로든 한국에서 나가도록" 하여 "우리국군이 북한 괴뢰군의 무장을 즉시로 해제" 하는 것이라 밝혔다. 원조에 관해서는 규모보다도 "현재까지는 유감이나마 원조액을 유효 적절히 사용하였다고 말할 수 없" 기 때문에 원조의 효과적인 사용방안을 "연구 검토하여야 할 것" 이라고 강조했다(『경향신문』, 1954/7/25).

III. 발단: 워싱턴 정상회담과 북진-군비증강

1954년 7월 27~30일 이승만과 아이젠하워의 정상회담과 덜레스와의 고위급 회담 및 실무회담이 열렸다. 7월 27일 1차 정상회담에서 이승만은 미국의 평화정책이 중국의 공산화를 초래했다고 지적하면서 중국과 북한에 대한 유화의 중단을 요구했고 아이젠하워

....

Files, Lot 66 D627, RG59, USNA.

13 "Visit of President Rhee: White House Press Release Dated July 14." *Bulletin*(1954/7/26), 123-124.

는 한국 통일문제에 대한 단기적 해결책은 없으며 군사적 행동에는 단호히 반대한다고 밝혔다. 이승만이 핵전쟁을 피할 수 있는 군사적 방안이 있다며 그 비밀계획을 논의하고 싶다고 했지만, 아이젠하워는 전쟁 반대를 재차 확인하며 관계자와 논의하라고만 했다. 한국군 증강에 관한 이승만의 요구 역시 덜레스가 실무회담으로 미루면서 논의가 진전되지 않았다.[14]

7월 28일 이승만은 미 상하양원 합동총회에서 "폭탄연설"(『경향신문』, 1954/7/31)을 했다. 참전 군인들을 중심으로 미국에게 감사를 표한 후 이승만은 휴전의 폐기를 선언할 때가 왔다고 주장하며 아직은 미국에 필적할 능력이 안 되지만 소련이 향후 핵능력을 향상시키면 미국에 직접적인 위협이 될 것이라고 경고하였다. 그 위협을 예방하는 방책으로 이승만이 제시한 것은 대만과 한국군의 중국 공격을 미 해·공군이 돕는 것이었다. 중국이 제거되어야만 소련의 세력을 제어할 수 있다는 이유에서였다. 만약 있을지 모를 소련의 개입은 미국의 공습을 정당화할 뿐이라고 주장했다. 반공의 이념과 소련의 위협을 강조하면서 기존의 북진 주장을 미국의 이익에도 복무하는 중국 제거, 즉, 아시아 전체에서의 '롤백'으로 재구성한 것이다.

반응은 차가웠다. 국내의 한 언론이 연설 구절마다 미 의원들의 반응을 "갈채와 침묵"으로 살폈는데, 예방전쟁과 관련해서는 '침묵'이 일관된 반응이었다(『동아일보』, 1954/7/30). 이승만은 미국이 지상군을 동원할 필요가 없고 아직 소련이 약하기 때문에 미국에 큰

....

14 Hagety Diary, 1954/7/27, *FRUS*, 1952-1954, Korea, XV, Part 2, 1839-1847.

타격이 안 될 것이라는 점을 강조했지만, 이는 워싱턴 대사관의 공사였던 한표욱이 회고하듯, 당시 미국 조야의 분위기를 완전히 잘못 짚은 것이었다(Han 1987, 149).

〈뉴욕타임즈〉의 사설(The New York Times, 1954/7/29)은 이승만의 예방전쟁론은 핵전쟁의 위험을 안고 있으며, 미국을 제국주의 전쟁광으로 비판하는 소련의 선전을 정당화시켜서 자유진영의 집단 안보와 민주주의의 약화를 가져올 수 있는, 대단히 위험하고 비현실적인 전략이라고 비판했다. 보다 직접적으로, "3차 세계대전은 안 된다(World War III? No, Thanks)"는 비판도 제기되었다.[15] 냉담한 반응에 놀란 이승만은 새벽 3시에 한표욱을 불러 29일 외신기자클럽의 연설문을 수정(Han 1987, 150)하는 등 당장 예방전쟁을 시작하자고 주장한 것은 아니라고 입장을 완화하기는 했지만, 정상회담 이후 뉴욕과 시카고, 로스앤젤레스 등 미국 각지를 순회하면서는 중립이나 평화주의의 위험을 경고하고 공산주의에 맞서 자유진영을 지키기 위해서는 전쟁을 불사해야 한다고 역설했다(Karl 1955).

미국 측은 7월 29일 2차 정상회담 직전에 합의의사록 초안을 한국 측에 제시했다. 덜레스의 설명에 따르면, 미국 입장에서는 군사는 물론 환율 등 경제 문제와 한일관계의 개선이 중요하기 때문에 미국의 의도와 한국에게 바라는 바를 합의의사록에 담았다. 한국 관련 내용은 통일방안, 유엔사의 한국군 작전지휘권, 환율 현실화와 일본 구매, 미국의 행정절차에 따른 원조자금 시행 등 경제 분야, 그

．．．．．．．

15 이승만 정부 공보부의 신문기사 스크랩 자료. "World War III? No, Thanks." *The Christian Science Monitor*(54/7/29), File 358, Rhee Papers.

리고 대일 관계에서 한국이 미국에 협력한다는 것이었다. 이러한 한국의 협력을 조건으로 미국은 주한미군을 주둔시키고 한국이 정전협정에 반하는 '불법' 침략을 받으면 지원하고 한국의 평화 통일을 지지하고 한국군 예비사단을 증강하고 의회의 승인에 따라 경제원조를 지속할 것이었다.[16] 1차 정상회담의 핵심 쟁점이 한국 통일방안이었다면, 2차 정상회담(이자 3차 워싱턴회담)의 핵심 쟁점은 한일관계였다. 덜레스가 아시아 자유진영에서 일본의 중요성 및 한국과의 관계 개선에 대한 일본의 의지를 강조하자, 이승만은 구보타 망언 등 일본에 대한 예의 비판들을 반복하며 미국에게 한국이 옳은지 일본이 옳은지 분명히 할 것을 요구했다.[17]

이승만은 한일관계에서 미 "국무부의 태도가 완전히 일방적인" 일본 편향이라고 비판해왔다.[18] 이승만과 덜레스의 충돌은 합의의사록을 본격적으로 다룬 30일의 마지막 고위급회담에서도 이어져서, 이승만은 한국의 세 번째 '의무'인 경제적 협력의 첫 조항인 환율 문제를 논의하다가 퇴장해버렸다. 이 회의에서 덜레스는 상호방위조약의 종료 규정 변경에 대한 반대 의견을 다시 확인하였고, 중립국감독위원회(중감위)의 체코와 폴란드 대표단에 대한 출국 요구와 시위를 자제해줄 것을 요구했으며, 추가적인 주한미군의 철군 방

....

16 Draft Agreed Munute of Conferences Between President Rhee and President Eisenhower and Their Advisers, *FRUS*, 1952-1954, Korea, XV, Part 2, 1859-1860.

17 U.S. Summary Minutes of the Third Meeting of United States Republic of Korea Talks, Washington, July 29, 1954, 1954/7/29, *FRUS*, 1952-1954, China and Japan, XIV, Part 2, 1687-1689.

18 Rhee to Yang, 1954/3/18, File 440, The Syngman Rhee Presidential Papers(이하 Rhee Papers), 국학연구소, 연세대도서관.

침을 통보했다. 한국 측은 주한미군 철수에 우려와 반대를 표명했지만, 뉴룩 전략에 따른 철군이 한국의 안보를 위협하지 않고 오히려 아시아 전체의 안보태세를 강화한다는 미국의 입장은 확고했다. 양국이 합의한 바는 공동성명이 유일했다.[19]

공동성명은 유엔헌장과 결의에 따른 통일방안 추진을 재확인하고 양국의 군사와 경제 실무진이 공동관심사에 대한 회담을 진행한다는 간략한 내용이었다.[20] 그리고 이 두 가지 모두 제대로 이행되지 않았다. 공동성명의 문구는 북진의 포기를 의미했지만, 워싱턴의 한국 대사관은 휴전의 무효화를 선언했고 이승만이 중감위의 체코와 폴란드 대표단의 출국을 요구한 원용덕 헌병대장을 지지하는 담화를 발표했다(『동아일보』, 1954/8/2). 중감위의 해체를 주장하는 한국의 시위는 격렬해졌다. 미국 순회 '반공' 연설에서 이승만은 중국의 제거 없이는 한국도 미국도 절대 안전하지 않다며 북진의 필요성을 강조하고 있었다. 미국의 입장에서 보면, 이승만의 '이중 플레이'는 분명했다.

실무협상의 한계도 분명했다. 정상회담 기간인 7월 29일 아이젠하워 행정부는 국가안전보장회의(NSC)를 개최하여 주한미군 철군 등 대외정책의 큰 틀을 결정한 상태였고,[21] 한국의 최대 관심사인 원조예산은 8월 20일에야 의회를 통과해서 구체적인 대한 경제와 군

....

19 U.S. Summary Minutes of the Third Meeting of United States Republic of Korea Talks, Washington, July 30, 1954, Undated, *FRUS*, 1952-1954, Korea, XV, Part 2, 1856-1859.

20 "U.S.-Korea Talks." *Bulletin*(1954/8/9), 197.

21 Memorandum of Discussion at the 208th Meeting of the National Security Council, 1954/7/29, *FRUS*, 1952-1954, Korea, XV, Part 2, 1850-1856.

사원조 내역은 9월 초에야 확정될 예정이었다.[22] 게다가 미국은 11월 중간선거를 앞두고 있었다. 미국의 대외전략과 원조정책이 바뀔 가능성도 없고 그를 변경 혹은 조정할 힘이 한국에게는 없는데다가, 합의의사록의 수용에 대한 최종권한은 이승만이 지니고 있었다. 이승만의 확고한 북진과 반일정책을 한국 협상단은 잘 알고 있었다. 실무협상은 "원칙적인 문제가 합의 안되고 난항을 거듭했다"(백두진 1975, 240).

이승만은 8월 13일 귀국성명에서 방미의 주목적이었던 통일방안에 대해서는 "최고 당국자 측에서는 이것을 상의도 하기 어려운 형편이라 이 계획은 제의도 아니하고 그만 폐지하였으나" 원조에 대해서는 "많은 동정이 표시되어" 워싱턴 실무협상의 "많은 효과를 기대"하고 있다고 밝혔다(공보실 1956, 107).

하지만 이승만이 실제 워싱턴 협상에 크게 기대한 것 같지는 않다. 오히려 강경한 대응이 다양한 차원에서 준비되고 있었다. 국회의장 이기붕 등은 8월 10일 '국군증강무력통일촉진국민총궐기대회'를 조직했다. 이승만은 8/15 기념사에서 '북한을 해방하자'(『경향신문』, 1954/8/16: 1)며 워싱턴에서 주장했던 핵전쟁 위협 없는 통일 방안을 재차 강조했으며, 합참의장 이형근을 워싱턴에 추가로 파견했다. 국회는 16일 중감위의 해체에 관한 결의안을 채택했고, 8월 17일 변영태 국무총리는 미국의 원조정책을 신랄히 비판하며 원조자금 사용에서 한국의 독자적 결정을 인정하라는 성명을 발표하였다(『동아일보』, 1954/8/19).

....

22 Han to Rhee, 1954/8/20, File 501, Rhee Papers.

국내 정치적으로는 8월 18일 미국의 주한미군 4개 사단 철수 발표가 '한미 분규'의 주요한 분수령이고, 워싱턴 협상에서는 이형근의 21개 사단 증설 주장이 큰 변곡점이다. 18일 이기붕 직권으로 심야에 소집된 국회는 '미군 철수 결사반대' 결의안을 만장일치로 통과시켰다. 19일 오전에는 이기붕이 주관한 미군 철수 반대 집회가 서울운동장에서 열렸다(『동아일보』, 1954/8/20).

　　이형근은 8월 23일과 26일 레드포드 합참의장과 회담하였다. 이형근은 한국군 정규사단 21개의 증강을 요청한다. 근거는 미군 1개 사단은 한국군 3개 사단의 군사력을 지니는데, 휴전 직전 미군 1개 사단, 그리고 1953년 12월 이후 2개 사단의 철수를 고려하면 총 7개 사단이 철수하기 때문이라는 것이었다. 이는 53년 말 이래 15~20개 정규사단의 증강을 요청해 온 한국 정부의 기존 입장과 다르고, 워싱턴에서 군사 분야 실무협상을 지휘하던 손원일의 '현실적' 입장과도 상충된다. 8월 25일 워싱턴에서 발표한 성명에서 손원일은 윌슨 미 국방장관 등과 이미 한국군 증강의 기본 원칙 및 세부 방안에 합의했고 주한미군 철수에 따른 "한국군증가문제 등 대책은 추후에 동의될 것"이라고 밝히면서, 뉴룩의 기조를 인정하고 있었다. "나는 만약 적이 대한민국을 재차 공격할 경우에는 미국은 이에 대하여 보복을 가하려는 확고한 정책을 가지고 있으며 그 결과 일어나는 전투는 결코 한국에만 국한되지 않으리라는 것을 알게 되었음을 기쁘게 생각한다"(『경향신문』, 1954/8/28).

　　이와 대조적으로 이형근은 8월 23일 레드포드와의 회담에서 뉴룩의 기조를 정면으로 반박했다. "제발 핵전쟁을 너무 많이 얘기하지 마시라. 그것은 한국 전체의 파괴, 모든 한국인의 생명을 비인간적으로 죽이는 것을 의미한다. 나는 여전히 핵전쟁은 차후적인 문제라고 생각한다. 지상군이 최우선이다." 26일 회담에서 이형근은 미국의 일방적인 4개 사단 철수 결정을 비판하면서 그럼 극동사령관 헐(John E. Hull)이 철수하는 4개 사단의 모든 장비를 한국에 이양할 권한을 갖고 있는지 물었다. 레드포드는 미국의 방침이 주한미군 철수에 따른 한국군 증강, 경제원조, 한일 문제 등을 분리하지 않고 한국과 '패키지 딜'을 하는 것이어서, 헐이 그런 권한을 갖고 있지 않다고 답했다. 레드포드는 또한 이미 한국 측이 정규사단을 증설하지 않고 10개 예비사단만 증설하는 데에 합의했다고 지적했다. 둘은 상호 부동의의 유감을 표명하며 대화를 마쳤다.[23] 이형근은 이승만에게 보내는 방미 활동 보고서에서, 미 국방예산이 이미 배정된 상태라 협상의 시기가 너무 늦었고 11월 대선으로 미국 행정부가 한국군 증강 문제에 관심이 없으며 한국 협상단이 애초 미 국방부에 10개 예비사단의 증설과 이들 사단의 장비 40% 지원이라는 낮은 목표를 제시했기 때문에, 군사원조 관련해서 만족할 만한 협상이 불가능하다고 지적하였다.[24]

IV. 전개: 반일과 워싱턴 실무협상의 결렬

한국이 이형근의 강경한 입장을 취할 것인지 손원일의 현실론을

....

23 "Summary of Conferences between Admiral Radford, Chairman, JCS, U.S. and General Lee, Chairman, JSC, ROK." File 62, Rhee Papers.
24 Lee to Rhee, 1954/9/6, File 62, Rhee Papers.

택할 것인지는, 무엇보다도 미국이 한국에 대한 '패키지 딜'을 얼마나 강력하게 요구할 것인지에 달린 문제였다. 미국은 9월 워싱턴 실무협상에서 새로운 합의의사록을 제시하며 그 내용에 대한 한국의 전면적 수용이 원조의 절대적 조건임을 분명히 했다. 손원일의 입장은 미국의 군사적 지원을 수용하고 주한미군 철수와 한일관계에 대해서는 "장기화한 항거"로 맞서자는 것이었지만,[25] 이승만의 결정은 기존의 휴전 무효화와 북진-군비 증강 요구에 더하여 반일을 전면에 내세우면서 미국의 일괄타결 요구를 거부하는 것이었다.

　이러한 한미 분규의 본격화는 미국의 경우에는 뉴룩의 전반적인 틀에서, 한국의 경우에는 대내외 정책의 결정적인 전환을 배경으로 진행되었다. 8월 20일 미 의회가 대외원조 예산을 통과시켰다. 한국 협상단은 원조의 구체적인 내역을 요구하였고, 미국 측은 국방부와 대외활동본부(FOA: Foreign Operation Administration)가 그 작업을 하는 데 열흘은 걸릴 것이라 답했다. 이에 따라 9월 초에는 구체적이고 최종적인 협상이 진행될 것으로 예상되었다.[26] 하지만 이 일정은 8월 말 프랑스 의회가 유럽방위공동체(EDC: European Defense Community)의 비준을 거부하면서 일주일 이상 지연되었다.

　EDC는 독일의 군사주권을 유럽의 집단방위체제에 묶어놓는 기제로서, 당시 미국 외교의 가장 중요한 과제라 할 독일 재무장의 핵심적 기제였다. 독일의 재무장을 추진하는 새로운 경로를 만드는 것이 미국 외교의 초미의 과제가 되었다. 게다가 9월 초에는 금문도

....

25　손원일이 이승만에게, 1954/9/3, File 837, Rhee Papers.
26　Han to Rhee, 1954/8/20/1954, File 501, Rhee Papers.

등을 둘러싼 중국과 대만 사이의 무력 충돌로 대만해협 위기가 발생했다.

EDC의 부결과 대만해협 위기라는 비상 상황 속에서 덜레스는 9월 필리핀, 대만, 일본을 순방하였다. 마닐라에서 동남아시아조약기구(SEATO: Southeast Asia Treaty Organization)의 창설을 주관하고, 장개석 총통과는 미국-대만 상호방위조약(Accinelli 1996)을, 요시다 수상과는 일본의 경제적 재건을 논의했다. 뉴룩 전략에 따라 중국을 봉쇄하고 동남아시아의 안정과 일본의 재건을 연계하는 아시아 정책을 추진하는 중요한 계기였다. 덜레스의 아시아 순방은 이승만이 추진해온 전 아시아의 반공연대(노기영 2002)를 무력화하고 "한국이 동북을 공격하고 중국[대만]이 연해에 상륙하는 것"(왕엔메이 2013, 166)과 같은 대만과의 군사적 협력의 가능성을 무산시켰다. 덜레스의 아시아 순방에서 한국은 빠졌다. 미국으로서는 8월 13일에 귀국한 이승만과의 새로운 협상의 필요를 전혀 느끼지 않는다는 방증이었다.

미 국무부는 8월 20일 합의의사록을 통한 대한원조의 일괄타결을 결정한다. 주한 미 대사관은 본부에 미국에게 군사와 경제 원조를 요구하면서 자신의 공약은 지키지 않는 이승만의 지금까지의 행태를 고려할 때 7월 이승만의 방미 때 논의된 합의의사록에 대한 한국의 공식적인 합의를 얻어내는 것이 필요하다는 의견을 제시했다. 덜레스는 워싱턴에서 로버트슨 차관보, 브릭스 대사와 논의한 이후 이 제안을 수용하여 미국이 한국에 대한 원조를 공약하기 이전에 합의의사록에 대한 이승만의 서명을 받아내기로 결정했으며, 미 의회의 예산 결정에 따라 원조 세액과 관련해서 합의의사록의 수정이 필요하며 브릭스 대사가 귀국해서 이 문제를 이승만에게 직접 제기할 것이라고, 주한 미 대사관에 회신했다.[27]

EDC 부결로 지연된 합의의사록에 대한 논의는 9월 8일부터 14일까지 워싱턴 실무협상에서 재개되었다. 미국의 대한원조 총액은 7억 달러로 확정되었고, 미국이 제시한 합의의사록의 최종안은 7월 초안과 비교하면 한국의 의무사항과 미국의 지원내용이라는 큰 틀은 동일하지만 두 가지 큰 변화가 있었다. 하나는 한국의 의무와 관련해서 한일관계를 개선하라는 명시적 요구가 빠진 것이고, 다른 하나는 부록을 통해서 경제와 군사 분야에서 한미 협력, 실제적으로는 미국의 통제 내용을 상세히 규정한 것이다. 부록 B(군사)는 한국 정규군의 규모(72만) 제한, 예비사단 신설과 그에 대한 장비와 교육 지원, 엄격한 통제(예를 들면, 한국 해군에 대여된 함정을 미국이 회수할 수 있는 권리)에 입각한 해·공군 증강, 한국 국방 예산에 대한 한국 정부와 유엔사의 공동 검토와 분석 등을 담고 있었다. 부록 A(경제)는 환율의 현실화, 일본 물품 구매, 한국의 달러 보유와 운용에 대한 정보 공개, 균형 예산과 인플레이션 방지를 위한 현실적 조치의 네 가지 조항이었다.[28] 미국으로서는 한일 국교정상화는 요원하다고 보고, 아시아 정책의 핵심인 일본 재건을 위해서 미국의 원조자금을 통한 한국의 일본 물품 구매를 강력하게 압박한 것이다. 로버트슨은 9월 14일 회의에서 합의의사록 최종안을 제시했고, 한국 측은 이를 거부했다.[29]

....

27   The Secretary of State to the Embassy in Korea, 1954/8/20, *FRUS*, 1952-1954, Korea, XV, Part 2, 1866.

28   9월 14일 합의의사록 텍스트는 *FRUS*, 1952-1954, Korea, XV, Part 2, 1876-1881.

이승만은 8월 중순부터 미국의 압박에 대한 저항의 결의를 다졌고, 9월 초 진해 휴가 기간(3~13일)에 백두진과 손원일을 제외한 협상단을 모두 귀국시켜 회의를 열고 13일 각료회의에서 미국의 합의의사록 일괄타결 요구에 대한 거부를 최종결정했다. 14일 변영태 국무총리가 이 결정을 워싱턴 대사관에 통보했다.[30] 진해 휴가 중 이승만은 '사사오입' 개헌안의 공고(9월 8일)도 진행하였다(『동아일보』, 1954/9/9). 대내외적으로 정치적 승부수를 던진 것이다.

이승만은 8월 20일 밴 플릿에게 보낸 서한에서, 핵전쟁을 피하면서 중국을 점령할 수 있는 계획을 알리려 방미했지만 전쟁 반대 의견만 듣고 온 데 대해서 실망을 표시하고, 이렇게 유약한 미국에 절망하고 있으며 한국인들에게 진실을 알리고 결단을 준비할 것이라는 각오를 밝혔다.[31] 8월 21일 임병직 유엔 대사에게 보낸 전문에서는 워싱턴에서 일본의 선전이 막강하고 국무부가 완전히 일본 편이어서 진실이 전혀 밝혀지지 않는다고 지적하면서, 한국은 일본에 관한 진실을 밝히는 데 집중해야 한다고 강조했다.[32]

이승만에게 진실은 공산주의에 대한 유화는 반드시 실패하며 국무부의 일본 재건 정책은 아시아의 이익은 물론 미국 자신의 이익도 해치는 '자해 행위'라는 것이었다. 미국인들이 이러한 진실을 알게 되면 한국을 지원하리라고 이승만은 기대했다. 8월 23일 귀국 환

....

29 "Summary Minutes: United States-Republic of Korea Talks." 1954/9/8, 9, 13, 14, Lot File 60D330, Box 12, RG 59, USNA.

30 "Summary Minutes: United States-Republic of Korea Talks." 1954/9/8, 9, 13, 14, Lot File 60D330, Box 12, RG 59, USNA.

31 Rhee to Van Fleet, 1954/8/20, File 41, Rhee Papers.

32 Rhee to Lim, 1954/8/21, File 408, Rhee Papers.

영 대회에서 이승만은 "우리 자유진영은 쌈을 하지 않고서는 결코 진정한 세계평화를 이룩할 희망이 없다는 것을 알아야 하며 178년 의 역사를 가진 미국 국민은 남의 노예가 되기를 불원할 것이니 지 금 이 시기에 중요한 작정을 하여 민주 우방국을 보호하여야 될 줄 믿는다"고 연설했다(『동아일보』, 1954/8/24). 마닐라 예비회담의 개 막(9월 1일)을 앞두고 8월 30일에 발표된 담화에서 이승만은 미국 이 일본을 동남아기구의 "핵심체로 하며 일본의 군사력을 아세아에 서 최강의 것으로 만들려는 안을 지지하고 있는 것 같"다는 우려를 표명했다. 일본의 한국에 대한 역사적 '악행'을 열거한 이후 그는 미국에 "일본과 한국 관계에서 누가 침략자"인지를 결정하고 일본 의 무장을 제한하며 일본이 확실한 반공노선을 택할 때에만 일본을 미국의 태평양동맹의 일원으로 참여시킬 것을 촉구했다(『동아일보』, 1954/8/31).

이형근과 정일권 육군참모총장 등은 9월 6일 귀국하여 7일 진해 로 향했고, 김현철 기획처 차장 등은 10일 귀국하여 11일 진해로 갔 다. 이형근은 8일 기자회견에서 한국뿐 아니라 미국을 위해서도 한 국군, 특히 육군의 증강이 반드시 필요하다고 역설했다. 김현철은 13일 미국은 일본의 경제 위기를 무엇보다도 우려하고 있고 일본의 모략선전으로 한일관계에서 일본은 책임이 없다고 오해하고 있다 고 워싱턴의 분위기를 전했다. 그는 또한 한국전쟁 이후 미국이 사 용한 6억 달러에 이르는 전력, 수도, 전신, 부동산 사용료에 대한 협 상이 필요하다며, 환율 현실화를 중심으로 하는 미국의 경제적 압박 에 강경하게 맞대응했다(『동아일보』, 1954/9/14). 9월 14일 워싱턴 실 무협상의 결렬에 대해서 국내 언론들은 "한국 측 대표들은 계획된 군사 및 경제원조의 최대한 이용을 위하여 필요한 조건이라고 미국 측이 고려하는 원조계획시행규정의 작성을 끝끝내 거부"하였기 때문이라고 보도했다(『경향신문』, 1954/9/16).

이승만은 양유찬 주미 대사에게 보내는 9월 16일 자 전문에서 미국이 한국을 포기한 것 같으니 더 이상 기존의 합의에 묶이지 않고 "우리의 운명을 스스로 해결하기로 결정하였다"고 선언하며, 앞으로 미국은 군부와 내각, 국회 등을 상대해야 할 것이라고 밝혔다. 또한, "만약 미국이 한국 원조 자금을 일본을 위해 쓰는 정책을 계속한다면 우리는 절대로 우리의 산업을 발전시킬 수 없을 것"이라고 비판하며, "한국을 일본에 팔아버리는 것을 절대로 용납하지 않을 것"임을 국무부와 의회, 언론 등 미국 조야에 알리라고 지시했다.[33]

9월 15일 이중재 재무장관은 유엔군이 6월 이후의 환 대여금을 '공정 환율' 180 대 1로 상환하지 않으면 10월 1일부로 환 대여를 중지하겠다고 통보했다. 9월 16일 이형근과 정일권, 그리고 백선엽 1군사령관은 공동성명을 발표하여, 북한의 군사력 증강으로 한국은 6·25 직전과 같은 위협에 처해 있다며 주한미군의 일방적인 철수를 비판하고 한국군 증강을 요구하는 한편 미국의 대일 정책은 아세아에 중대한 위협이라고 경고하면서 "재무장되고 침략적인 일본이 미국에 대적하여 소련권에 들어갈 것을 우려"하였다. 같은 날 주한 미대사관은 미국은 주한미군 '재배치'를 한국에 미리 통보했으며, 이는 한국은 물론 아시아 방위를 강화하는 조치로 한국을 포기하는

....

33 Rhee to Yang, 1954/9/16, File 438, Rhee Papers.

것이 아니라는 반박 성명을 발표했다(『경향신문』, 1954/9/18).

브릭스 대사는 9월 20일 자 본부에 보내는 전문에서 중감위 해체, 주한미군 철수 반대, 반일 등 미국을 비판하는 이승만의 "캠페인(campaign of misrepresentation and abuse)"이 미국의 아시아 정책 전체를 위험에 빠트리고 있다고 지적하며, 대일 관계 개선이 한국의 의무 사항임을 분명히 전달하고 이승만이 만약 원조 자금 전체를 거부하겠다고 위협하면 단호하게 ("Here it is. If you want it, fine. If not, we'll be on about our business.") 대처해야 한다고 건의하였다. 현재 이승만과의 갈등은 휴전 협상과 관련해서 1953년 4월부터 시작된 것으로 그 쟁점들은 미국 국익에 핵심적인 것들이어서 회피하거나 연기하는 것이 도움이 안 된다는 이유에서였다.[34]

9월 20일 이승만은 실제 원조의 포기를 걸고 미국의 대일 정책을 다음과 같이 비판했다.

"지금은 우리가 결심하기를 만일 미국인들이 우리 경제부흥을 위하여 금전을 주겠다면 그 원조금을 우리에게 완전히 주어서 쓰게 하든지 그렇지 않으면 아주 다 일본에 주라고 말하기로 작정하였다. 우리가 공업발전을 이루지 못하고 파괴된 공장도 부흥 못한 것은 친일하는 미국인들이 이와 같이 만들어서 우리가 어떻게 할 수 없었던 것이다"(공보실 1956, 47).

9월 27일 헐 극동사령관과 브릭스 대사, 그리고 우드 경제조정관은 경무대에서 이승만을 만나서 (9월 14일 판본) 합의의사록을 직

....

34 The Ambassador in Korea (Briggs) to the Department of State, 1954/9/20, *FRUS* 1952-1954, Korea, XV, Part 2, 1885-1186.

접 전달하고 미국의 대한원조는 이 합의의사록의 수용에 달려 있다는 점을 분명히 했다. 이승만은 "한국이 자신의 길을 스스로 결정하고 추진해야 할 때가 왔다"며, 주한미군 철수와 일본에 대한 예의 비판을 반복했다. 합의의사록에 대해서는 검토해보겠다는 언급뿐이었다.

9월 28일 상이군인들이 서울 미국 대사관의 통로를 8시간이나 포위하고는 주한미군 철수 반대 시위를 벌였다. 9월 29일 이승만은 시위대에게 자제를 촉구하면서도 "우리나라 운명에 관한 문제에 대해서는 이 자리에 처한 나로서는 모른 체 할 수 없는 일 몇 가지를 미국 친우들에게 호소"한다며 주한미군 철수와 미국의 대일 편향을 비판하는 성명을 발표했다(『경향신문』, 1954/9/30). 8월 13일 귀국성명에서 밝힌 미국에 대한 기대를 완전히 접고, 자신의 방미가 실패였음을 인정하고 미국의 대한 정책을 공개적으로 비판하고 나선 것이다.

V. 파국: 환율-유류파동, 통일방안과 한미 '협의'

7월 정상회담에서부터 미국은 합의의사록을 통해 한미관계의 현안을 '패키지 딜'로 일괄 타결하겠다는 방침을 일관되게 견지해 왔다. 미국의 입장에서 9월 14일 합의의사록 최종안을 제시한 이후 한국과 실체적 내용에 관한 협상은 없었다. 이 점은 워싱턴에서의 '회담(conferences)'과 이후의 '협의(discussions)'를 구분하고 있는, 11월 17일에 서명된 합의의사록의 명칭에서 분명히 드러난다.

9월 30일 미 대사관은 한국 언론의 관심인 9월 27일 헐-이승만 '회담' 이후 추후 한미 '회담'에 관해서, 워싱턴에서 충분히 논의한 사실을 환기시키며 한미 간 '회담'에 대해서는 아는 바 없다는 성명을 발표했다(『경향신문』, 1954/10/2). 10월 1일 예고대로 유엔군에 대한 환 지급이 중단되었고, 한국은행의 유엔사 환 계좌도 동결되었다.

10월 6일 미 국가안보보장회의(NSC)는 이승만에 대한 단호한 대응에 의견을 모았다. 덜레스는 이승만이 갈수록 비합리적으로 되어간다고 지적하면서 이런 상황이 얼마나 지속될지 모르지만, 미국이 정말 분명하게 대응(a real show down)하면 그가 협력할지도 모른다고 전망했다. 윌슨(Charles E. Wilson) 국방장관은 유엔사에 대한 환 지급 중단은 문제지만, 노동자의 파업에 급하게 대응하면 잘못되는 것처럼, 서두르지 말 것을 조언했다. 스탓센 대외활동부 장관은 이승만이 계속 버티면 결국 미국보다는 한국에게 더 큰 손해라며 윌슨의 견해에 동의했다.[35]

미국의 압박은 환율문제를 중심으로 전개되었다. 대외원조를 줄여나가고 한국의 재건과 자립을 도모해야 하는 미국의 입장에서 한국경제의 가장 큰 문제는 인플레이션이었고 이를 해결하기 위해서는 다양한 환율의 현실화와 일원화가 필수적이었다. 이승만 정부는 유엔군 대여금과 환율의 잦은 변동이 오히려 문제라고 맞서고 있었고, 원조물자의 배분권한과 함께 비현실적인 저환율은 정치자금을 조성하는 등 "렌트 창출과 부패 생성"을 통해 정치경제적 권력 기반

....

35 Memorandum of Discussion at the 216th Meeting of the National Security Council, *FRUS*, 1952-1954, Korea, XV, Part 2, 1954/10/6, 1892.

을 확충하는 핵심적 기제였다(김일영 2007, 185).

미국은 이미 7월부터, 3개월마다 유엔군 환 대여금을 상환하는 달러 환율(군 환율)을 한국 물가 변동에 따라 조정하기로 한 1952년 의 마이어(Clarence E. Meyer) 협정(이정은 2015)에 근거하여, 대여금의 상환을 중단한 상태였다. 정확히 말하면, 한국이 마이어 협정의 상호협의(consultation) 규정을 근거로 동의 없는 환율 변경은 불가능하다고 주장하며, 인상된 환율로 상환하겠다는 미국의 제의를 거부하고 있었다(『동아일보』, 1954/8/22). 9월 15일 한국이 미국에게 180 대 1의 '공정 환율'로 대여금을 상환하지 않으면 10월 1일부터 대여금 지급을 중단하겠다고 통보한 것은, 9월 13일 각료회의에서 합의의사록 관련 실무협상을 결렬시키기로 한 결정의 일환이었고, 엄밀히 따지자면 미국의 경제적 선공에 대한 대응책이었다.

미국은 군 환율뿐 아니라 경제원조 물자에 적용되는 대충자금 환율도 현실화할 것을 압박하여, 9월 21일 FOA 관리가 상공부에 환율을 인상하지 않으면 석유와 원면 도입을 중단하겠다고 통보했다(『동아일보』, 1954/9/25). 9월 20일 이승만이 원조를 전면 거부할 수도 있다는 성명을 발표한 것을 고려하면, 이 역시 미국의 맞대응의 일환이고 당시 방적 산업의 비중을 고려하면 원면 중단도 타격이었지만, 미국에 전적으로 의존하는 석유 공급의 중단에 따른 충격은 실로 막대할 수밖에 없었다. 석유 공급은 헐-이승만 담판이 있었던 9월 27일부터 중단되어 66일 만인 12월 2일에야 재개되었다(『동아일보』, 1954/12/4). 민간 부분의 석유 공급이 중단되고 비축분이 소진되면, 대안은 주한미군/유엔군이 군용으로 가지고 있는 석유를 공급해 주는 것이었다.

10월 15일 김현철 기획처 차장은 군 재고량으로 석유를 공급해 줄 수 있는데도 한국 정부의 환 대여금 지급 중단에 대한 보복으로 미국이 석유 공급을 중단하고 있다고 비난했고, 합동경제위원회의 미국 측 입장은 워싱턴의 지시 없이 군 재고량을 공급할 수 없다는 것이었다(『경향신문』, 1954/10/18). 10월 17일 헐 극동사령관은 유엔사가 필요로 하는 환 자금 조달을 위해서 석유를 경매할 것이며 이때 환율은 약 300 대 1을 예상한다는 성명을 발표했다(『경향신문』, 1954/10/19). 미국은 이전에도 한국군에 대한 석유 공급의 중단을 외교적 압력의 수단으로 사용한 바 있는데(The New York Times, 1954/10/17), 민간 부분의 석유 공급이 중단된 가운데 취해진 헐의 조치는 한국경제 전반에 대한 석유금수로, 그에 따른 유류파동은 사실상 한국에 대한 경제제재였다.

　이승만은 10월 들어 경제적 대결로 비화된 미국과의 외교적 갈등은 물론 자유당의 내분과 개헌안에 대한 야당의 반대로 대내외적인 도전에 직면했다. 이승만은 국내 정치에 초연한 '국부'의 논리로 이 난관을 돌파하고자 했다. 10월 8일의 담화에서 이승만은, 한미 갈등에 대한 국내 언론의 비판에 대해서는 한미 간 교섭이 진행 중이니 "경솔한 발언을 말고 정부에서 조만간 사실을 들어 공포"할 때까지 기다리라고 하는 한편, 미국에 대해서는 "배은망덕으로 말할 사람도 있"겠지만, 원조자금으로 일본 물품을 구매하느라 정작 한국의 산업 발전은 없었고 잦은 환율 변경과 유엔군의 환 대여금 미상환으로 한국 경제의 토대가 망가졌다고 비판했다. "중간에 일본을 도우려는 사람들이 자의로 이와 같이 만들고 있으니" 미국 정부나 미국인들에게 대해서는 "조금이라도 섭섭하게 생각해서는 안 될 것"이라는 계몽 혹은 훈계도 빠지지 않았다(공보실 1956, 144-145).
10월 19일 개헌에 관한 담화에서는 대통령 임기제한 폐지에는 전혀
관심이 없다고 주장하며 개헌안의 요체를 민주주의를 확립하는 국
민투표 도입이라고 규정하고, 소련과 중공, 일본의 위협에 맞서 단
결해야 하는 때에 개헌안에 반대하는 세력은 "국권을 회복하고자
하는 생각은 없고 외국의 재정이나 세력을 얻어 국권을 요동시키자
는 반역사상을 가진 자들"이라고 공격했다(『경향신문』, 1954/10/21).

　10월 중순 미국의 석유금수로 전국의 주요 공장과 교통은 마비
상태에 직면했는데, 특히 수산업의 피해가 커서 전국 선박의 90%
가 조업을 중단했다(『동아일보』, 1954/10/22). 미국의 압박에 대한 이
승만의 저항도 극에 달한다. 10월 22일 경무대에서 헐과 브릭스, 우
드에게 전달된, 새로운 합의의사록의 역제안과 변영태의 메모를 통
해서이다. 변영태의 메모는 그간 미국에 대한 한국의 불만과 요구를
15개항으로 정리했다. 군사적 요구는 미국의 현 한국 국방 관련 정
책의 전면적 재검토, 15개 정규사단 증설과 한국 방위 및 통일 지원
을 조건으로 하는 한국군에 대한 유엔사의 작전지휘권 보유, 예비사
단만을 증강하려는 미국의 정책 반대 등이었다. 대다수는 한국의 경
제적 주권과 대일 관계에 관한 요구로서, 한국의 통화 정책에 대한
존중, 일본의 밀수 단속, 한일 갈등 중재에서 한국의 최소한의 요구
존중, 일본의 공격에 대한 한국의 독립 보장, 관련 이견의 해소 이후
한미일 통상조약의 체결, 아시아 국가와 민족의 독립과 평등에 대한
미국의 공약, 대충자금 중 일정액 이상을 재건에 투입할 것에 대한
동의, 새로운 합동경제위원회 미국 조정관 임명이었다. 마지막 요구
는 가장 극단적인 것으로, 한 달 전(9월 20일) 이승만이 원조의 포기

를 내걸고 미국의 대일 편향을 비판했던 것에서 훨씬 더 나아가서, 한국전쟁 등의 비상한 상황에서 맺어진 과거의 한미 간의 모든 협정은 취소하고 한미관계의 새로운 틀을 모색하자는 것이었다.[36]

한국이 제시한 새로운 합의의사록은 한국의 의무를 대폭 축소했다. 통일 방안과 관련한 미국과의 협력, 사적 소유를 증진하는 투자 정책, 미국의 규정에 따른 원조자금의 사용 의무는 삭제되었다. 유엔사의 한국군 작전지휘권과 부록에 따른 군사력 증강과 경제정책의 3가지 의무는 유지되었다. 하지만 부록 A(경제)는 대충자금의 환율 현실화에는 반대하고 유엔군 대여금 상환 관련 환율의 경우에는 달러의 자유 경매를 허용하되 경매 참여자들을 이승만 정권의 통제가 미치는 국내 업자들로 제한하고 있다. 일본 물품 구매와 관련해서는 원조자금을 통한 조달의 기준을 최고의 품질로 하고 그 대상에서 북한 및 중국과 무역하는 국가들은 제외한다는 단서를 두어서, 실제적으로 일본을 제외하고 있다. 한국의 달러 보유 정보 공개는 미국 판본과 동일하게 유지하고 있지만, 균형 예산과 인플레이션 방지 의무는 삭제되었다. 부록 B(군사)는, 자료가 없어서 내용을 확인할 수 없지만 변영태 메모가 15개 정규사단의 증설을 요구한 점을 고려하면, 미국 판본과는 판이하게 다를 것으로 추정된다.[37]

미국의 반응은 당연히 부정적이었다. 헐과 브릭스, 우드는 이승만에게 특히 한국의 북진을 지원하고 환율 현실화를 제한하는 조치

....

36 The Ambassador in Korea (Briggs) to the Department, 1954/10/22 (11 PM), *FRUS*, 1952-1954, Korea, XV, Part 2, 1902-1905.
37 The Ambassador in Korea (Briggs) to the Department, 1954/10/22 (9 PM), *FRUS*, 1952-1954, Korea, XV, Part 2, 1900-1901.

는 미국의 확고한 방침인 (9월 27일에 전달된 9월 14일 판본) 합의의
사록과 충돌한다고 지적했고, 브릭스는 본부에 최대한 신속하게 이
승만에게 한국의 역제안을 거부한다고 통보할 것을 건의했다.[38] 덜
레스의 지침(10월 26일)에 따라 브릭스는 한국의 역제안은 수용할
수 없고 미국의 기존 합의의사록을 수용해야만 한국에 대한 원조를
재개하겠다는 본인 명의의 서한을 작성해서 이승만에게 10월 29일
전달했다.[39] 7월 이후 워싱턴 한미회담이나 9월 27일과 10월 22일
이승만-헐 '회담'과 비교하면, 이제 미국의 대한 정책은 대통령도
국무장관도 국무부 차관보도 극동 사령관도 아닌 대사가 처리하는
일이 되어버렸다.

　10월 25일부터 이승만의 후퇴가 시작되었고, 11월 14일 환율문
제와 통일조항의 거래가 성사되면서 17일 합의의사록이 서명되었
다. 25일 한국은행의 유엔사 환 계좌의 동결이 해제되었다. 26일 갈
홍기 공보처장은 180 대 1의 환율을 고수하는 것이 아니라 변경 이
후의 안정성을 요구하는 것이라는 담화를 발표했다. 29일 이승만
은 브릭스에게 합의의사록에서 통일방안 관련해서 한국의 미국에
대한 협력(한국의 의무 1조), 미국의 한국 통일지지(미국의 정책 5조)
를 모두 삭제하거나, 후자에서 "모든 평화적 방법을 통하여(by all
peaceful means)"를 삭제할 것을 제안했고, 이는 다음 날 변영태를
통해서 공식적으로 미국 측에 전달되었다. 30일 국무회의는 아무

<hr />

......

38 The Ambassador in Korea (Briggs) to the Department, 1954/10/22 (8 PM), *FRUS*,
　1952-1954, Korea, XV, Part 2, 1898-1900.
39 The Ambassador in Korea (Briggs) to the Department, 1954/10/22, *FRUS* 1952-
　1954, Korea, XV, Part 2, 1907-1910.

조건 없이 유엔사에 5억 환 대여 제안을 승인했다. 11월 6일 이중재 재무장관은 기자회견에서 헐 사령관이 8억 환 대여를 요청했고 이를 승인했다고 밝혔다. 하지만 11월 9일 유엔사는 8억 환을 수령하지 않은 상태에서 500 대 1로 달러 판매를 재개한다고 발표했다(『동아일보』, 1954/11/11).

11월 5일 이승만은 양유찬에게 보낸 전문에서 변경 이후 최소한의 안정성이 보장되면 환율 변경에 동의하겠다는 입장을 미국 측에 제시했지만, 미국은 물가지수에 따른 지속적인 환율의 현실화 이외의 그 어떤 제안도 수용하지 않기로 작정한 것 같고, 그 사이 물가는 계속 오르고 있다고 한탄한다.[40] 그 다음 날 한표욱에게 보낸 전문에서는 7억 달러 원조를 조건으로 한 미국의 압박에 끝까지 버티려고 했지만, 장관들이 한 목소리로 우려하는 "너무나 큰 희생과 고통" 때문에 환율문제에서 '한인상인 대상의 경매를 통한 군환율 변경'이라는 양보를 결정했고 합의의사록의 통일조항 변경을 제안했는데, "이러한 우리의 마지막 타협적 제안 혹은 건의를 미국이 받아들이면 좋지만, 그렇지 않을 경우에는 무엇을 해야 할지 모르겠다"고 당혹감을 토로했다.[41]

11월 8일 헐과 8군 사령관 테일러, 브릭스와 우드는 도쿄에서 회합을 가졌다. 헐은 같은 날 육군참모총장에게 보내는 전문에서, 합의의사록과 환율문제 등에 관한 이승만의 태도가 여전히 확실치 않아서 양국 간 합의가 이루어지지 않을 가능성이 있다는 전제에서,

....

40 Rhee to Yang, 1954/11/5, File 437, Rhee Papers.
41 Rhee to Han, 1954/11/6, File 504, Rhee Papers.

이승만의 미국에 대한 협력 거부와 '도발' 수위에 따라 기존 경제제재의 강화에서부터 군사 프로그램 축소, 유엔군 철수와 이승만 제거 등의 단계별 비상계획안을 보고했다.[42] 브릭스는 11월 9일 자 본부에 보내는 전문에서, 이승만의 대안을 찾는 것이 매우 힘든 현실이라고 지적하면서도 이승만에 대한 압박을 가중하는 계획이기도 한 혈의 비상계획을 국무부가 승인할 것과 이승만이 제안한 합의의사록의 통일방안 수정에 대해서 응답할 것을 건의했다.[43]

11월 9일 이승만은 양유찬에 보낸 전문에서, 백두진과 우드의 협상 진전으로 합의의사록의 통일조항 문제만 남았다고 상황의 진전을 알리고, 이 문제의 해결은 동남아 각국에 종료규정의 개정 없이는 상호방위조약을 비준하지 않았다고 알려온 상태에서 최소한의 외교적 체면치레나 미국의 압박에 굴복한다는 인상을 주지 않기 위해서도 꼭 필요한 것이라고 지적했다.[44]

11월 10일 유엔사는 한국 정부가 제안한 8억 환 전체의 환수를 통보하고 10~11일에 걸쳐 환수해갔다. 환율문제의 진전으로 유류 파동의 해결도 기대되었다(『동아일보』, 1954/11/11).

동시에 새로운 문제도 불거졌다. 유엔에 제출할 제네바 회담 보고서 작성에서, 영국과 캐나다가 중심이 되어 공산권과 중립국들이 포함될 수 있는 '적절한 감시 하'의 한국총선거를 제안하려 한다는

....

42 The Commander in Chief, United Nations Command (Hull) to the Chief of Staff United States Army (Ridgway), 1954/11/8, *FRUS*, 1952-1954, Korea, XV, Part 2, 1911-1914.

43 The Ambassador in Korea (Briggs) to the Department, 1954/11/9, *FRUS*, 1952-1954, Korea, XV, Part 2, 1914-1915.

44 Rhee to Yang, 1954/11/9, File 437, Rhee Papers.

소식이 알려진 것이다. 국회는 11월 10일에는 제네바 회담에서 남한만의 총선거가 아니라 '유엔 감시 하의 한국총선거'를 제안하여 문제의 발단을 제공했다며 변영태의 파면을 논의했고, 그 다음 날에는 공산군 철수 이후 북한 지역에서만 선거를 실시하는 것이 "대한민국의 주권을 확대하는 국시임을 천명"하는 남북한총선거 반대 결의안을 채택하였다. 이승만 역시 11일에는 공산주의와의 공존을 선동하는 서구 강대국들이 한국통일 문제에 간섭하는 것을 비판하는 담화를, 12일에는 강대국들의 "침략주의와 병탄주의"로 인한 국난의 위기에 국회는 민중의 원에 따라 개헌을 통과시키라는 담화를 발표했다. 12일 변영태도 제네바 회담 보고서에서 한국총선거 관련해서 '유엔 감시 하'라는 표현이 빠지고 '평화적 방법으로'가 추가된 것을 묵인할 수 없다는 담화를 발표했다(『동아일보』, 1954/11/13).

11월 14일 방한한 미 의원들과의 만찬을 기회로 변영태는 브릭스를 만나서 빠르면 16일 유엔 총회의 한국문제 토의에 참석하기 위해 방미할 예정이고 그 전에 통일조항 변경을 조건으로 합의의사록을 수용하고 상호방위조약의 비준서도 교환하겠다고 제안했다. 브릭스는 합의의사록의 미국 조항 4조(미국의 한국 방위 지원)에서 '정전협정을 위반한'이라는 표현을 삭제하고, 5조 '모든 평화적 수단을 통해서' 한국 통일을 지지한다는 조항은 전체를 삭제할 것을 덜레스에게 건의했다.[45] 덜레스는 별도의 각서 교환을 통한 북진 반대 입장의 재확인과 한국 의무 1조(통일방안에서 미국과의 협력) 유지

....

45 The Ambassador in Korea (Briggs) to the Department, 1954/11/14, *FRUS*, 1952-1954, Korea, XV, Part 2, 1917-1918.

를 조건으로 브릭스의 건의를 승인했다.[46] 11월 16일 브릭스는 이승만이 합의의사록를 수용한 이유로 미국의 단호한 압박, 그리고 미국의 협력을 필요로 하는 국내의 정치 일정과 유엔 총회 한국문제 토의를 들고는, 이제 이승만은 개헌에 집중할 것이라고 분석했다.[47]

"백척간두의 경제사태"(『동아일보』, 1954/11/17)를 배경으로 11월 17일 서울에서 변영태와 브릭스는 합의의사록에 서명했고, 그 다음 날 변영태는 뉴욕으로 향했다. 워싱턴에서 11월 17일(서울은 11월 18일) 덜레스와 양유찬이 비준서를 교환하면서 상호방위조약이 발효되었다. 통일방안, 군사력증강, 환율문제, 일본 물품 구매 등에서 한국의 입장이 전혀 관철되지 않았다는 "한미회담의 교훈"에 관한 냉정한 관찰(『동아일보』, 1954/11/19)과 "114일이라는 장구한 시일"의 "미묘한 교섭"으로 9월 27일부터 석유 공급이 중단되는 등 "재건공백이 생기게 된 것은 참으로 만회할 수 없는 일대유감사"라는 평가가 제기되었다(『경향신문』, 1954/11/22). 한편 개헌안은 18일 상정되고, 27일 135표의 찬성을 얻어 1표차로 부결되었으나, 28일 '사사오입'(재적 의원 203명의 2/3은 135.333으로 136명이 아니라 135명)으로 통과되었다.

합의의사록으로 문제가 완전히 해결된 것은 아니었다. 11월 29일에 실시된 유엔군의 달러 경매는 다음날 유찰로 선언되었다. 미국은 한국 정부의 개입으로 시장 환율보다 낮은 환율이 형성되었다고

....

46 The Secretary of State to the Embassy in Korea, 1954/11/14, *FRUS*, 1952-1954, Korea, XV, Part 2, 1917-1918.
47 The Ambassador in Korea (Briggs) to the Department, 1954/11/14, *FRUS*, 1952-1954, Korea, XV, Part 2, 1920-1921.

판단했다. 같은 날짜로 아이젠하워에게 보낸 장문의 서한에서 이승만은 한미 간 타협의 핵심이었던 환율과 통일문제를 비롯해서 합의의사록을 전면적으로 부정했다. 그는 환율문제에 관해서 한국의 유일한 관심은 인플레이션 방지라고 주장하며, 이를 위해서 합의의사록의 규정을 "임시방편(a temporary expedient)"으로 간주하고 환율안정을 위한 조치를 새롭게 공동연구하자고 제안했다. 또한, 평화적 수단을 통한 통일만을 지지한다는 미국 입장에 동의할 수 없다고 선언했다. 공산당은 결코 평화적 통일에 동의하지 않을 것이고 평화는 공산당의 전력을 증강하여 궁극적으로 남침을 준비할 시간만 제공할 것이며, 통일된 한국은 미국과 자유진영의 이익에 부합한다는 이유에서였다. 이승만은 더 나아가 미국이 영국 등 공산주의와의 공존을 추구하는 세력과 협력한다면 통일의 기회는 오지 않을 것이고, 미국이 한국의 '생존(self-preservation)'을 보장해주지 않으면 한국은 중립화든 공산화든 독자적으로 '생존'을 모색할 수밖에 없을 것이라고 전망 혹은 '위협'했다.[48]

12월 8일 브릭스는 이승만을 만나서 '자유' 경매가 보장되지 않으면 합의의사록 위반으로 간주하겠다는 덜레스의 경고를 전달했다.[49] 경무대의 기록에 의하면, 이승만은 자유 경매를 보장하란 요구는 위협이라고 따지기도 했지만, 결국 "미국 측은 각하의 너그러운(magnanimous) 태도에 대단히 만족하였다."[50] 12월 13일 유

....

48 Rhee to Eisenhower, 1954/11/29, File 63, Rhee Papers.
49 The Ambassador in Korea (Briggs) to the Department, 1954/11/14, *FRUS*, 1952-1954, Korea, XV, Part 2, 1933-1934.
50 "Summary Minutes of the The Coversation between His Excellency, the President

엔사의 2차 달러 '자유' 경매가 실시되었고, 16일 백두진과 우드는 현실적 환율과 원조자금 구매방식에 관해서 합의했다(『경향신문』, 1954/12/17). 한편 12월 11일 유엔 총회에서는 50 대 5로 제네바 회담에 대한 서방 측의 보고서가 채택되었고, 22일 귀국한 변영태는 유엔에서 '자유진영의 승리'를 재확인했다고 평가했다(『동아일보』 1954/12/24).

VI. 결론

이 글은 1954년 7월 정상회담에서부터 11월까지 합의의사록을 둘러싼 '114일의 한미 분규'를 미국의 요구와 그에 대한 이승만의 저항을 중심으로 추적하였다. 이 글이 확인하는 역사적 사실은 크게 두 가지이다.

첫째, 합의의사록의 쟁점은 단순히 유엔사의 한국군 작전지휘권이나 미국의 대한 군사, 경제원조를 넘어, 한국의 주권과 생존, 발전의 문제라는 것이다. 예를 들어, 10월 한국이 역제안하는 합의의사록 역시 유엔군의 한국군 작전지휘권을 인정했지만, 그 전제는 미국이 북진을 포함한 한국의 통일노력을 지원한다는 것이었다. 이승만은 7억 달러의 대한원조 전체를 걸고 일본 물품 구매를 강요하는 미국의 일본 편향 정책에 저항했는데, 이는 달리 말하면, 독자적 산업

....

and Amb. Briggs."1954/12/18, 이승만대통령 면담록, 롤번호: C-0001, 외교사료관, 국립외교원.

화를 위한 한국의 경제적 주권에 대한 요구였다.

둘째, 1954년 한미회담이 보여주는 이승만의 대미외교는 친미 굴종도 아니고 '외교는 귀신'이 거둔 성과도 아니라는 것이다. 북진과 반일은, 주미대사 등에게 보내는 전문과 공개 담화의 내용이 일치하는 것을 보면, 이승만의 확고한 신념이었다. 북진은 대륙의 공산주의 중국을 제거하는 예방전쟁론으로 확대되었고, 반일은 한일관계를 넘어 아시아 전체에서 '용공' 일본을 중심으로 한 미국의 지역 정책에 대한 비판을 포함했다. 이러한 '반공 국제주의'는 핵억지를 기반으로 중국을 봉쇄하고 재건된 일본을 중심으로 지역 통합을 추진한 아이젠하워 정부의 뉴룩과 정면으로 충돌했다. 미국은 유엔사도 운영했고, 정전협정을 유지하기 위한 유엔사의 군사적 대응에서 일차적 대상은 북의 남침이 아니라 남의 북침이었다. 미국의 군사력을 한국의 목적에 복무시키려던 이승만의 바람과 달리, 미국의 입장에서 한미동맹은 남과 북을 동시에 통제하는 '이중 봉쇄'의 기제였다.

한편 합의의사록의 군사, 경제 원조를 이승만의 외교적 업적으로 평가하기는 힘들다. 최소한의 정치적 체면치레를 위한 통일방안 관련 조항의 조정을 제외하면, 이승만은 9월 미국이 제시한 합의의사록의 원조 총액과 사용기준 등을 전혀 바꾸지 못했다. 오히려 원조프로그램이 중단되고 미국이 석유 금수의 경제제재를 실시하면서 한국경제의 파탄만 초래했다. 뉴룩의 전략적 변화는 미국 조야의 한국전쟁에 대한 염증과 평화에 대한 갈망을 반영한 것이었다. 그리고 당시 미국의 회계연도는 7월에 시작하였고 11월에는 중간선거가 예정되어 있었으며, 조약의 비준은 상원의 권한이었다. 이런 점들을 고려하면 이승만이 5월 이후 한미상호방위조약의 종료 규정의 개정을 요구하면서 비준서 교환을 거부하고, 7월 미 의회 연설에서 예방전쟁을 주장하고는 9월 실무협상 결렬을 결정한 것은 '외교의 달인'의 전략적 결정이라고 보기 힘들다. 또한 북진 포기를 담고 있는 정상회담 공동성명을 발표하고는 휴전 무효화를 선언하고 미국이 미리 통보한 주한미군 철수 방침을 일방적 결정이라고 비판하는 등의 이중 행보는 정책적 이견의 문제를 떠나서 외교적 상대로서의 최소한의 신뢰를 저버린 행위였다. 그리고 무엇보다도 보통 미국인들에게 직접 호소하면 그들이 자신의 북진과 반일을 지지할 것이란 이승만의 믿음은 근거가 없었다. 1954년 이승만이 상대했던 미국은, 매카시(Joseph McCarthy) 상원의원에 대한 청문회(4~6월)와 불신임(12월) 결의가 상징하는 것처럼, 이승만이 알았던 혹은 원했던 투철한 반공이념으로 공산주의의 롤백을 추진했던 미국이 아니었기 때문이다.

구조적으로 보면 이승만의 대미 외교 리더십 혹은 수완의 한계는 미국에 대한 한국의 물리적 의존에서 기인한다. 미국의 원조로 예산을 꾸리는 한국의 대통령이 미국이 제공한 군용기로 워싱턴을 방문하고 군부 지도자들이 워싱턴 실무협상에서 장병들 부식비까지 한 푼이라도 더 챙겨야 하는 상황에서 한국의 대미 협상력은 지극히 제한적일 수밖에 없었다. 물리적 힘이 아니라 '가치의 세력균형'으로 보더라도, 평화와 중립주의가 국제적으로 부상하면서 반공투사로서 이승만이 지니는 국제적 위신과 이념적 영향력도 줄어들었다. 이승만의 입장에서 중국과 수교하고 있는 영국의 '유화' 정책은 위험한 것이었지만, 미국은 유럽과 동남아문제에서 영국과 긴밀히 협력하고 있었고, 한국전쟁 참전국의 공동대응에서 주요한 역할을 하고 있던 영국과 캐나다의 입장에서 민주주의를 후퇴시키고 예방전쟁을 주장하는 이승만에 대한 무조건적인 지지는 바람직하지 않은 것이었다.

이제 한국은 더 이상 미국의 원조에 의존하는 권위주의 국가가 아니다. 하지만 미국의 지구적 전략에 따른 주한미군 '재배치'나 이승만이 그토록 비판했던 미국의 일본 편향에 따른 한일관계 개선의 요구는 미국의 동맹으로서 한국의 숙명적 과제로 남아 있다. 이승만이 주도했던 의회와 국민을 완전히 배제한 대미 '깜깜이 외교'의 문제 역시 한국 민주주의의 미완의 과제이다. 문재인 정부가 한반도 평화프로세스를 추진하는 가운데 정전협정과 평화체제, 주한미군과 한미동맹의 근본적 문제가 다시 제기되고 있고, 방위비분담금 문제로 주한미군 한국인 근로자의 월급을 담보한 양국의 갈등도 재연되었고 코로나19의 대유행 이후 미중 갈등은 양국 관계의 모든 영역으로 확산되고 심화되고 있다. 미국과의 협력은 한국의 생존이 보장되는 전제에서만 가능하다는 이승만의 주장은 한국외교의 전략적 지침일 수 있다. '114일의 한미 분규'에 대한 이해는 실천적으로도 중요한 것이다.

이 글은 '114일의 한미 분규'의 개괄적 흐름만을 밝혔을 뿐, 북진과 환율, 대일정책 등 합의의사록의 쟁점들에 대한 심도 있는 분석이나 이들 쟁점을 미국과 협상하면서 '사사오입' 개헌을 추진한 이승만의 이중게임의 구체적 면모, 그리고 이 기간 북한과 중국의 전후 재건과 대외 전략에 따른 한반도와 동북아의 실제적 변화 및 미국의 일본과 대만 정책의 변화에 따른 샌프란시스코 동맹체제의 진화는 다루지 못했다. 이들에 대한 연구에 더하여 '114일의 한미 분규'에 대한 온전한 이해를 위해서는 미국과 한국의 국내정치와 대외정책의 연관, 한반도와 동북아 차원을 넘어서 인도차이나와 유럽통합 문제, 중립화와 평화운동 등 국제환경의 변화에 대한 체계적 검토, 동맹을 넘어 냉전의 국제관계나 미국 패권, 한국의 탈식민-냉전 국가발전 등에 대한 독자적 시각이 필요할 것이다.

참고문헌

1. 1차 자료

국립외교원. 외교사료관. 한미 간 상호방위조약.

국립외교원. 이승만 대통령 면담록.

공보실. 1956.『이승만 대통령 담화집 2』.

경향신문. "수입 드디어 전무: 대일무역정책 강경화." 1954년 4월 1일 1면.

경향신문. "중공 철수가 선결." 1954년 7월 25일 1면.

경향신문. "이 대통령의 미 국회에서의 폭탄 연설." 1954년 7월 31일 1면.

경향신문. "북한을 해방하자." 1954년 8월 16일 1면.

경향신문. "한미 군사회담 일단락." 1954년 8월 28일 1면.

경향신문. "최종 합의에 미달." 1954년 9월 16일 1면.

경향신문. "미국 대사관 공보관 성명, 한국 포기 아니다." 1954년 9월 18일 1면.

경향신문. "우리 입장만 개진하고 우의를 조해말라." 1954년 9월 30일 1면.

경향신문. "서울회담 모른다." 1954년 10월 2일 1면.

경향신문. "유류공급 지연시." 1954년 10월 18일 1면.

경향신문. "유류 판매를 제의." 1954년 10월 19일 1면.

경향신문. "중요한 건 국민투표제도." 1954년 10월 21일 1면.

경향신문. "원조의 실효." 1954년 11월 22일 1면.

경향신문. "현실적 환율을 규제." 1954년 12월 17일 1면.

경향신문. "행정부 한미방위협정은 발효." 1954년 12월 31일 2면.

동아일보. "갈채와 침묵: 이 대통령 연설 반향." 1954년 7월 30일 1면.

동아일보. "이 대통령 중대성명 발표 휴전협정 공문화 선언." 1954년 8월 2일 1면.

동아일보. "미 대한 경원 부진! 변 총리 신랄한 비난성명." 1954년 8월 19일 1면.

동아일보. "미군철수결사반대." 1954년 8월 20일 1면.

동아일보. "외환율 인상은 계속 반대." 1954년 8월 22일 1면.

동아일보. "한미회담 결과 기대: 전 유엔군 철수해도 겁내지 마라." 1954년 8월 24일 1면.

동아일보. "이 대통령 중대성명 발표: 일본은 증오의 대상, 미의 대아정책 추이 주시."
    1954년 8월 31일 1면.

동아일보. "『개헌안』 8일 오후 공고 오전 진해서 이 대통령 서명." 1954년 9월 9일 1면.

동아일보. "90일 내『서울』서 보상회담 개시: 오억 불 이상의 미군 전기·수도·토지·건물
    사용료." 1954년 9월 14일 1면.

동아일보. "FOA에 항의문." 1954년 9월 25일 1면.

동아일보. "우리 입장만 개진하고 우의를 조해말라." 1954년 9월 29일 1면.

동아일보. "선박 90% 휴항: 부산 중심의 교통선 혼란, 유류 고갈." 1954년 10월 22일 2면.

동아일보. "한미 분규 신국면: 미 군 당국 오백 대 일의 환화 판매 공표로." 1954년 11월 11일 1면.

동아일보. "제네바회의 보고서 묵인 불가." 1954년 11월 13일 1면.

동아일보. "한미 절충 최종 단계에." 1954년 11월 17일 1면.

동아일보. "한미회담의 교훈." 1954년 11월 19일 1면.

동아일보. "유류조인 뒤에 할 일." 1954년 12월 4일 1면.

동아일보. "자유진영의 승리 재확인: 변장관 22일 귀국 제일성." 1954년 12월 24일 1면.

연세대학교. 국학연구소. *The Syngman Rhee Presidential Papers.*

Karl, Hong-kee. 1955, *President Syngman Rhee's Journey to America* (Seoul, Seoul: Office of Public Information - Republic of Korea).

The New York Times. 1954. "President Rhee's Speech," July 29: 22.

The New York Times. 1954. "Korea Insists U.S. Cripples Economy: Aide Says Oil and Gasoline Are Withheld Deliberately in Dispute on Currency," October 17: 26.

Time. 1954. "Hard Man," November 29: 23.

U.S. Department of State. *The Department of State Bulletin.*

U.S. Department of State. *Foreign Relations of the United States*, 19152-1954, Korea, XV, Part II.

U.S. Department of State. *Foreign Relations of the United States*, 19152-1954, China and Japan, XIV. 15, Part 2.

U.S. National Archives, Lot Files, RG 59.

Watson, Robert J. 1986, *The Joint Chiefs of Staff and National Policy, 1953-1954. Vol. V, History of the Joint Chiefs of Staff* (Washington, D.C.: G.P.O.)

2. 2차 자료

김계동. 2019. 『정전협정 전후 한미상호방위조약 체결협상』. 서울: 국립외교원 외교안보연구소 외교사연구센터.

김명섭. 2015. 『전쟁과 평화: 6.25 전쟁과 정전체제의 탄생』. 서울: 서강대학교출판부.

김보영. 2016. 『전쟁과 휴전: 휴전회담 기록으로 읽는 한국전쟁』. 서울: 한양대학교 출판부.

김일영. 1999. "이승만 정부에서의 외교정책과 국내정치: 북진·반일정책과 국내 정치경제와의 연계성." 『국제정치논총』 39(3): 243-262.

_____. 2007. "이승만정부의 산업정책과 렌트추구 그리고 경제발전." 『세계정치』 28(2): 173-202.

김일영·조성렬. 2003. 『주한미군: 역사, 쟁점, 전망』. 서울: 한울아카데미.

김창수. 2001. "한미상호방위조약과 한미행정협정." 『역사비평』 54: 420-441.

노기영. 2002. "이승만정권의 태평양동맹 추진과 지역안보구상." 『지역과 역사』 11: 186-223.

박태균. 2005. "정전협정인가 휴전협정인가." 『역사비평』 73: 88-92.

백두진. 1975. 『백두진회고록』. 서울: 대한공론사.

서중석. 1995. "이승만과 북진통일: 1950년대 극우반공독재의 해부." 『역사비평』 31: 108-164.

신욱희. 2019. 『한미일 삼각안보체제: 형성·영향·전환』. 서울: 사회평론아카데미.

왕엔메이. 2013. "아세아민족반공연맹의 주도권을 둘러싼 한국과 중화민국의 갈등과 대립(1953~1956)." 『아세아연구』 56(3): 160-197.

외무부. 1959. 『외무행정의 10년』. 서울: 외무부.

유영익. 2005. "이승만 대통령의 역사적 재평가: 이승만 대통령의 업적." 『한국논단』 183: 154-181.

이동원. 2018. "이승만 정권기 한미합의의사록의 체결과 개정." 『역사와 현실』 107: 449-490.

이완범. 2009. "이승만 정부 헌정파괴에 따른 반공정부 유지를 위한 미국의 대안 모색: 제거 검토에서 대체세력 육성 방식으로, 1952-1955." 『평화학연구』 10(3): 123-151.

이정은. 2015. "전후 '원조경제'의 초석: '마이어 협정'." 허은 편. 『냉전분단시대 한반도의 역사읽기: 분단국가의 수립과 국제관계 1』 (서울: 선인): 279-293.

이현진. 2009. 『미국의 대한경제원조정책, 1948-1960』. 서울: 혜안.

이혜정. 2004. "한미동맹 기원의 재조명: 한미 상호방위조약의 발효는 왜 연기되었는가?" 『한국정치외교사논총』 26(1): 5-35.

차상철. 2013. "이승만과 한미합의의사록의 체결." 『군사 연구』 135: 39-71.

홍석률. 1994. "이승만 정권의 북진통일론과 냉전외교정책." 『한국사연구』 85: 137-180.

Accinelli, Robert. 1996. *Crisis and Commitment: United States Policy Toward Taiwan, 1950-1955*. Chapel Hill, NC: The University of North Carolina Press.

Cha, Victor. 2016. *Powerplay: The Origins of American Alliance System*. Princeton, NJ: Princeton University Press.

Dulles, John Foster. 1954. "Policy for Security and Peace." *Foreign Affairs* 32(3): 353-364.

Han, Pyo-Wook. 1987. *The Problem of Korea Unification: A Study of the Unification Policy of the Republic of Korea 1948-1960*. Seoul, Seoul: Research Center for Peace and Unification of Korea.

Hong, Yong-pyo. 1999. *State Security and Regime Security: President Syngman Rhee and the Insecurity Dilemma in South Korea, 1953-60*. New York, NY: St. Martin's Press.

Jorden, William J. 1953. "If the Korean Talks Break Down, What Next? U.S. Concerned About the Course Rhee and Communist Will Follow." *The New York Times*, November 15: 3.

Kim, Stephen Jin-Woo. 2001. *Master of Manipulation: Syngman Rhee and the Seoul-Washington Alliance 1953-1960*. Seoul, Seoul: Yonsei University Press.

북한의 상대적 자율성과
북중소 삼각관계
8월 전원회의 사건의 전후 과정을 중심으로

량미화(서울대학교 정치외교학부)

I. 문제 제기

미국의 쇠퇴와 중국의 부상이라는 변화가 갖는 체제적 영향이 가장 직접적이고 분명하게 나타나는 지역은 동아시아이고(신욱희 2012, 9) 미중 협력-경쟁관계는 북한의 대외전략에 지대한 영향을 미치고 있다. 그러나 약소국인 북한은 대미협상을 통해 핵전략을 유지하고자 하였고 중국과도 역사적 "혈맹관계"를 강조하면서 상대적 자율성[1]을 유지하려고 하였다. 이는 냉전기 중소 양 강대국 사이에서 북한이 취한 외교행보로 가장 많이 논의되었던 현상의 연장선상에 있다고 할 수 있겠다. 그러나 과연 중소 양국 간의 갈등이라는 구

....

1   이 글에서 상대적 자율성이란 장노순이 제기한 "한 국가의 국내정책과 외교정책을 결정하는 과정에서 다른 국가의 영향을 어느 정도 받는가"라는 개념을 원용하고자 한다. 장노순(1996)을 참조할 것.

조적 환경만이 약소국인 북한이 상대적 자율성을 지닐 수 있는 핵심 변수라고 볼 수 있는가?

중소 분쟁 나아가 분열 단계에서 북한이 중소 양국에게 지니고 있는 지정학적 가치의 중요성으로 인해 북한의 외교적 자율성이 확대되고 북한이 가진 협상력이 제고될 수 있다. 그러나 북한이 지닌 "균형추"로서의 역할은 강대국의 갈등 관계 이외에도 북중소 삼각관계에 대한 접근을 용이하게 한다고 보인다. 본 논문은 기존 북중소 삼각관계 연구 중에서 김일성의 대중소 관계[2]에 관한 분석, 북한의 자주외교정책[3] 관련 기존 연구들을 참고하면서 북한의 내부 권력투쟁과 이에 대한 중소의 개입으로 인해 전쟁 초기 형성된 북중소 삼각관계의 "안정성"이 파괴되고 "의도하지 않은" 기존의 삼각관계의 "변화"와 북한의 상대적 자율성과의 상관관계를 1956년 8월 전원회의 사건의 전후 시기를 통해 살펴보고자 한다.

북중소 삼각관계란 "(사회주의) 이데올로기에 기초하여 동맹국 간의 무조건적 (인적, 물적) 지원을 보장하면서, 철저한 군사적 동맹 관계를 전제로 한 다자간관계"로 정의할 수 있다(백인학·홍민식·김승채 2001, 97). 북중소 삼각관계는 1950년 2월 14일, 중국과 소련이 새로운 관계의 시작점으로 되는 "중소동맹" 조약을 체결하면서 형성된다. 주권국가 단위로 이루어진 한미일 삼각안보협력체와 달리 북중소 삼각관계는 국가형성 초기부터 계급의 관점에서 제기된 마르크스의 "인민 주권"으로 주권 국가의 개념을 대체하고 프롤레타

....

2　대표적인 연구 성과로는 정진위(1985); 양호민(1996); Shimotomai(2011) 등이 있다.
3　대표적인 연구 성과로는 김보미(2019); 이상숙(2007) 등이 있다.

리아 국제주의를 내세워 삼국 간의 위계적인 관계를 구축해 나가려고 하였다.

그러나 1956년 흐루쇼프(Khrushchev)의 스탈린 비판 연설을 계기로 사회주의 진영 내부에서는 개인숭배를 비판하고 집단지도체제를 호소하는 경향이 나타났다. 동유럽에서는 시위, 폭동이 일어나고 북한에서도 김일성 개인숭배를 반대하고 경제건설 노선을 비판하는 소위 연안계와 소련계에 의한 반김일성 세력이 대두하게 되었다. 결과를 미리 밝혀두자면, 이들의 반기는 실패로 끝났고 중소 양국의 북한 내정 개입은 오히려 김일성의 반대국주의 인식을 강화시켰다. 이후 김일성은 대내적 차원에서는 일원적 지도체제를 형성, 대외적 차원에서는 자주노선을 제기하면서 중소 양 강대국 사이에서 자율성을 추구하고자 하였다. 중소 분쟁과 약소국인 북한의 자율성 추구로 인해 북중소 삼각관계도 협력을 중심으로 하던 "안정적"인 상태에서 균열을 맞이하게 되고 양자관계를 중심으로 하는 삼국 관계로 전환되었다.

본 연구는 다음 몇 가지 질문에 답해보고자 한다. 전후 노선 갈등과 당내 세력관계와의 연관성에 주목하면서 김일성은 언제부터 개인 종파행위가 아닌 종파집단으로 외부와 연계되어 있는 연안계와 소련계를 숙청하려고 하였는가? 김일성은 중소의 북한 내정 개입에 대해 어떻게 전략적으로 대응을 하였는가? 이 과정에서 북중소 삼각관계는 북한의 상대적 자율성 형성에 어떤 영향을 미쳤는가? 이러한 질문에 답하기 위해 우선, 제2장에서는 김일성에 의해 "종파집단"이 명명된 과정과 전후 북한 로동당 내 분파의 당내 정책 경쟁 과정을 서술하고 제3장에서는 북한 로동당 제3차 당 대회 이후, 반김일성 세력들이 김일성에 대한 반격으로 일으킨 8월 전원회의 사건의 전개 과정을 서술하고 제4장에서는 8월 전원회의 사건이후 김일성이 중국과 소련에 대한 전략적 대응을 서술하고자 한다. 맺음말에서는 위의 논의들을 통해 8월 전원회의 사건 전후 과정에서 북한의 상대적 자율성을 추구하는 과정과 북중소 삼각관계와의 연관성을 초보적으로 논의해 보고자 한다.

II. 전후 북한 분파들의 정책 갈등과 "종파집단"의 부상

1. "종파행위"에서 "종파집단"으로

"종파"의 사전적 의미는 종교의 교리나 의식의 차이로 나뉜 교파를 의미하지만 사회주의 체제 하에서는 부정적인 정치적 구성물이라고도 인식하는 주요 개념이다. 북한의 경우, "대중정치용어사전"을 보면 분파와 종파는 동일한 개념이고 파벌, 종파, 분파를 동일 선상의 의미로 서술하고 있다(조선로동당출판사 1964, 206, 357, 415). 그러나 이후 편찬된 "정치사전"(사회과학출판사 1973, 1051-1052), "철학사전"(사회과학원철학연구소 1970, 575-576; 1985, 492)에는 파벌이나 파벌 투쟁, 분파의 개념은 사라지고 "종파주의"라고 하는 개념만이 수록되어 있다. 또한 "대중정치용어사전"에서는 "종파주의를 극복하기 위해서는 지방주의와 가족주의를 반대"하여야 한다고 지적하지만 1970년대에 출간된 "정치사전"과 "철학사전"에서는 "전

당에서 유일사상체계를 확립할 것"을 호소하고 있다. 그렇다면 북한 당내 분파인 연안계와 소련계는 언제 김일성에 의해 "종파주의"로 명명되었는가?

김일성의 "종파" 혹은 "종파주의"에 대한 언급은, 1952년 12월 15일, 북한 로동당 중앙위원회 제5차 전원회의에서 그가 행한 보고에서 찾아볼 수 있다. 이때 김일성은 "종파분자"들이 존재하지만 아직 분파적인 행동으로 발전하지는 않았다고 지적한다. 종파분자들의 몇 가지 행위를 평가하면서 김일성은 "종파분자들의 이와 같은 행동들을 그냥 내버려둔다면 그것이 자라서 분파적인 행동으로 발전할 수 있습니다. 우리는 오늘 이러한 요소들을 더는 묵과할 수 없습니다. 이런 분자들은 당 앞에서 솔직히 고백하고 자기의 비당적 행동을 그만두는 것이 좋을 것 같습니다"(김일성 1980a, 414-415)라고 말한다.

1955년 4월 북한 로동당 중앙위원회 전원회의에서 내린 결론인 "사회주의혁명의 현 계단에 있어서 당 및 국가 사업의 몇 가지 문제들에 대하여"에서도 "우리 나라에는 과거부터 종파분자가 발생할 수 있는 조건들이 있었지만 지금 우리 당내에는 종파활동을 감행하는 개별적 분자들이 있지만 어떠한 종파가 형성되어 있지는 않습니다"(김일성 1980b, 293)라고 일괄하여 평가하고 있다. 그러나 이때에는 몇몇 "종파분자"들이 당내 혁명가들을 "종파"적 목적에 이용하고 있다고 파악하며 박헌영, 허가이, 박일우를 비판하고 있다.

이후, 김일성의 태도는 점차 변화가 일어나기 시작하였다. 과거 "엠엘파, 화요파, 북풍회" 집단을 "종파분자" 및 "파벌"들이라고 비판하던 때를 상기시키며 "해방 전 북한에는 종파집단이 많았다"고 지적한다. 또한 "종파분자들의 사상 잔재는 당원들의 당성 강화에도 영향을 미친다"고 지적하였다(김일성 1980c, 447-448). 이제는 특수한 개인들의 개별적인 종파행위가 아닌 "종파집단"에 대한 의심과 집단적 폐해를 암시하기 시작하였다. 1956년 4월 북한 로동당 제3차 대회에서 한 김일성의 중앙위원회 사업총화보고에서는 명백히 박헌영의 "종파적 집단"의 폐해를 지적한 것은 그 예다.

이상에서 본 바와 같이 최소한 1955년 후반부터 김일성은 일부 인물들의 숙청을 넘어 당내 분파 전체에 대한 비판을 시작하려고 하였던 것으로 보인다. 즉 국내파, 소련계부터 연안계까지 숙청에 나서려 했던 것으로 보인다.

그렇다면 소위 김일성이 "반당, 반혁명분자"들이라고 하는 분파는 이에 대해 어떤 인식을 가지고 있었는가? 소련 주재 북한 대사를 지냈고 연안계로 분류되는 이상조는 "각종 부처에서 관리직을 맡고 있는 500여명 이상이 되는 직업 관료들이 '연안계'로 몰리고 있지만 '연안계'는 허구에 가깝다. 소련에서 온 조선인 공산주의자들은 족벌주의자(nepotist)로 불리고, 중국에서 온 사람들은 '연안계'로 불려졌다. 혁명 활동에서 김일성과 연계가 없는 모든 혁명가들은 '종파주의자'라는 낙인을 안고 살아야 한다"고 지적했다.[4] 즉 그는 연안계라는 실체를 인정하지 않으며 이는 김일성이 당내 분파들을 숙청하기 위해 만들어낸 일종의 허구적 그룹이라는 것이다.

그러나 사실상 연안계는 상이한 사회적 기반과 서로 다른 정책

....

4   "Letter from Ri Sang-jo to the Central Committee of the Korean Workers Party." October 05, 1956, RGANI, Fond 5, Opis 28, Delo 410, Listy 233-295.

노선을 가진 여러 세력이 내부적으로 경쟁하는 연합체였다(정병일 2016, 185-186). 이들은 이중 국적과 당적을 유지하면서 소련의 대북 정책을 매개로 하는 느슨한 결합체였던 소련계가 실질적으로 존재 했던 것과 같다. 다만 당내 분파 세력들이 1955년 후반부터 김일성 에 의해 "종파주의"로 명명되었을 뿐이다.

2. 전후 북한 로동당 분파의 당내 정책 경쟁

1950년대는 북한에서 정치적 다원화, 경제적 다양화, 사상적 자 유화가 실현될 수 있는 마지막 기회였다. 그러나 "종파"문제로 인한 권력 재편과 전후 경제복구 발전 노선 충돌로 인해 북한에서는 "자 유화"가 실현될 수 없게 되어 현재와 같은 "수령체제"로 전락하고 말았다. 1950년대 북한 로동당 내부의 경쟁은 노선 및 이론 경쟁, 정책 경쟁, 권력 경쟁 세 가지로 나눌 수 있고 분파 간의 대립은 "당 내 권력투쟁"이라기보다는 정책 경쟁 과정의 한 부분이었다(백준기 2004, 130). 한국전쟁 이후, 북한에게 가장 시급한 과제는 경제를 회 복하는 것이었고 북한 내부에서는 중공업과 경공업, 농업 발전 사 이에서 균형과 우선순위 등 경제복구 발전 노선을 둘러싸고 논쟁이 일게 되었다. 당 내부에서의 정책 갈등이 존재하였지만 반대세력이 소련계, 연안계인지에 대해 명확히 단정할 수는 없다.

국가계획위원장직을 맡았던 소련계 박창옥이 1953년 9월 라제 레프와의 대화에서만 해도 공업을 우선적으로 발전시킬 것을 강조 하고 공업이 복구될 때까지는 부족한 것이 있어도 참아야 한다고 했다(국사편찬위원회 2013, 71). 즉 이 시기 박창옥은 김일성의 중공업 우선 노선에 동조하였던 것으로 보인다. 1954년 3월 박창옥이 국가계획위원회 위원장으로 임명된 후 발표한 "1954~1956년 조선 민주주의인민공화국 인민경제 복구 발전 3개년 계획에 관한 보고"에서도 1956년도 공업총생산액을 1949년에 비해 1.5배, 인민소비품 생산액을 약 2배로 전망하면서도 보고서의 비중을 전력, 석탄, 화학 등을 비롯한 중공업 관련 분야에 무게를 두고 있다(국사편찬위원회 2008b, 419-429). 반면 내각 부수상 겸 재정상인 연안계 최창익은 국가예산을 집행함에 있어서 소비품 생산과 관련 분야를 의미하는, "인민들의 물질 문화 수준을 제고하기 위한 중요성"을 강조하고 있다(『로동신문』, 1954/4/24).

그러나 이후 구체적으로 집행하는 단계에서 박창옥의 태도가 일정한 정도에서 변화가 생긴 것으로 예상된다. 1954년 5월, 소련의 원조와 관련하여 박창옥은 자금의 일부를 생활필수품 구입에 사용하자고 김일성을 설득하였다고 밝혔다(국사편찬위원회 2013, 131-132). 최창익도 1956년 3월에 개최된 최고인민회의 제11차 회의에서 리주연의 1956년 예산보고에 대해 토론을 하면서도 "인민경제 발전을 보장하는데 필요한 식량과 원료를 해결하는 데 있어, 국가예산의 집행에 극히 중요한 문제로 되고 있는 농업생산의 증대를 위하여 당과 정부가 실시하고 있는 중대한 대책을 반드시 성공적으로 집행해야 한다는 것"을 강조했다. 이는 양파 모두 훗날 중공업 위주의 경제정책을 반대했다는 비판을 받는 소지를 남겨두게 된다.[5]

....

5   최창익은 북한정권 수립 후, 초대 재정상에 취임하여, 당시 북한 헌법 제55조 5항에 규정된 '유일 국가예산의 편성 및 국가예산과 지방예산에 들어오는 조세와 수입의 편성' 임무를 맡았다. 심지연(2009, 143).

또한 당과 직맹의 관계에서도 그들의 정책 갈등은 나타났다. 연안계 서휘는 1954년 5월에 직업동맹위원장을 맡게 된다. 『근로자』에 수록된 "직업 동맹 사업에서의 몇 가지 결함과 전후인민경제복구 건설에서의 그의 임무", "새 로력 기준량 참조와 지도 일꾼들의 역할"과 『로동신문』에 실린 "제3차 당 대회 결정 실행을 위한 직업동맹단체의 과업"을 통해 그의 직맹관을 찾아 볼 수 있다. 서휘는 전후 복구 계획 실시 후, 직맹에 대한 '당의 령도'를 강조하고 "직업동맹중립론"을 주장하는 점을 찾아 볼 수 있다. 그러나 서휘가 숙청된 이후, 1957년 2월 25일자 『로동신문』에서는 서휘가 "로동계급의 총괄적인 자치적 조직체인 직맹에는 모든 부문의 당원들과 정무원들이 망라되어 있다고 강조한 결과 직맹 지도부에는 '당과 직맹의 동격론', '직맹, 당, 행정의 삼각동맹설' 등 "서휘식 직업동맹설"이 나타났다고 비판하였다(『로동신문』, 1957/2/25).

위에서 살펴볼 수 있듯이 전후 복구 건설 단계에서 당내에는 경제 정책 노선을 포함한 갈등이 있었고 이 과정에서 김일성은 기타 분파들에 대한 숙청을 계획하고 있었던 것으로 보인다. 이후의 1956년 2월에 개최된 소련 공산당 제20차 대회는 김일성 세력과 그 반대 세력에게 서로 다른 의미에서의 기회로 인식되었다.

III. 반김일성 세력의 반격과 8월 전원회의

1. 북한 로동당 제3차 당 대회와 반김일성 세력의 형성

1956년 소공 제20차 대회에서 흐루쇼프가 스탈린 개인숭배를 비판하고 탈스탈린화 노선을 제기하면서 국가 내부에서는 당내 민주주의를 호소하는 목소리가 커졌다. 또한 사회주의 진영 내에서는 당 대 당이라는 수직적인 관계를 비판하는 움직임이 두드러졌다. 소련공산당 제20차 당 대회 이후, 반김일성 세력은 집단지배체제의 수립에 유리한 사회주의 진영의 국제적 환경이 만들어진 것이라고 인식하게 되었던 반면 김일성은 소련으로부터 이탈할 수 있는 좋은 기회가 될 것이라고 인식하였다.

소공 제20차 대회 이후, 1956년 4월 23~29일에 북한 로동당 제3차 대회가 개최되었다. 제3차 당 대회에서 김일성은 국제정세, 국내정세, 당 세 분야를 언급하였다(국토통일원 1988, 286-369). 그 중 국내정세에서 경제노선에 대한 언급을 살펴보면, "중공업의 우선적 발전에 의거하면서 농업과 경공업을 급속히 발전시켜야하며 그 기초 위에서 인민들의 물질적 복리를 도모하여야 한다"는 제1차 5개년 계획의 경제건설 노선의 방향을 확립하였다. 또한 농촌 경리 분야에 있어서는 "농업 협동화 운동을 가일층 발전시키며 그를 조직, 경제적으로 강화함으로써 전체 농촌 경리의 협동화를 완성하여야 한다"고 제시하였다. 명백히 김일성 노선의 승리였다.

당 부문에 관한 보고를 보면, 우선, "당내의 반맑스주의적인 파벌 투쟁과 일제의 가혹한 탄압"을 1928년 조선공산당이 해체된 원인으로 설명하였고 남조선 노동 운동의 실패는 "8.15 해방 이후, 당 내부에 잠입한 각종 종파 분자들의 분렬 행위"로 귀결하였다는 분석이 우세했다. 또한 북한의 개인숭배는 박헌영과 관련된 것이므로 김일성의 자아비판이나 당내 민주주의 문제는 거론되지 않았다.

북한 로동당 제3차 대회 이후, 반김일성 세력을 형성한 최창익, 이상조를 대표로 하는 연안계와 박창옥을 대표로 하는 소련계 인사들이 소련 대사관 인사들과 나눈 대화를 살펴보면 이들이 우선적, 공통적으로 지적한 부분은 당내 민주주의 결여 문제였다. 박창옥이 평양 주재 소련 대사관 참사관 필라도프와의 대화기록을 살펴보면, 인사이동 문제와 김일성 리더십 변화 가능성에 관해 언급한 내용을 찾아볼 수 있다. 박창옥은 1956년 1월 18일 북한 로동당 중앙위 상무위원회 결정에 대해 자신들의 잘못을 인정하는 태도를 취했지만 이후 이를 부인했다. 그러면서 "비열한 자"라고 최용건을 부르는데, '비열한' 최용건 등이 소련계 인사들의 '종파적'인 행동을 한 증거를 수집했고 김일성에게 알렸다고 말했다. 또한 당의 지도적인 인물들은 소공 제20차 대회 이후 소련공산당의 결정과 자료를 공부하고 있었으며 개인 숭배 문제에 대해서 모든 곳에서 토론이 이루어지고 있었으므로 이는 김일성의 리더십의 형태와 방법을 크게 변화시킬 것이라고 예상한다고 지적한다.[6] 이로부터 박창옥은 북한 로동당 제3차 당 대회에서 김일성의 리더십의 변화를 기대하였다는 점을 알

....

6 "Memorandum of conversation with the DPRK Vice Premier of the cabinet of Ministers and member of the KWP CC Presidium, Pak Chang-Ok." 12 March, 1956, Russian State Archive of Contemporary History RGANI, Fond 5, Opis 28, Delo 410, Listy 73-85.

아볼 수 있다.

소련과 중국을 ≪이웃 친 형제≫라고 강조하면서(『로동신문』, 1956/7/7) 처음부터 중국과 소련의 개입의 필요성을 강조했던 이상조는 개인숭배의 폐해를 지적하고 당내에서 민주집중제를 실시할 것을 호소하였으며 "김일성의 개인숭배를 반대하는 자"들이 "반당분자"로 전락한 상황을 비판하였다.

8월 전원회의 사건 이후, 중국으로 망명한 서휘, 윤공흠, 리필규 등이 중공중앙 앞으로 보낸 서신의 내용을 보면 당내 민주주의가 결여된 것을 무엇보다도 앞서 지적하고 있다. 그 외, 간부 등용 과정에서 파벌주의가 심각하고 자신과 가까운 인사만을 임용하는 문제, 사업 중 관료주의 행태가 만연하는 문제, 중공업 중시 노선을 취해 인민 생활을 경시하는 문제, 선전 선동 사업에서 김일성에 대해 과분하리만큼 찬양하는 문제, "민족정신"을 강조하면서 소련과 중국 및 형제 국가들의 원조에 대한 불충분한 선전 등 문제를 지적하였다.[7] 기존 연구에서 지적한 것처럼 인사문제가 반김일성 세력들의 불만 중 하나였지만 더 근본적으로 당내 민주주의가 심각히 결여된 것이 당내 가장 큰 문제점이라고 인식한 것으로 보여진다.

2. 8월 전원회의 사건의 전개와 "형제당" 사이 문제로의 전환

1956년 6월 1일부터 7월 19일까지 김일성을 단장으로 하는 북

[7] "Letter from Seo Hwi, Yun Gong-heum, Li Pil-gyu, and Kim Gwan to the Chinese Communist Party Central Committee." September 05, 1956, History and Public Policy Program Digital Archive, GARF, Fond 5446, Opis 98, Delo 721, Listy 170-190.

한 정부 대표단이 경제 원조를 위해 동유럽, 소련, 몽골을 순방하게 된다. 그동안 북한 내부에서는 소련계 박창옥과 연안계 최창익이 반 김일성 세력을 연합시키고자 하였으며 '쿠데타' 준비에 착수하였다. 이 과정에서 리필규, 최창익은 평양 주재 소련대사관을 자주 찾았고, 소련공산당의 지지를 얻고자 하였던 것으로 보인다. 그러나 소련 측은 표면상 중립을 지켰다.[8]

8월 전원회의에서는 우선, "형제적 제 국가를 방문한 정부 대표단의 사업총화와 우리 당의 당면한 몇 가지 과업들"에 대한 것과 "인민보건사업을 개선 강화"라는 두 가지 분야를 다루었다. 김일성은 정부 대표단의 해외방문 결과, 북한의 경제 상황을 분석하였고, 북한 로동당 내에서의 당 사업의 향상 등 문제를 보고하였다. 그 다음으로 국가 계획위원장 리종옥, 함경북도당위원회 비서 김대공이 각각 북한의 경제성과와 상업성과 직맹의 사업을 잇따라 비판하는 발언을 하였다.

세 번째 발언자는 연안계 윤공흠이었다. 그는 앞선 내용들로 전원회의의 토론 주제를 이어가지 않았고 김일성을 직접 비판하였고 소련공산당 제20차 당 대회의 '정신'이 북한 로동당 제3차 대회에는 존재하지 않는다고 지적하였다. 이에 김일성은 윤공흠의 연설을 중단시키고, 그가 당을 중상모략하고 있다고 비판하였다. 최창익이 윤공흠을 방어하려고 나섰지만 최창익, 윤공흠은 '파벌 그룹'으로

....

8   소련계와 연안계 "쿠데타" 과정에서 소련 측이 묵인, 심지어는 지원을 했는지에 관해서는 아직 논쟁 중이다. 이종석은 소련이 반김일성 세력을 지지하였다고 보지만 백학순은 소련 측은 지원이나 반대가 아닌 북한 형세를 지켜보기만 했다고 설명하였다. 또한 현재까지 중국이 모의 과정에 참여했다는 특별한 증거는 나오지 않았다.

간주되고 진술을 할 수 있는 기회조차 박탈당했다.[9]

8월 전원회의는 오후에도 지속되었는데 재정상 리주연, 남일 등의 발언이 있었고 이들은 모두 북한이 이루어낸 성과를 보고한 이후 윤공흠과 반김일성 세력들의 '반당 종파적 행동'이 있었음을 비난하였다. 또한 최창익과 박창옥에게도 연설 기회가 있었지만 회의 내부에서는 이들이 당내 불평분자들을 이끌고 있다는 점을 비판하면서 발언을 저지시켰다. 8월 전원회의는 「최창익, 윤공흠, 서휘, 리필규, 박창옥 등 동무들의 종파적 음모에 대하여」라는 결정서를 채택하면서 마무리되었다. 결정서에서는 "반당종파분자들의 당의 노선과 정책에 대한 왜곡 및 비방 등 구체적인 '죄행'을 지적하였다 (『결정집』 1956, 13-15).

또한 「결정서」는 이들의 행동이 "우연한 것이 아니라 오래전부터 가지고 있었던 종파의 악습을 버리지 않고 정치적 야욕을 추구하여 오던 차에 마침 개인숭배를 퇴치할 데 대한 문제가 일부 형제당들에서 토의되고 있었으며 더욱이 국내경제 형편이 아직 곤난한 틈을 리용하여 당과 정부의 지도부를 반대하고 자기들의 추악한 정치적 목적을 달성하고자 한 것"이라고 비판하였다(『결정집』 1956, 15). 김일성의 개인숭배를 비판하고 당내 집단지도체제를 형성하려 했던 연안계 윤공흠과 서휘, 리필규는 출당 조치되었고 최창익은 내각 부수상 직책을 박탈당하고 당 중앙위원회 상무위원회와 당 중

....

9　"Telegram from the USSR Ambassador to the DPRK Ivanov addressed to Mikoyan and Shepilov,'August Plenum of the Korean Workers' Party Central Committee'," September 15, 1956, History and Public Policy Program Digital Archive, GARF, Fond 5446, Opis 98, Delo 721, Listy 153-164.

앙위원회 위원에서 제명당했으며, 박창옥은 내각 부수상과 당 중앙위원회 위원에서 철직당했다. 이후 북한은 국가 차원에서 중국으로 도주한 윤공흠과 서휘 등에 대해 중국 측에게 송환을 요구했으나 중국 정부는 이를 거부하였다. 이렇게 되자 8월 "전원회의"는 북한 내부 문제로 끝나지 못하고 중국으로 도피한 윤공흠 등 4명의 망명자들과 소련 주재 북한대사 이상조가 소련 및 중국 공산당 앞으로 서신을 보내면서 사회주의 진영 내 "형제당"끼리의 문제로 전환되었다.

IV. 중소 개입과 김일성의 대응

1. 북한 내정 개입에 대한 중소 양당의 상이한 인식

소련주재 북한 대사 이상조의 요청과 북한 내부문제로 인한 사회주의 진영의 혼란 상황을 우려하여 9월 6일, 소련공산당 중앙위는 북한 로동당 사태에 대한 개입을 결정하게 된다. 또한 중공 제8차 대회에 참석하는 소련공산당 대표단에게 중공 중앙과 의견을 교환할 것을 지시하고 대표로 미코얀을 베이징에 파견하게 된다. 그러나 중공 중앙과의 의견 교환을 위한 대표를 베이징에 파견하는 등 신속한 개입 결정과 달리 소련 측의 이상조 요청에 대한 대답은 다소 조심스러웠다. 원칙적으로 형제적 공산당들은 서로에게 충고를 할 수 있지만 북한 로동당은 독립된 당이기에 소련 공산당과 중국 공산당이 북한 로동당에 충고하기 위한 조치를 취할 때, '복잡한 상황'이 존재한다는 신중한 의견이었다.[10] 중국공산당이 북한문제에 대한 개입을 언제 결정했는지를 알 수 없으나 9월 5일, 중국으로 망명한 김강, 윤공흠, 서휘, 이필규가 중공 앞으로 서신을 전달한 것이 중요한 작용을 일으켰을 것으로 보인다.

9월 14일, 미코얀(Mikoyan)을 단장으로 하는 소련대표단이 베이징에 도착하였다. 단장 미코얀은 소공 중앙의 위임을 받아 북한 로동당 당내의 정세를 논의하고자 한다고 밝히고 마오쩌둥(毛澤東)은 북한 로동당 당내의 정세문제가 매우 심각한 것 같다고 응답하였다.[11] 9월 17일, 미코얀은 최용건과의 대화를 통해 북한 로동당 당내 문제를 해결하기 위해서는 중국 대표단과 함께 평양에 직접 가서 김일성을 만날 수밖에 없을 것 같다고 소련 중앙 위원회에 보고하였다.[12]

9월 18일 중소 양당은 북한 당내 문제 관련 회담을 진행하게 되었다. 양당은 김일성 해외 순방 기간 동안 이뤄졌던 소-북 간 회담 내용, 북한 로동당 간부 중국으로 도주한 문제, 박일우, 방호산, 박헌영에 대한 숙청, 북한 로동당의 상황에 대한 중소 양측의 인식, 김

....

10 "Memorandum of a Conversation with DPRK Ambassador to the USSR Ri Sang-jo." September 10, 1956, History and Public Policy Program Digital Archive, RGANI, Delo 5, Opis 28, Delo 410, Listy 230-232.

11 "Cable from Cde. Mikoyan from Beijing concerning the 8th CCP Congress and Conversations with the Chinese Comrades." September 16, 1956, History and Public Policy Program Digital Archive, State Archive of the Russian Federation, fond 5446, opis 98c, delo 717.

12 "Telegram from A. Mikoyan to the CPSU Central Committee." September 17, 1956, History and Public Policy Program Digital Archive, GARF, Fond 5446, Opis 98c, Delo 718, List 47.

일성의 향후 중소 개입에 대한 태도 등 의제를 논의하였다.[13] 중소 대표단이 북한 문제에 개입하는 과정에서 기존 연구 성과가 가장 논쟁점으로 삼고 있는 부분은 양국 대표단의 방북 목적이 김일성 축출과 새로운 지도자 선출에 있었는지 여부에 관한 것이라고 할 수 있다. 그러나 미코얀과 마오쩌둥의 회담 기록만을 놓고 보면 중국과 소련은 북한 로동당의 혼란된 상황을 변화시키려는 것이지 김일성 축출은 양국이 고려했던 핵심적 사항이 아니었던 것으로 보인다.[14] 마오쩌둥은 비록 한국전쟁에서 "책임 있는 위치에 있던 장군들이 해임되었다"는 데 대해서 분노했지만 미코얀이 "북한 문제를 어떻게 해결하는 것이 가장 좋을지"를 묻자 "그들에게 단결을 권고해야 한다. 그들에게 이전(8월 "전원회의")에 내린 결정을 취소하고 당적과 직무를 회복시켜주어야 한다"는 점을 거듭 강조하였다.

마오쩌둥은 현재의 상황에서 북한 로동당은 소공과 중공을 의심하고 있다는 점을 염려하였다. 그러나 그들의 우려가 있다고 할지라도 "김일성은 단 한마디라도 자신에 반대하는 말을 하면 관용하지 못하고 반대하는 자는 누구든지 바로 처형한다는 것"으로 봤을 때, 양당의 개입은 불가피하다고 보았다. 결국 마오쩌둥은 북한 로동당에게 정치국회의를 소집하도록 건의하는 것이 좋겠다고 제의했고

13 "Conversation records between Chairman Mao Zedong and the Soviet Communist Party Delegation, 18 September 1956." September 18, 1956, History and Public Policy Program Digital Archive, Chinese Communist Party Central Archives.
14 펑더화이 또한 1956년 9월 20일 북한 로동당과의 대화에서 중국 공산당 중앙 위원회는 김일성을 대체할 수 있는 인물이 없다는 것을 강조하였다. "Record of a Meeting between the Sino-Soviet Delegation and the Korean Workers'Party Presidium." September 20, 1956, History and Public Policy Program Digital Archive, GARF, Fond 5446, Opis 98c, Delo 718, Listy 18-34.

미코얀도 이에 동의하며 소, 중 양당이 함께 북한에 가는 것으로 합의를 보았다. 다만 마오쩌둥은 이번 중소 대표단이 평양에 가는 것에 대하여 김일성이 중소가 북한 내정에 간섭한다고 인식할 가능성이 있고 중국의 철병을 요구할 수 있다고 예측하였다. 그러나 미코얀은 "이는 가능성이 낮다. 김일성은 우리가 북한 당 내부 문제에 개입하는 것을 좋아하지 않는 것은 사실이지만 형제당 사이에 의견 교환이 존재할 수 있다. 이는 북한 로동당과 인민, 전체 사회주의 진영의 이익과 밀접한 관계가 있기 때문이다"고 답한다.

이처럼 소련공산당과 중국공산당이 김일성 축출이라고 하는 방식은 일찌감치 제외시킨 뒤 공동으로 북한 내정에 개입하려고 했지만 양측의 회담 내용을 자세히 살펴보면 북한 문제에 대한 중공과 소공 사이 상이한 접근법을 찾아볼 수 있다. 소련의 경우, 북한 내부 문제에 대한 간섭을 "형제당 간의 의견 교환"에서 개입 명분을 찾고 있었다. 전후, 소련은 북한의 경제복구에 대한 원조뿐만이 아니라 안보 차원에서도 북한을 지원하였다. 1956년 3월 26일, 소련이 북한과 "연합 핵 연구소 조직에 관한 협정"과 "조·소간 원자력의 평화적 이용에 관한 협정"을 체결함으로써 소련의 핵개발 지원 아래 북한의 핵무기 개발이 본격화되기 시작한 해이기도 하다(조민·김진하 2014, 6). 그러므로 북한에서 소련의 원조는 경제뿐만이 아니라 안보적 차원에서도 필요한 것이었다.

또한 권위의 측면에서 보면 탈스탈린화가 제기되었지만 소련은 당시 사회주의 진영의 모당으로 자리 잡고 있었고 "프롤레타리아 국제주의"를 사회주의 국가들 사이의 하나의 정치적 규범으로 규정하였다. 사회주의 국가의 "형제당"의 상호 간의 개입은 사회주의 당

제관계에서 나타난 보편적인 현상이기도 했으므로 소련은 북한 내정에 대한 개입을 하면서도 이는 사회주의 국가들 간에서는 충분히 가능한 일이라고 보았다. 소련에 대한 군사, 경제적 등 물리적 의존보다 더 중요한 것은, 당시 세계의 다른 공산주의자들처럼 북한의 공산주의자들도 소련을 혁명의 조국으로 인식했다는 것이다(웨더스비·강규형 2010, 122).

그러나 중국의 상황은 이와 상이하였다. 중국이 한국전쟁에 참전하면서 대북 영향력이 강화되었지만 중공은 사회주의 진영의 모당이 아니었다. 1956년 9월 18일, 마오쩌둥과 최용건의 대화 내용을 보면 마오쩌둥은 북한의 사태에 대한 중소 개입의 원인을 설명하면서 "북한은 소련과 중국을 등에 업고 있지만 앞에는 이승만과 미제국주의 그리고 일본이 있다. 당신들은 친구가 아니라 적들과 마주하고 있다. 따라서 소련과 중국은 당신들과 매우 밀접한 관계를 유지하고 있다. (그런데) 당신들의 국내에서 발생하는 문제는 중국과 소련에 영향을 줄 수 있다. 따라서 당신들의 이러한 문제에 우리는 간섭하지 않을 수 없다"고 말한다.[15]

이 시기 마오쩌둥의 이 같은 발언은 일면 북한 내부문제 개입에 대한 명분이 필요하다는 점으로 해석할 수 있지만 다른 한편에서는 그가 파악했을 때, 현재 북중소 삼국이 왜 연계되어 있고 어떤 실질적인 위협에 직면하고 있다고 생각하는지를 살펴볼 수 있다. 즉 북중소 관계는 사회주의라는 이데올로기의 연대보다 한미일 삼각동

----

15 "마오쩌둥 접견 북한 대표단 담화기록." 1956년 9월 18일. 백학순(2010, 430)에서 재인용.

맹이라는 공동의 안보 위협으로 인해 형성된 "혈맹관계"라는 점이 강조된다. 북한 문제를 관여하고자 하는 의도에서 마오쩌둥의 대국주의적 인식을 엿볼 수 있지만 미코얀이 지니고 있는 "국제주의" 인식과는 또 다른 종류의 것임을 알 수 있다.

그러나 이들 모두 공통적으로 김일성이 중소의 견해에 동조할지에 대해서는 확신하지 못하였다. 마오쩌둥은 미코얀과의 회담에서 "이번 일의 성패는 당신에게 달렸다. (조선인들은) 중국의 말을 듣지 않는다"고 설명하고 미코얀도 "(조선인들이) 충고를 들을 수는 있어도 실행할지 여부는 의문이다"고 평가한다.

2. 김일성의 중소 개입에 대한 대응과 9월 전원회의 결정에 대한 의견차

9월 19일, 미코얀과 펑더화이(彭德懷)가 이끄는 중소 대표단이 북한에 도착했다. 당일, 미코얀과 펑더화이는 김일성과 회담을 진행하고 남일이 러시아 번역을 담당하였다. 이 회담에서 중소 양당은 김일성에 대한 지지를 우선 표명한 후, 북한 로동당 내부의 잘못된 지도방법을 비판하였고 김일성과 남일은 원칙상에서 중소의 의견에 동의한다고 하였다. 김일성은 중국으로 도주한 자들의 경우, 출당 결정은 취소할 수 있으나, 중앙위원회 위원에서는 제명되어야 한다고 주장하고 미코얀과 펑더화이도 이에 동의하였다. 그러나 최창익 복직과 관련해서는 중앙위원회 상무위원으로 복직하는 문제에서 의견이 상이하였다.[16]

9월 20일, 중소와 북한 간의 회동에서 김일성은 양 형제당의 의견을 받아들이고 로동당이 "당 사업 방식"에서 일정한 오류를 범한 점을 인정했다. 남일과 최용건도 같은 입장을 취하였다.[17] 하지만 최용건은 마오쩌둥의 발언을 인용하며 서휘, 윤공흠 등 중국으로 망명한 "종파분자"들을 비판하면서 "우리는 제국주의라는 적이 있기 때문에 당 내부에서 비밀을 지키고 당 규률을 강화할 것이 필요하다"고 강조하였다. 김창만도 발언에서 최창익의 "반당행위"는 명확한 것이고 최창익은 자신의 인사문제에만 관심이 있다고 비판하였다. 이후 중소-북한 간에는 두 차례의 회동이 추가로 진행되었다. 미코얀과 펑은 김일성이 주장하고 있는 "반김일성 세력의 반당행위, 과오, 실책"을 인정하였다.

중소와 북한 간의 타협으로 이루어진 9월 전원회의 내용을 살펴보면 "최창익, 윤공흠, 서휘, 리필규, 박창옥 동무들에 대한 규률문제를 개정할 데 관하여"에서 "이들은 엄중한 과오를 범한" 것은 맞지만 "8월 전원회의가 이 동무들의 문제를 처리함에 있어서 응당한 심중성이 부족했으며 처리 방법이 간단하였으며 그리하여 착오를 범한 동무들을 교양적 방법으로 시정시키기 위해 인내성 있는 노력이 부족했다고 인정한다"고 서술했다(『결정집』 1956, 24). 즉 이 결정문은 "종파분자"들이 "반당분자"가 아닌 것이 아니라 "우리 당의 사업 처리" 방식에서 문제가 있었을 뿐이라고 설명한다. 따라서 김일

....

16 "Telegram from A. Mikoyan to the CPSU Central Committee." September 21, 1956, History and Public Policy Program Digital Archive, GARF, Fond 5446, Opis 98c, Delo 718, Listy 12-16.

17 "Record of a Meeting between the Sino-Soviet Delegation and the Korean Workers' Party Presidium." September 20, 1956, History and Public Policy Program Digital Archive, GARF, Fond 5446, Opis 98c, Delo 718, Listy 18-34.

성은 8월 전원회의에서 "반당분자"들에 대한 결정에 대한 정당성을 마련하고자 하였으며 중소의 결의에 전략적으로 대응하였다.

9월 18일 마오쩌둥과 미코얀의 회담에서는 김일성이 약속을 어기는 것을 염려하여 "8월 전원회의" 번복 결정을 외부에 발표하기로 합의를 보았지만 김일성은 그들과의 약속을 지키지 않았다. 이후, 10월 8일, 이바노프와의 만남에서도 김일성은 9월 전원회의 결정에 관한 전문을 공개할 것을 거절하고 미코얀과 펑더화이와도 이 문제에 대해 특별한 합의를 이루지 못했다고 주장하였다.[18]

또한 9월 전원회의 전후 각 부서와 도당에서 열린 당 열성자 대회나 지방 당 전원회의를 보아도 북한의 전반적인 입장은 8월 전원회의 결정에 대한 공고화, 수용이었음을 알 수 있다. 9월 15일, 평양시 당 열성자 회의가 열려 "8월 전원회의 결정을 지지한다"는 점을 강조한다(『로동신문』, 1956/9/15). 중소 대표단이 도착한 이후에는 8월 전원회의의 "인민 경제 발전"에 관한 결정을 지지하는 것만 언급을 하고 있으나(『로동신문』, 1956/9/22) 9월 전원회의 결정을 발표한 이후에도 계속하여 "당내 종파사상" 잔재를 비판하고(『로동신문』, 1956/10/5) 반관료주의 사업을 강화하기를 요구하였다. 당내 "종파분자"들에 대해서는 "해석, 설복"의 방법은 당내에 유익하지 않을 수 있다는 점도 강조하면서(『로동신문』, 1956/10/17) 관료주의를 절대적으로 반대할 것을 호소하였다.

....

18 "Communist Party of the Soviet Union Central Committee Report on 8 October Conversation between Ambassador Ivanov and Kim Il Sung." October 15, 1956, History and Public Policy Program Digital Archive, RGANI, Fond 5, Opis 28, Delo 410, List 296.

1956년은 사회주의 진영에서 전환점이 된 해다. 소련은 바르샤바조약기구, 경제교환 메커니즘, 당내 숙청을 통해 동유럽 국가에 대한 통제를 제도화했었지만 스탈린 사망 이후에 상황은 변화를 가져오게 된다(Westad 1994, 2-3). 특히 1956년 2월 소련공산당 제20차 당 대회에서 흐루쇼프의 스탈린 비판 연설을 계기로 동유럽 사회주의권에 혼란을 초래하였다. 동유럽에서 벌어진 폴란드-헝가리 사태는 김일성에게 새로운 국면을 타개해 나갈 기회를 제공해 주었다.

폴란드의 경우, 1956년 6월에 발생한 포즈난(Poznan) 사건은 그 해 10월 친소정부의 몰락과 고물카(Gomulka) 정권의 탄생으로 이어졌다. 소련은 폴란드가 정치국 개편을 비롯한 정치개혁으로 소련의 영향력으로부터 독립하고 사회주의 진영을 이탈할 수도 있다고 우려하였다. 이에 흐루쇼프는 폴란드 영토에 주둔한 소련군을 이용하여 폴란드에 위협을 가했고 고물카가 '사회주의'를 건설하고 바르샤바조약기구에 대한 의무를 다하겠다고 약속한 이후, '관용'을 베풀어 군사적 개입을 취소하였다(Zubok 2016, 274-275). 폴란드에 비해 헝가리에서는 인민봉기가 전국적으로 퍼져 '헝가리 혁명'으로 발전하였는데 임레 나지(Imre Nagy)를 수상으로 하는 새로운 정부가 들어서게 된다. 소련은 10월 30일 "소련과 다른 사회주의 국가들과의 친선협조의 발전 및 그 가일층 강화의 기본에 관한 소련정부의 선언"을 발표하여 "형제적" 나라들과의 관계에서 소련이 저지른 심각한 오류들과 행동들에 대해 반성하고, 다른 사회주의 국가들의 주권 존중, 소련군 철수 가능성 등을 언급한 소련 나름의 '참회'를 하게 되었다(Lankov 2005, 158-159).

그러나 11월 1일 임레 나지의 바르샤바협정 탈퇴 선언은 소련에게 헝가리가 사회주의 진영을 이탈할 수도 있다고 인식하게 하였다. 이에 11월 4일 군사적 개입을 결정하고 무력으로 헝가리를 침공했다. 이 과정에서 중국은 소련을 반대하려는 폴란드와 사회주의 진영에서 이탈하려는 헝가리에 대하여 이분법적으로 접근하였다. 소련 대국주의를 반대하는 폴란드에 대해서는 소련의 군사 개입을 반대하고 사회주의 진영 내부에서 "평화공존 5항 원칙"을 준수할 것을 호소하지만 사회주의 진영을 이탈 의심되는 헝가리에는 소련의 무력 진압이 불가피하다고 보았다(沈志華 2005, 142-143). 사실상 제네바회담과 반둥회의를 통해 중국의 영향력이 강화됨에 따라 마오쩌둥 등 중국의 지도자들은 미국을 중심으로 하는 기존 국제체제와 모스크바를 중심으로 하는 국제 공산주의 운동의 기본 구조에 대하여 정치적, 규범적으로 도전할 의지와 준비가 되어 있었던 것이다(Jian 2015, 106).

동유럽의 위기에 대하여 중국이 소극적으로 개입을 할 수밖에 없었다면 북한에 대해서는 8월 전원회의 사후 처리 과정에 적극적인 자세로 임하면서 9월 전원회의 결의문 내용을 발표하는 문제에 관심을 집중하였다. 폴란드와 헝가리의 상황이 악화되면서 북한 당 내부의 문제는 잠시 중소에게 부차적인 문제로 떨어졌지만 북한이 "한반도 문제 해결을 위해 유엔이 평화회의를 개최할 것"을 제의하면서 중국과 소련은 재차 북한문제에 집중하게 되었다. 중국과 소련이 동유럽 위기에 대처하는 시기를 이용해 김일성은 대내와 대외에서 중소로부터의 개입에서 벗어나려고 하였다.

대내적 차원에서는 정치적으로는 내부 권력 투쟁에서 승리한 김일성이 "반당종파분자"들에 대한 숙청 작업을 진행하고 경제적으로는 소련의 패권에서부터 이탈하기 위한 "경제에서의 자립" 슬로건을 제기하였다. 동유럽 위기로 인해 중국과 소련은 북한 로동당 당내 개입의 명분과 시기가 배제되었고 연안계 최창익을 비롯한 "반당종파분자"들을 완전히 숙청할 수 있는 기회가 생겼다. 또한 매개 당원들과의 개별적인 담화를 통한 당증 교환사업을 재개하였다. 당증 교환 사업은 "당내 적대분자들을 폭로"하기 위함이었지만 근본적으로는 "매개 당원들의 사상 정치적 단련과 밀접히 련결된 사업이며 전 당의 공고화에 막대한 기여로 될 일대 정치적 조직적 사업"이라고 밝혔다.[19] 즉 당증교환사업이나 이와 결부하여 진행된 "초급당 단체의 선거"사업은 북한 사회에서의 사상 강화를 위한 것이라고 설명했다.

또한 김일성은 1956년 12월 중앙위원회 전원회의에서 "사회주의건설에서 혁명적대고조를 일으키기 위하여"라는 연설에서 "경제에서의 자립" 슬로건을 제기하였다(김일성 1980d, 406-408). 김일성은 경제에서의 자립은 정치에서의 자주의 물질적 토대라고 지적하고 경제적 자립이 없으면 정치적 자주도 없다고 강조하였다. 그러나 경제에서의 자립은 외국의 모든 원조를 차단하는 것이 아니라 국가가 "인민경제"의 생명선과 관련된 분야를 독점해야 한다는 것이다.

....

19 당증교환사업은 기술적인 사업이 아니고 청당 사업도 아니며 이 사업은 매개 당원들의
    사상 정치적 단련과 밀접히 련결된 사업이며 전 당의 공고화에 막대한 기여로 될 일대
    정치적 조직적 사업이라고 밝혔다. "사설: 당증 교환 사업을 높은 정치적 수준에서 진행
    하자." 『로동신문』, 1956/12/1.

북한이 중소 두 강대국 사이에서의 대외적 자율성에 대한 추구는 북소 간의 협력적인 관계가 북중 간의 갈등적인 관계를 대체하는 삼각관계의 구조로 인해 파생되었다. 중소 공동 개입에도 불구하고 북중관계는 소북관계보다 악화되었다. 우선 중국은 소련보다 북한의 9월 전원회의 결정문 발표에 주의를 두었다. 또한 북한은 "한반도 문제 해결을 위해 유엔이 참여할 것을 요청"한 비망록을 중국과 소련에게 전달하였는데 마오쩌둥은 김일성이 북한문제 토의에서 중국을 배제하여 중국의 영향력을 감소시키는 것이 목적이라고 분석하면서 "김일성이 임레 나지가 될 수 있다"고 소련에 설명하였다.[20] 양국관계는 중국의 북한 원조 요청에 대한 거부 문제로 인해 진일보 악화되고, 북한과 중국 대사관 간의 연계가 줄어들고 북한 로동당 내부 문제와 국가 건설 문제에 관해서도 토론이 극히 적었다(沈志華 2015, 123-124).

8월 전원회의 사건과 헝가리 사태 이후, 김일성 또한 중국인민지원군의 주둔을 단일지도체제 형성과 양국 간 비대칭관계에 있어 가장 큰 위협 요소로 인식하였다. 그러므로 중국인민지원군의 철수를 통해 중국의 대북 영향력을 제거하고 평등한 양국 관계를 구성하려 하였다. 이는 당시 사회주의 진영 내에서 소련이 취하고 있었던 "주권에 대한 강조"라는 논리와 일맥상통했다. 대내적 차원에서의 정권 안보의 목표를 실현하기 위하여 북한은 중국과의 관계 악화에도 불구하고 외부 연계와의 차단을 통해 중국의 영향력을 제한하고자 하였다.

....

20 "마오쩌둥 접견 유딘 담화기록." 1956년 11월 30일. 한상준(2014, 91)에서 재인용.

그러나 소련과의 관계에서 김일성은 사회주의 진영에서의 소련의 권위를 지지하고 협력적인 북소관계를 구축하고자 하였다. 우선, 소련은 1956년 10월 30일에 "소련과 기타 사회주의 국가들 간의 친선협조의 발전 및 그 가일층 강화의 기본에 관한 선언"을 발표하였다. 이는 동유럽 위기에 대한 소련의 반성이었고 동유럽 국가들의 주권의식이 강화되며 '국제주의'적 시각으로 더 이상 문제를 인식하지 않을 것임을 나타낸 데 대한 대응이었다. 북한은 11월 1일 이 선언을 『로동신문』 1면에 실어 소련의 입장을 지지하였고 11월 6일에는 사설을 발표하여 소련의 사회주의 진영에서의 지도적 역할을 강조하였다(『로동신문』, 1956/11/6). 헝가리 사건에 대해서는 "반혁명 분자들의 음모"라고 비판하면서 소련의 입장을 전적으로 지지하고[21] 미국, 영국, 프랑스가 헝가리 문제를 유엔에 상정하였고, 안보리가 소집되었는데 이에 대해서는 "서방 국가들의 음모적인 계획"이라고 비판하였다(『로동신문』, 1956/11/5).

북한이 소련의 사회주의 진영에서의 권위를 인정하였다면 소련은 이에 대해 경제 원조로 북한에 보상하였으며 8월 전원회의 사건으로 인한 양국 사이의 모순이 봉합되어 가는 양상을 보였다. 동유럽 위기 상황 이후, 소련은 사회주의 국가들 간의 평등한 관계를 강조하면서 형제국가들에 대한 지원을 강화할 것을 약속하였다.[22] 이

....

21 『로동신문』 1956년 11월 6일자에는 사회주의를 적대시하는 주동 세력의 폭동은 제국주의 열강 세력의 '파괴 활동의 결과'로, 반동 세력들의 배후에는 서구 열강이 자리하고 있었다고 보도하였다. "웽그리아에서 반동에로의 길을 저지 시키라."

22 "苏欧司为总理访苏准备的有关苏联情况的材料(1956/12/24): 最近苏联国内外和中苏关系中的一些主要情况-供总理访苏参考"

에 북한에 대해서도 군사, 경제에서의 조언과 소련전문가 파견을 지연시키면서 대신 상호 간에 지원을 행하자고 제안했고 북한도 이에 적극적으로 환영했다(Shimotomai 2012, 250). 1957년 2월, 소련공산당 중앙은 1957년도 '소북무역협정'과 북한에 대한 '물자 무상제공 협정'을 비준하였고(沈志華 2017, 532), 1957년 4월 9일에는 북한과 소련 간의 1957년도 상품 호상 납입에 관한 의정서도 조인되었다.

V. 맺음말

1956년은 사회주의 진영에서 전환점이 되는 해였고 진영 내부 약소국의 지도자였던 김일성에게는 내부적으로는 권력 투쟁, 외부적으로는 중소의 간섭을 성공적으로 배제한 역사적인 한 해이기도 했다. 1955년 4월 테제를 통해 김일성은 주체를 확립하려고 하였지만 이 시기에는 전후 복구 건설 과정에서 중소의 지원으로 인해 강대국으로부터 자주를 호소할 만한 여건이 부족했다. 그러나 1955년 후반부터 김일성은 당내 일부 인물들의 "종파행위"에 대한 비판에서부터 "종파집단"에 대한 비판을 시작하여 소련, 중국과 연계를 맺고 있는 소련계, 연안계에 대한 공격을 준비하려고 하였다.

1956년 2월 소공 제20차 당 대회 이후, 사회주의 진영에서는 개인숭배를 극복하고 당내 민주주의를 확립하려는 움직임이 강화되었다. 북한 내부에서 소련계와 연안계는 당내 민주집중제를 실현할 수 있는 기회라고 인식하였고 김일성은 소련의 영향력을 일정 부분 차단할 수 있는 기회라고 인식했을 것이다. 그러므로 소련계와 연안계가 외부 세력을 통해 당 내부의 문제를 해결하려고 했다면 김일성은 오히려 사회주의 국제 분업 체계에서 벗어나 주권국가로서의 "경제에서의 자립, 정치에서의 자주"를 원했던 것이다.

1956년 4월 북한 로동당 제3차 당 대회 이후, 반김일성 세력들이 김일성에 대한 반격으로 일으킨 8월 전원회의는 실패로 전락하게 되었다. 그러나 8월 "전원회의" 사건은 북한 내부 문제로 끝나지 못하고 중소가 북한 내정에 개입하게 되면서 사회주의 진영 내 "형제당"끼리의 문제로 전환되었다. 이 과정에서 중소 양당의 북한 내정 개입에 대한 상이한 인식을 나타냈는데 소련이 사회주의 진영의 모당으로서의 "국제주의" 인식을 나타냈다면 이 시기 마오쩌둥의 경우, 사회주의라는 이데올로기의 연대보다 공동의 안보 위협으로 인해 형성된 "혈맹관계"라는 점을 강조했다.

중소의 개입으로 9월 전원회의가 개최되었고 김일성은 9월 전원회의 결정문 발표를 지연시키는 전략으로 중소에 대응하였다. 또한 8월 "종파분자"들에 대해서는 "반당분자"가 아닌 것이 아니라 "우리 당의 사업 처리" 방식에서 문제가 있었을 뿐이라고 설명하면서 "반당분자"들에 대한 결정에 대한 정당성을 마련하고자 하였으며 중소의 결의에 순응만 하였던 것은 아니었다. 이후 사회주의 진영에서의 혼란은 김일성에게 대내적 숙청과 대외적 자율성을 확보할 수 있는 구조적 환경을 형성하였다. 이에 김일성은 대내적 차원에서는 소련계, 연안계에 대한 숙청과 소련의 패권에서부터 이탈하기 위한 "경제에서의 자립" 슬로건을 제기하였고 대외적 차원에서는 사회주의 진영에서의 소련의 권위를 지지하고 협력적인 북소관계를 구축하고자 하였던 반면, 중국과의 관계 악화를 감수하더라도 중국인민

지원군 철수를 요구하며 중국의 영향력을 제한하고자 하였다.

1948년 북한정부가 수립되던 시점은 소련의 대북 영향력이 절정에 달하던 시기였고 김일성으로서는 소련이 북한 대내외 문제에 개입하는 것은 불가피하였다. 북중관계의 경우, 항일전쟁과 국공내전 과정에서 치른 상호 협력은 이후 양국 정부에서 "혈맹관계"라고 지칭하게 한 중요한 배경이 되었다. 한국전쟁의 발발로 인해 삼국관계가 협력의 최고점에 달하였던 시기였지만 전쟁 수행 과정에서의 이익충돌은 삼국 사이의 불신을 키우게 된 결정적 계기가 되었다. 이러한 상황에서 8월 전원회의 사건이 발생하고 중소의 북한 내정 개입에 대해 김일성은 전략적으로 대응하며 북중소 삼각관계의 동학을 이용하였다. 8월 전원회의 사건 전후의 과정에서 북중소 삼각관계는 아래와 같은 전환을 이루었다고 보여진다.

첫째, 비대칭적 삼각관계로서의 북중소 삼국관계는 양자 관계를 중심으로 한 삼각관계의 구조로 인해 중소 분쟁 이전, 북중 간의 충돌은 북소 간의 협력으로 대체되는 현상이 일어났다. 김일성은 대내적 차원에서의 정권 안보의 목표를 실현하기 위하여 중국인민지원군 철수를 요구하면서 북중관계의 갈등이 나타났다. 그러나 북한은 소련의 사회주의 진영에서의 권위를 인정하는 것으로, 소련은 이에 대해 원조를 확대하는 것으로 양국 사이의 협력 관계를 유지할 수 있었다. 그러므로 중소 분쟁 이전, 비대칭적 삼각관계의 구조의 대체 속성으로 인해 북한은 중국과 소련으로부터 외부적 자율성을 획득할 수 있는 구조적 환경이 조성된 것이다.

둘째, "프롤레타리아 국제주의"를 원칙으로 한 북중소 삼각관계의 사회주의적 연대는 점차 약화되었다. 8월 전원회의 사건 과정에서 소련은 북한 내부 문제에 대해 여전히 "대국주의", "국제주의" 인식을 나타내는 반면 중국은 '국제주의' 인식보다 북한 내부문제로 인한 위협 발발 가능성을 더 염려하였다. 이 시기 마오쩌둥의 인식에서 북중소 관계는 사회주의 연대보다 공통의 위협으로 인해 형성된 비공식적 동맹이라는 것을 알 수 있다.

김일성 또한 중소의 북한 내정 문제에 개입한 이후, 사회주의 모당인 소련의 정책을 지지하였지만 중국의 대북 영향력을 감소시키기 위해 노력했던 것으로 보인다. 결국 김일성의 인식 속에서도 사회주의적 연대, 프롤레타리아 국제주의보다 "남조선 혁명, 미제국주의를 타도"하기 위해 사회주의 진영을 단결함으로써 본국 혁명을 위한 출발점에서 북중소 삼각관계에 접근한 것이라고 보여진다.

셋째, 힘의 역학관계로 인해 형성되었던 위계적인 북중소 삼각관계가 소련이 사회주의 진영에서의 권위의 약화와 약소국인 북한이 주권 국가로서의 지위를 대내외적으로 추구함에 따라 내정 불개입을 원칙으로 하는 북중소 삼각관계로 전환되기 시작하였다. 당내 분파 갈등은 북한에서 8월 전원회의 사건을 일으켰고 김일성은 당내 민주주의가 아닌 주권국가로서의 자주를 추구하고자 하였다. 이는 소련이 몰락한 후 현재의 북중 관계뿐만 아니라 북한에서 외부와 연계된 당내 세력을 견제하고 숙청하는 움직임의 기원이 되었다.

참고문헌

1차 자료

김일성. 1980a. "당의 조직적 사상적 강화는 우리 승리의 기초." 『김일성저작집 7』. 평양: 조선로동당 출판사.
_____. 1980b. "사회주의혁명의 현 계단에 있어서 당 및 국가 사업의 몇 가지 문제들에 대하여." 『김일성저작집 9』. 평양: 조선로동당 출판사.
_____. 1980c. "당 학교 교수 교양 사업의 기본은 학생들의 당성 단련이다–중앙당학교 교직원, 학생들 앞에서 한 연설." 『김일성저작집 9』. 평양: 조선로동당 출판사.
_____. 1980d. "사상사업에서 교조주의와 형식주의를 퇴치하고 주체를 확립할데 대하여." 『김일성저작집 10』. 평양: 조선로동당출판사.
조선로동당출판사. 1964. 『대중정치용어사전』. 평양: 조선로동당출판사.
사회과학출판사. 1973. 『정치사전』. 평양: 사회과학출판사.
사회과학원철학연구소. 1970. 『철학사전』. 평양: 사회과학출판사.
_____. 1985. 『철학사전』. 평양: 사회과학출판사.
『결정집(1956년 전원회의, 정치, 상무, 조직 위원회)』. 평양: 조선로동당 중앙위원회.
조선중앙통신사. 『조선중앙년감』(1956년)
『로동신문』

Cold War International History Project. Digital Archive.
North Korea August 1956 Plenum Incident. https://digitalarchive.wilsoncenter.
org/collection/116/north-korea-august-1956-plenum-incident

沈志華. 2015. 『俄罗斯解密档案选编: 中苏关系』 第七卷. 上海: 东方出版中心
中共中央文献研究室. 2013. 『毛泽东(1949~1976)』 第三卷. 北京: 中共中央文献出版社

2차 자료

국사편찬위원회. 2008. 『북한관계사료집』 제57권. 과천: 국사편찬위원회.
_____. 2013. 『북한관계사료집』 제73권. 과천: 국사편찬위원회.
국토통일원. 1988. 『조선로동당 대회 자료집 1』. 서울: 국토통일원 조사연구실.
김보미. 2019. 『김일성과 중소분쟁: 북한 자주외교의 기원과 형성(1953~1966)』. 서울: 서강대학교.
김성배. 2016. "북한의 자주 개념사 연구." 『평화연구』 24(2): 5-32.

백인학·홍민식·김승채. 2001. "김정일 정권의 '신북방삼각관계' 분석: 로동신문의 내용을 중심으로." 『북한연구학회보』 5(1): 83-124.

백준기. 2004. "조선로동당의 '일당 민주주의'적 특성과 '경쟁적 체계'로의 이행 가능성- 1950년대를 중심으로." 『역사문제연구』 13: 125-145.

백학순. 2010. 『북한 권력의 역사: 사상·정체성·구조』. 서울: 한울.

Vladislav M. Zubok. 2016. 『실패한 제국 1-냉전 시대 소련의 역사』. 김남섭 옮김. 파주: 아카넷

서동만. 2005. 『북조선 사회주의 체제 성립사(1945~1961)』. 서울: 선인.

沈志華. 2017. 『최후의 천조- 모택동, 김일성 시대의 중국과 북한』. 김동길 등 옮김. 서울: 선인.

Nobuo, Shimotomai. 2012. 『모스크바와 김일성: 냉전기의 북한 1945-1961』. 이종국 옮김. 서울: 논형.

신욱희. 2012. "미중일 관계의 전망에 대한 이론적 검토: 통합적 이론으로서 위협균형/ 위협전이론." 『아시아리뷰』 2(1): 7-30.

_____. 2017. "체제, 관계, 복잡성/복합성, 삼각관계- 지역의 이론과 실천." 서울대학교 국제문제연구소 편. 『복잡성과 복합성의 세계정치』. 서울: 사회평론아카데미.

심지연. 2009. 『최창익 연구』. 서울: 백산서당.

양호민. 1996. "중소 대립 속의 북한." 양호민 외. 『남북한체제의 강고화와 대결: 1955년에서 1965년까지』. 서울: 소화.

웨더스비·강규형. 2010. "북-중-소 삼각관계가 6·25전쟁 과정과 전후 북한외교 행태에 미친 영향: 기밀해제문서를 중심으로." 『정신문화연구』 33(3): 117-142.

이미경. 2003. "1950-60년대 북한, 중국, 소련 삼각관계의 형성과 균열." 『중소연구』 26(4): 81-106.

이재훈. 2017. "1956년 8월 전원회의 직후 중소의 개입과 북한 지도부의 대응." 『역사비평』 119: 334-363.

이종석. 2000. 『북한-중국 관계 1945~2000』. 서울: 중심.

_____. 2010. "중소의 북한 내정간섭 사례연구: 8월 종파사건." 『세종정책연구』 6(2): 381- 419.

장노순. 1996. "'교환동맹모델'의 교환성: 비대칭 한미안보동맹." 『국제정치논총』 36(1): 79- 104.

정병일. 2016. "초기 북한 국가건설에 미친 만주파와 연안파의 영향력 비교연구-연안파의 영향력을 중심으로." 『통일연구』 20(1): 151-194.

정진위. 1985. 『북방삼각관계: 북한의 대 중·소관계를 중심으로』. 서울: 법문사.

조민·김진하. 2014. 『북핵일지 1955~2014』. 서울: 현대아트컴.

최명해. 2009. 『중국-북한 동맹관계: 불편한 동거의 역사』. 서울: 오름.

한상준. 2012. "중국인민지원군 철군의 원인과 중북관계." 『아태연구』 19(2): 5-39.

함명식. 2016. "북한-중국 동맹관계에 대한 이론적 재고찰: 약소국의 비대칭 전략과 자율성 증가." 『동북아연구』 31(1): 5-28.

허문영·유동원·심승우. 2012.『북방삼각관계 변화와 지속: 북한의 균형화 전략을
중심으로』. 서울: 통일연구원.

Lankov, Andrei. 1995.『소련의 자료로 본 북한 현대정치사』. 김광린 옮김. 서울: 오림.

Jervis, R. 1997. *System effects: Complexity in Political and Social Life*. Princeton
University Press.

Jian, Chen. 2015. "The Beginning of the End: 1956 as a Turning Point in Chinese and
Cold War History." *Modern China Studies* 22(1): 99-126.

Jones, Robert A. 1990. *The Soviet Concept of 'Limited Sovereignty' from Lenin to
Gorbachev: The Brezhnev Doctrine*. New York: Palgrave Macmillan.

Lankov, Andrei N. 2005. *Crisis in North Korea: The Failure of De-Stalinization 1956*.
Honolulu: University of Hawaii Press and Center for Korean Studies, University of
Hawaii.

Nobuo, Shimotomai. 2011. "Kim Il Sung's Balancing Act between Moscow and Beijing,
1956-1972." Tsuyoshi, Hasegawa (ed.), *The Cold War in East Asia 1945-1991*.
Washington, D.C: Woodrow Wilson Center Press.

Person, James. F. 2006. "We need help from outside: The North Korean opposition
movement of 1956." Cold War International History Project. Working Paper
52(August): 1-50.

Westad, Odd Arne. 1994. "Introduction: The Rise and Fall of the Communist Bloc."
Westad, Odd Arne (ed.), *The Soviet Union in Eastern Europe 1945-1989*. New
York: St. Martin's Press.

Woo, S. 2001, "The Politics of Asymmetrical Triangles: Cooperation and Conflict in
Northeast Asia." Ph. D. Diss, University of Indiana.

沈志華. 2005. "一九五六年十月危機: 中國的角色和影響－'波匈事件與中國'研究之一."
『歷史研究』2: 119-143.

한국 외교안보정책에 대한
탈식민주의 이론적 검토
식민성의 역사적 형성과 변용에 관하여

은용수(한양대학교 정치외교학과)

I. 서론

1945년에 맞은 독립은 한반도가 탈식민화되어 주체적인 외교안보행위자로서 국제사회에 등장하고 활동할 수 있는 물리적 환경을 조성했다고 할 수 있다. 그러나 독립 후 75년이 지난 지금, 한국은 과연 적실한 탈식민화 과정을 거쳐 외교안보의 자율성과 주체성을 확보했다고 할 수 있을까? 서구보편적 시각이 아닌 한반도의 "경

....

* 이 글은 신욱희 교수님이 주도했던 '한반도 국제관계사' 공부모임을 통해 처음 모습을 갖추기 시작하여 『한국정치학회보』에 실리면서 완성된 필자의 논문 "혼종 식민성(Hybrid coloniality)"을 수정/보완한 것임을 밝힙니다. 당시 모임에 함께한 신욱희 교수님, 구갑우 교수님, 이혜정 교수님, 옥창준 선생, 그리고 량미화 선생께 감사의 마음을 표합니다. 여러 선생님들을 통해서 한반도 국제관계사를 다시, 그리고 다르게 생각해보면서 필자의 부족함이 채워질 수 있었습니다. 물론 여전히 남아 있는 한계가 있으며 그것은 오롯이 필자의 몫입니다.

험과 장소"에 착근된 시각으로 외교안보의 문제를 인식하고 해석하며, 이에 조응하는 외교안보정책을 수립 및 시행하고 있는 것일까? 그것이 아니라면, 인식과 실천의 주체성을 억누르고 있는 요인이나 상황은 무엇이며, 그러한 제약조건은 어떠한 역사적 과정을 통해, 또한 어떠한 역사적 사회구조와 행위의 상호작용을 통해 형성된 것일까? 그리고 만약 지금까지도 탈식민화가 이뤄지지 못했고 오히려 식민성이 지속되고 있다면, 그것의 기저에 놓인 메커니즘은 무엇일까? 궁극적으로 어떻게 하면 식민성을 극복할 수 있을까?

이 글은 이러한 질문들에 나름의 답을 찾고자 한다. 물론 답을 찾는 방법은 다양하다. 아직까지 발굴되지 않았던 혹은 검토되지 않았던 사료를 찾아내서 당시 역사 속 행위자들의 의도와 선택을 자세히 살펴볼 수도 있고, 기존의 사료나 역사적 연구문헌을 교차적으로 재검토해보고 관련 사건들을 재해석할 수도 있다. 이와 같은 접근은 일본으로부터의 독립, 대한민국 정부수립, 한국전쟁, 휴전협정, 한미동맹체결, 한일협정 등 당시 역사적 사건들의 면모를 깊이 알 수 있게 해주며 나아가 관련 행위자들의 인식이나 의도에 대한 두터운 이해를 제공해준다는 큰 장점이 있다. 그럼에도 불구하고 본 장에서는 좀 더 거시적인 이론적 분석에 방점을 두고자 한다. 그 이유는 앞서 제시한 연구질문들이 식민과 탈식민을 이미 발생한 역사적인 '사건'으로 인지하기보다는 현재, 그리고 미래와 존재의 측면에서 얽혀 있는 '과정'으로 바라보고 있기 때문이다. 즉 본 장의 출발전제는 식민과 탈식민을 하나의 역사적 사건, 경험, 혹은 현상으로 이해하는 것이 아니라 과거, 현재, 미래에 모두 얽혀 있는 사회적 사실로 여기는 것이다. 달리 말해, 과거, 현재, 미래를 선형적으로,

그리고 개체적으로 구별하는 서구근대 존재론이 아닌 과거, 현재, 미래가 구별되지도 나아가 순차적이지도 않고 따라서 역의 인과관계 또한 가능하다고 전제하는 "관계적" 혹은 "양자적" 존재론에 기초하는 것이라고 할 수 있다. 따라서 후술하는 것처럼, (탈)식민 자체보다는 (탈)식민 '성'이라는 보편적 성질(nature)이 본 장의 주요 논의/분석 대상이 된다. 이러한 복합적이고 통시적인 연구문제에 답하기 위해서 이 글은 탈식민주의라는 '이론'의 통찰에 기대어 답을 찾고자 한다. 국경, 시대, 민족의 경계를 넘어 다양한 식민과 탈식민의 역사적 사례들에 기초하고 현재의 작동방식을 중요한 이론적 자원으로 발전시킨 탈식민주의 이론의 장(field)에 한국의 사례를 위치시켜보고 성찰적인 분석과 대안을 제시하고자 하는 것이다.

그렇다면, 우선 탈식민주의 이론이 어떤 의미와 시사점을 함축하고 있는지 알아야 하며, 이에 대한 설명을 아래 절에서 하고자 한다. 여기서는 탈식민주의 이론의 복합적 함의를 풀어서 설명하고 "식민성(coloniality)"의 개념, 특히 라틴아메리카 탈식민주의 이론가들이 강조하는 "인식/지식의 식민성"에 대해서 상술할 것이다. 제3절에서는 1945년 이후 한반도에서 발생한 주요한 국제정치적 사건들을 살펴본다. 이에 대한 자세한 소개는 이미 많은 외교사 논문과 저서에서 다뤄진 바 있기에 여기서는 상술하지 않고 다만 이 글과 직접 관련이 되는 주요 사건들의 전개와 결과를 중심으로 다루고자 한다. 당시 발생한 사건들은 결국 한국의 탈식민화를 유예시키고 외교안보정책에 식민성이 배태되는 기제로 작동하게 되었다고 본 장은 주장한다. 특히 미소의 글로벌한 균열구조로서의 냉전이 동아시아라는 지역적 맥락을 거치고(샌프란시스코 강화조약과 한미동맹), 한반도의 민족적 경험(한국전쟁과 정전협정)과 한국의 국내정치적 이해관계(군사정권의 정권안보와 반공이데올로기)로 다시 한번 필터링 되면서 식민성은 혼종된(hybrid) 형태로 한국의 외교안보 영역에 내면화되었음을 상술한다.

II. 탈식민주의 이론

탈식민주의(postcolonialism)는 비록 "주의(ism)"라는 용어를 접미어로 갖고 있는 개념이지만 그것을 통상적인 방식처럼 하나의 통일된 설명(인식)체계로 묶여 있는 이론이나 패러다임으로 이해하는 것은 적절하지 않다. 그 이유는 아래에서 상술하듯 탈식민주의의 매우 복합적인 인식규범적 속성과 그것이 갖는 다면적인 함의 때문이다. 이러한 측면에서 몇몇 학자들은 하나로 통일된 인식적 지향을 내포하고 있는 "주의(ism)"라는 명칭보다는 탈식민적 "관점(post-colonial perspective)"이라는 용어를 더욱 선호하기도 한다(Epstein 2014, 294).

1. 탈식민주의 이론의 다층적 함의

거칠게 요약하자면 탈식민주의는 피지배자의 경험과 시각으로 지배세력에 의해 형성 및 유지되는 모든 형태의 위계적이고 차별적인 인식체계, 역사(기록), 질서 및 제도를 비판하고 해체/극복하여 불평등을 해소하고 궁극적으로는 주체성을 회복하고자 하는 이론,

담론, 그리고 실천운동이라고 정의할 수 있다. 그리고 이렇게 정의되는 탈식민주의는 '문제의식'의 측면, '논리적 근거와 전개'의 측면, 그리고 '지향점'의 측면으로 다시 세분하여 살펴볼 수 있다.

첫째로 탈식민주의를 '문제의식'의 측면에서 살펴본다는 것은, 과거 식민주의의 유산이나 지배이데올로기가 해체/극복되었는가, 아닌가를 논의의 출발점에 둔다는 의미이다. 주지하듯 탈식민주의의 '탈(脫, post)'이라는 접두어는 무엇 '다음에 오는(coming after)' 시간적 의미와 동시에 무엇을 '넘어서 가는(going beyond)'이라는 주체적 극복의 의미를 동시에 지닌다. 예를 들어, (서구의) 제국주의가 '외형적'으로 종식된 현재, (비서구의) 우리는 어느 지점에 와 있는가에 대한 판단 혹은 성찰은 다양한 차원에서 다르게 이뤄질 수 있다. 특히 2차 세계대전 종전을 기점으로 식민주의가 '물리적'으로 사라지기 시작했다고 하더라도 그것이 정치 및 경제제도의 차원, 특히 인식과 정신적 차원에서 지속되고 있음을 강조하면서, 탈식민주의라는 용어 대신 '신'식민주의(neo-colonialism)라는 용어가 사용되기도 한다.

예컨대 탈식민주의 학자들은 서구(미국과 유럽)의 금융자본 독점과 신자유주의 시장경제체제로 인해 21세기에도 여전히 서구에 의한 "글로벌 사우스(Global South)"의 착취가 계속되고 있음을 강조한다. 그리고 이러한 문제의식은 사미르 아민(Samir Amin)이 말하는 "리버럴 바이러스(Liberal Virus)"라는 개념과(Amin 2004), 존 스미스(John Smith)가 말하는 "21세기 제국주의"와 자본의 "초착취(Super-Exploitation)"에 관한 논의에서 잘 드러난다(Smith 2016). 특히 안토니오 네그리(Antonio Negri)는 신자유주의 금융권력이 민족

국가라는 틀을 넘어 인간 개개인의 삶 속까지 깊게 파고들고 있으며 이는 자유주의라는 사상에 기대고 있기에 더욱 은밀하고 전방위적일 수 있음을 지적한다(Negri 2008). 다른 한편 월터 미뇰로(Walter Mignolo), 아니발 끼하노(Aníbal Quijano), 엔리케 두셀(Enrique Dussel) 등, 라틴아메리카의 탈식민주의 학자들은 "지식의 식민성/유럽중심성" 혹은 "권력의 식민성(coloniality of power)"이라는 개념을 성찰적으로 사용하면서, 서구의 식민지배를 겪은 피지배지의 연구자들이 '내 안의 타자화'에 빠져 있음을 지적한다(Mignolo 1992; 2011; Dussel 2003). 여전히 라틴아메리카 지역의 연구자들이 토착지식과 문화를 열등하게 인식하고, 서구의 지식생산체계를 지식발전의 가장 타당한 토대로 받아들이는 경향이 남아 있음을 강하게 비판하는 것이다. 이런 맥락에서 탈식민화를 "포스트콜로나이징(postcolonising)"으로 쓰기도 하지만, "식민성(coloniality)"의 극복을 중시하는 입장에서는 '해체'식민화, 즉 "디콜로나이징(de-colonising)"이라는 용어를 선호하기도 한다(Epstein 2014, 295-300.) 나아가 탈식민주의가 갖는 용어의 양가적 속성 때문에 한국의 일부 문화비평학자들은 아예 '포스트콜로니얼리즘'이라는 영어단어를 그대로 옮겨 쓰기도 한다. 이와 같은 용어의 중첩성은 개념적 오해를 불러일으킨다는 측면에서 비판받을 수도 있으나, 오히려 탈식민주의가 문제시 하는 것이 무엇인지를 더욱 일관되게 보여주는 측면도 있다고 할 수 있다. 탈식민주의든, 신식민주의든 혹은 "포스트콜로나이징"이든 "디콜로나이징"이든, 다양한 용어가 중첩되어 사용되기에 이들이 갖고 있는 문제의식이 무엇인지에 관해 더욱 민감하게 반응하게 되며 결국 어떤 용어를 사용하든 서구모델의 자발적 보편화, 서구 중심의 위계적 타자화라는 식민성의 해체가 이뤄져야 한다는 문제의식에는 모두 동의하고 있음을 알 수 있게 된다.

그렇다면, '왜 이러한 문제의식을 갖게 되었는가'라는 질문이 자연스럽게 따라 붙을 수밖에 없다. 이 질문을 고민하는 것은 앞서 언급한 탈식민주의의 두 번째 측면인 '논리적 근거와 전개'를 살펴보는 작업이기도 하다. 전술한 바와 같이 탈식민주의는 피식민지의 경험과 시각으로부터 출발한다. 오랜 기간 비서구는 서구(유럽)의 자본축적을 위한 식민적 착취와 이를 뒷받침하는 문화연구 혹은 지역연구의 '대상(object)'에 불과했다. 이에 대한 대응과 극복으로써 탈식민주의는 식민통치자(서구유럽) 중심의 사고체계를 끊고, 나아가 지배규율적 질서를 해체하고 이를 '여기-나'의 시각으로 재구성하려고 한다. 탈식민주의를 이른바 "위치 지워진(situated knowledge)" 지식론에 속하는 입장으로 보는 이유도 바로 여기에 있다. 김은중(2011, 27; 2014, 21)의 표현을 빌리자면, 탈식민주의의 핵심은 나의 "삶(몸)과 터에 뿌리 내린" 지식이고 관점이며 행동인 것이다. 이는 추상적이고 보편적인 것으로 여겨지는 서구근대 이성이 아닌 주관적이고 시공간적으로 맥락화된 관점의 중요함을 극명히 강조하는 수사이자 실천기법이다. '이성'이 아닌 당사자의 주관적인 '감정'과 역사적 '경험'에 배태된(embodied) 관점을 이론과 지식(생산)의 중심에 놓는 것이다. 따라서 이러한 접근을 통해 얻어진 지식은 부분적이며 특수적일 수밖에 없다. 그러나 도나 해러웨이(Donna Haraway)가 강조하듯, 근대를 넘어서려는 모든 이론적 지향들은 이러한 "부분적" 이해가 더욱 "객관적"인 것이며 진리추구에 더 적합하다고 본다(Haraway 1988, 583).

위와 같이 피지배지의 주관적 감정과 경험을 인식(앎)과 실천의 중심에 두는 탈식민주의는 곧 서구(근대철학)의 이성중심주의와 그것의 '보편화'에 대한 저항과 응전이라고 할 수 있다. 탈식민주의 입장에서 볼 때 서구근대철학의 이성주의와 자유주의, 그리고 이에 대한 보편화는 식민 종주국의 착취와 지배를 정당화하는 정치적 프로젝트에 불과한 것이다. '근대'의 서구는 '이성적' 행위자이며 '과학'을 발전시킨 '계몽'된 문명주체라는 믿음이 식민주의의 기본 작동원리였다. 이런 원리에 따라 비서구는 열등하고 비이성적이며 매우 감정적인 객체로 타자화된다. 그러므로 이들은 계몽해야 할 대상, 즉 식민의 대상으로 합리화되는 것이다. 달리 말해 '근대서구=이성=정상=보편'이라는 도식이 형성되어 이에 따라 위계적으로 타자화된 비서구는 전근대적이고 비이성적인 '객체'이자 계몽의 대상으로 여겨져서 결국 피식민의 위치가 될 수밖에 없었으며 이는 심지어 서구가 비서구를 위해 이행해야만 하는 일종의 "도덕적 책무(moral responsibility)"처럼 합리화되고 정당화되기도 했다(Jabri 2013, 18-24). 흔히 서구의 합리적 근대성을 곧 자유주의 해방적 근대성으로 (잘못) 이해하는 경향도 이러한 정당화 도식에서 비롯된 것이다(엔리케 두셀 2011, 230-240).

　이렇게 볼 때, 근대성과 식민(성)은 깊게 엉기어 있음을 알 수 있다. 근대를 위한 식민, 식민에 의한 근대가 동면의 양면처럼 서로를 구성하고 있는 것이다. 흔히 근대는 "객관적인 과학, 보편적인 도덕과 법, 자율적인 문화예술을 … 발전시키고자 했던 18세기 계몽주의 철학자들에 의해 정식화"된 것으로 이해된다(Habermas 1980, 1-7). 하지만 이는 계몽과 근대기획의 기저에 흐르는 수탈적 자본주의와 서구식민주의의 폭력과 지배행위, 그리고 이것의 정당화 논리를 제대로 간파하지 못한 것이다(Mignolo 2011). 서구의 철학과 정치학(그리고 이것을 무비판적으로 수용하는 시각)에는 근대성에 은폐된 식민성이 잘 드러나지 않는다. 이를 문제 삼고 극복하고자 하는 움직임이 바로 라틴아메리카 탈식민주의 학자들이 진행하고 있는 "근대성/식민성/탈식민성 기획"이다. 이 프로젝트의 주요 참가자인 끼하노는 "식민성과 근대성/합리성(Coloniality and Modernity/Rationality)" 제하의 논문에서 근대(성)의 시작은 18세기 계몽주의 철학이 아니라, 16세기 초 유럽의 라틴아메리카 정복으로부터 비롯된 식민과 이에 기반한 자본주의 체제였음을 논증하고 있다(Quijano 2007, 168-178). 근대성은 전근대의 탈주술적 기획으로서 인간의 이성에 기초한 보편타당한 논리가 아니라 식민주의라는 규율, 지배, 그리고 차별의 논리라는 것이다.

서구근대철학에 내재된 인간 이성에 대한 '보편적' 믿음과 그것에 기초한 인간행동에 대한 '보편화'된 설명은 곧 인류는 반드시 그렇게 (서양이 이해하는 이성의 방식으로) 행동해야만 한다는 규율적 기능을 발현하게 된다. 서구근대의 이성주의가 곧 "인식적 이상향(epistemological ideal)"으로 작동하게 되는 것이다(Epstein 2014, 299). 예를 들어, 무엇이 타당하고 과학적인 지식인지를 판단하는 기준은 이성적이며 계몽된(것으로 여겨진) 근대의 서구에 의해서 규정되고 따라서 이러한 규정에서 벗어난 지식은 폐기나 거부의 대상이 된다. 이는 과학 이전에 이미 과학을 보증하는 과학의 '정치'가 작동했음을 잘 보여준다. 이런 점에서 볼 때 식민주의는 서구의 사상과 규범의 확산에 핵심적 역할을 했다고 할 수 있고, 이를 실천한 식민통치자들이나 근대철학자들은 서구의 철학과 과학을 '지구 보편적'인 것으로 (잘못) 인식하게 하고 전파의 도덕적 정당성을 제공했다는 점에서 당대의 대표적인 "규범 주창자(norm entrepreneurs)"였다고 칭할 수 있을 것이다(Finnemore and Sikkink 1998, 893). 식민주의를 통해 서구 중심적 사상이 인간의 인식과 행동체계에 관한 보편적 판단 잣대가 되는 과정에서 피식민지의 주관적 경험이나 시각은 폭력적으로 소거 혹은 삭제되었다. 서구근대철학의 이성중심주의와 이에 대한 지구보편적 믿음, 그리고 이를 정치적, 물리적으로 행사한 제국주의와 식민주의 속에서 피식민지의 지역적 경험과 주관적 감정은 그저 계몽과 삭제의 대상이 된 것이다.

결국 이것은 '순수이성'철학이 아닌 지배권력의 정치적 프로젝트에 기인하여 발생된 부당한 결과이기 때문에 이에 대한 자연스러운 문제의식으로서 탈식민주의는 "식민성"의 해체 혹은 극복을 주창한다. 그리고 해체와 극복을 위한 첫 단추가 바로 탈식민주의에서 강조하는 "위치 지워진(situated)", 즉 나의 "삶과 터에 뿌리내린" 시각으로 수행하는 비판적 성찰이다. 예를 들어, 다음과 같은 질문에 천착하여 답을 찾아보는 것이다. 식민주의 지배논리나 규범의 '기원'은 무엇인가? 그것이 지속적으로 '재생산'되고 있는 메커니즘이 무엇인가? 어떻게 (서구의) '특정한' 사고체계가 지역과 문화의 차이를 넘어 '보편화'되었는가? 이와 같은 질문을 나의 "삶과 터" 속으로 맥락화하면서 성찰적인 답을 찾아보는 것이 탈식민의 필수 과정이다. 이를 통해 탈식민주의 학자들은 식민주의 사고체계를 해체하고 지배논리로부터 해방(emancipation)되고자 한다.

물론 이러한 탈식민의 과정에서 강조되고 있는 극복이나 해체의 실질적인 대상은 다양할 수 있다. 예를 들어 전 세계적인 소득격차와 여전히 지속되고 있는 글로벌 북반부(North)와 남반부(South) 간의 '양극화'라는 문제에 주목하고, 이런 문제가 서구에서 주도한 신자유주의의 전 지구적 제도화와 이를 통한 금융자본의 독점에 의해 발생하는 것으로 파악하고 이를 21세기형 경제적 식민화, 즉 "엑스트라 액티비즘(Extra-activism)"이라 칭하면서 사회적 협동경제모델을 통해 신자유주의 경제체제의 해체를 강조할 수도 있으며(Kidd 2016), 혹은 식민(성)과 근대(성)의 관계가 불가분의 관계였음을 인지하면서 인식/지식의 장(field)에 여전히 남아 있는 서구중심성을 극복할 것을 주문할 수도 있다(Quijano 2007; Mignolo 2011).

나아가 극복, 해체, 혹은 해방의 방법 혹은 방향 또한 다양하게 진행될 수 있다. 예를 들어, 에드워드 사이드(Edward Said)가 말하는 "논 세르비암(Non-Serviam)", 즉 자기성찰과 주체적 저항정신을 우선시할 수도 있고(Said 1996, 32-47), 호미 바바(Homi Bhabha)가 논했던 것처럼 식민지배자를 "흉내내기(mimicry)"함으로써 지배자의 정체성 분열을 유도하여 지배자(논리)가 전복될 수 있음을 상징화시킬 수도 있다(Bhabha 1994, 47-55) 혹은 가야트리 스피박(Gayatri Spivak)처럼 헤게모니 권력에 종속되어 있거나, 아예 권력의 접근 자체를 거부당한 하위주체들(농민, 노동자, 여성 등), 이른바 서발탄(subaltern)에 "말을 걸고" 그들의 목소리를 중심에 두는 서술작업이 강조될 수도 있다(Spivak 1999, 110). 나아가 프란츠 파농(Frantz Fanon)처럼 지배권력의 해체와 식민성의 극복을 위해 무력투쟁과 폭력이 수반되는 행동을 가장 우선시할 수도 있다(Fanon 2008).

무엇을 강조하고 우선시하든, 탈식민주의가 공통적으로 중시하는 것은 피지배자 자신의 삶(경험)과 터(장소)에 착근된 시각을 통해 (서구중심적) 보편주의가 해체되고 지배정당화 논리체계에서 해방되는 것이라고 할 수 있으며, 이는 결과적으로 주변부의 (삭제/소거되었던) 주관적이고 지역적이며 따라서 부분적인 경험과 감정을 전면에 등장시켜 자기 정체성을 회복하는 작업으로 이어지게 된다. 파농의 다음과 같은 발언을 보자. "… 난 스스로를 흑인이라 단언하기로 했다. 다른 사람들이 날 인정하길 주저하기에 단 하나의 해결책만이 있다. 그것은 내 자신을 알리는 것이다"(Fanon 2008, 11). 그리고 이러한 문제의식은 탈식민적 민족주의 운동, 예컨대 에메 세자르(Aimé Césaire)가 주도했던 흑인정체성 회복운동이자 범아프리카 민족주의 담론이라고 할 수 있는 "네그리튀드(Négritude)"에서도 잘 감지된다.

2. 탈식민주의 이론의 규범적 지향: '공감적 다원주의'

하지만 여기서 고민이 필요한 문제가 있다. 그렇다면, 탈식민주의가 궁극적으로 지향하는 목표지점은 민족주의 혹은 토착주의인가? 이 질문은 서두에서 소개한 탈식민주의를 이해하는 세 번째 측면과 연결되는 부분이기도 하다. 지금까지 논한 탈식민주의의 문제의식과 그것의 논리적 근거 및 전개가 최종적으로 가리키는 지점은, 이미 언급한 바와 같이 주변화되거나 소거된 자기정체성(주체성)의 회복이라고 할 수 있다. 그러나 이것이 탈식민주의의 지향점을 모두 포괄한다고 할 수 없다. 오히려 자기정체성의 회복만을 강조할 경우, 탈식민주의에 대한 오독으로 이어질 수도 있다. 물론 탈식민주의는 (서구중심적) 이성/보편주의와의 "연결고리를 끊어내고(delink-ing)" 대항담론과 저항운동으로서 (비서구의) 주관적이고 지역적인 경험과 감정을 되살려내려고 한다(Amin 1990). 하지만 이와 동시에 '되살려낸' 지역적 시각이 또다시 보편화되지 않게 하는 것이 탈식민주의 입장에서는 매우 중요하다. 들뢰즈와 가타리의 표현을 빌리자면, 지배자 중심으로 코드화되고 "홈 패인" 영토에서 "탈주"하고, 주변부의 삭제된 경험, 감정, 관점의 회복을 추구하지만, 그것의 보편화를 추구할 경우 또다른 형태의 코드로 마름질된 영토가 형성되어 결국 타자화(차별과 배제)가 수반될 수밖에 없기 때문이다. 오리엔탈리즘(orientalism)을 넘어 옥시덴탈리즘(occidentalism), 그리고 이것을 다시 넘어 '포스트'옥시텐탈리즘이 탈식민주의 이론적 논의에서 주목받고 있는 이유도 바로 여기에 있다(Coronil 1996, 51-87). 동양을 서양의 시각으로 타자화하고 왜곡시켜 재현(representation)하면서 서양의 우월성을 보편화시키는 오리엔탈리즘과 마찬가지로 옥시덴탈리즘 역시 그 대상만 뒤바뀔 뿐, '자기중심적 보편화' 속에서 타자를 왜곡하여 재현하는 문제는 그대로 남아 있기 때문에 탈식민주의 시각에서는 경계해야 할 대상인 것이다.

이처럼 탈식민주의는 인식적 보편화를 거부한다. 그렇다고 그 대응으로써 특수성만을 강조하는 것은 아니다. 그 이유는 자명하다. 보편적인 것으로 (잘못) 여겨지는 역사나 사상을 나의 '삶과 터'의 맥락에서 해체하고 재구성하여 나의 세계를 만들어간다는 것은, 하나의 세계가 존재하는 것이 아니라 복수의 세계, 복수의 세계관, 복수의 근대성, 복수의 발전모델, 요컨대 '복수의 보편'이 존재함을 전제로 하는 것이다. 이러한 전제에 기반한다는 것은, 곧 나의 세계뿐만이 아니라 상대방의 세계를 '동등한' 주체로 인정하는 것이며 다양한 세계, 다양한 역사, 다양한 문화와 사상이 '관계적'으로 공존 및 공생한다는 사실을 적극적으로 수용하는 것이다. 그리고 이러한 전제를 실천하기 위해서는 상대방의 세계를 그들의 주관적인 경험, 시선, 감정의 맥락 속에서 이해하는 공감(empathy)이나 연민(compassion)의 사유가 매우 중요해진다. 탈식민주의의 궁극적 지향점도 바로 이것이다. 공감이나 연민에 기초한 다원주의, 즉 공감적 다원주의는 탈식민주의 이론이 추구하는 매우 중요한 윤리라고 할 수 있다.

여기서의 공감이나 연민은 '예외'를 인정하는 것과는 다른 차원이다. 타자의 어떤 경험과 시각을 특수한 것, 예외적인 것으로 이해하고 인정한다는 것은, 특정한 하나의 시각이 이미 주류로서 존재하거나 보편화된 판단기준으로 작동하고 있음을 시사한다. 이러한 주류 혹은 보편기준이 있어야만 특수하고 예외적인 것도 존재할 수 있는 것이다. 탈식민주의는 이러한 사고방식을 해체하려는 담론이며 운동이다. 문화다양성을 예로 들어보면, 기존의 '다문화주의'를 넘어 '상호문화주의'가 중요해진다. 다문화주의는 지배문화의 해체를 시도하기보다는 문화적 다양성을 문화상대주의적 입장에서 인정하는 것이며 따라서 현상유지의 성격을 내재하게 되고 또한 문화(산업)와 신자유주의 자본과의 결탁을 비판적으로 고찰하지 않는다. 이와 달리 탈식민주의 연구자/실천가들은 '지배-피지배'라는 문화 간 권력관계를 들춰내고 그것을 초월하여 문화 "주체들 사이의 동등한 대표가능성을 지향"하는 '상호문화주의'를 대안으로 주목한다.

이런 맥락에서 볼 때, 탈식민주의에서 말하는 공감은, 타자를 나와 동등한 존재로 받아들인 상태에서 타자가 느끼는 감정에 연민하고 그들의 특수한 경험을 이해하려는 적극적 사유 및 실천행위라고 할 수 있다. 이는 낯설게 보이고, 비정상적이며 특수한 것처럼 여겨지는 것들에 대한 자동반사적인 거부도, 예외적인 인정도 아니다. 오히려 적극적인 받아들임이고 나아가 그것이 "되어보려는" 사유가 공감적 다원주의의 핵심이다. 타자를 인정하는 것을 넘어 구별이나 경계 자체를 초월하기 위해 타자가 나의 존재와 불가분의 관계에 있음을 인식하는 "타자의 변증학(analectics)"을 수행하는 것이며(Dussel 2003, 5-8), 이는 필연적으로 정치적, 그리고 인식적 차원의 다원주의와 맞닿게 된다. 이처럼 공감에 기반한 다원주의적 인식과 실천이야말로 탈식민주의가 이론으로서 추구하는 것이며 이러한 이유로 탈식민주의 이론가들은 규율과 배제의 기능을 발현하는 하나의 보편성(universality)이 아니라, "복수보편성(Pluri-Versality)", "복수중심적 세계(Polycentric World)"와 같은 개념을 강조한다(Amin 1990; Dussel 2003, 5-8).

이상의 논의를 종합해 보면, 탈식민주의는 특정한 지역, 문명, 세계관, 관념을 하나의 보편으로 여기는 보편주의와 이것에 내재된 위계적 권력관계를 초월하여 다원주의로 넘어가려는 이론이자 실천적 담론이라고 정의할 수 있다. 그리고 이를 달성하기 위해서는 식민성의 극복(주체성의 회복)이 필수적이며 이는 타자에 대한 공감과 '함께' 진행되어야 한다. 그렇다면 이러한 탈식민주의 이론적 시각에서 볼 때 한국은 독립 후 식민성을 제대로 극복/해체하여 '주체성'을 회복하고 '다원성'의 방향으로 나아가고 있다고 할 수 있을까? 아래 절에서는 한국이 일제의 식민통치로부터 벗어난 뒤 겪은 주요한 국제정치사적 사건들의 전개를 한국 외교안보의 자율성과 주체성[1]의 회복이라는 탈식민주의적 관점에서 살펴보고자 한다.

III. 한국의 탈식민 역사 과정: 식민성의 생성과 변용

1945년 독립 이후 한국의 외교안보환경과 향후 외교안보정책에 가장 큰 영향을 끼친 국제정치사건들은 한반도의 분단, 한국전쟁, 그리고 정전협정이라고 할 수 있다. 이는 한반도가 글로벌한 냉전구도에 본격적으로 편입된 사건들이면서 동시에 냉전을 한반도와 동아시아에 구조화, 제도화한 사건들이기도 하다. 이에 대한 자세한 소개는 이미 많은 외교사를 다룬 연구문헌을 통해 다뤄진 바 있기 때문에 여기서는 상술하지 않고 다만 이 글의의 논의에 직접 관련된 사건들을 중점으로 분석한다. 비록 단순화의 위험이 있을 수 있으나 이를 통해 한반도 및 동아시아 냉전의 전개와 결과의 일정한 특징이나 패턴을 파악해보고자 한다. 특히 이 글은 전후 동아시아의 냉전체제 형성을 다양한 국가행위자들 간 상호 조응의 결과로 살펴볼 것이며 나아가 동아시아와 타 지역을 비교 서술함으로써 한

....

1 기존 연구들(예를 들어, 이수훈 2008; 김준형 2009; 서재정 2009; 장달중 외 2011; 이종석 2012; 박인휘 2011; 2013; 박영준 2017; 김준형 2018 등)에서 언급하는 외교정책의 "자율성"과 이 글에서 논하는 "주체성"은 상이한 개념이다. 탈식민주의 이론에 기반하고 있는 개념인 주체성은 자율성을 포괄하는 개념이지만 자율성으로는 환원될 수 없는 개념이며, 행위 및 표상의 측면과 함께 (혹은 그것보다도) 인식의 측면을 강조하는 개념이다. 나아가 인식적 측면에서의 식민성을 보여주는 사례로 종종 언급되는 문화 혹은 문명 본질주의와 이에 기초한 문명의 위계적 양분이나 구별은 "자율"적으로도 발현될 수 있다는 점을 생각해보면, 자율성과 주체성과의 개념적 차이를 알 수 있게 된다.

국 외교안보정책에 배태된 식민성의 생성 과정이나 생성 기제를 좀 더 중층적으로 이해해보고자 한다. 나아가 식민성 생성에 관한 아래의 역사적 논의와 주장은 정부의 외교정책결정자들의 선택과 행태를 분석대상으로 한다. 즉 한국사회나 한국시민 전반을 대상으로 식민성의 생성이나 내면화를 논하는 것이 아니라 소수의 정책결정자 집단을 논의의 초점에 맞춰 진행할 것이다.

1. 냉전구조의 형성

주지하듯 2차 세계대전의 전후 처리 과정은 유럽과 아시아에서 매우 다른 양상으로 전개되었고, 아시아에서의 전후 처리 과정은 결과적으로 한반도의 탈식민 과정에 매우 큰 (부정적인) 영향을 끼쳤다고 할 수 있다. 우선 유럽에서는 전쟁의 재발방지, 평화구축, 독일의 탈나치화 및 탈군사화가 전후 처리 과정에서의 핵심 사안이었으며 서방 연합군 측의 주된 관심사였다. 이를 위해 카사블랑카 회의, 테헤란 회의, 모스크바 회담, 얄타 회담에 이르기까지, 유럽에서는 미국, 영국, 프랑스, 소련 등을 포함한 다수의 국가들이 수차례의 국제회담을 통해 다자주의적으로 전후 처리를 진행했으며 그 결과로 독일은 4개국 분할 점령으로 합의되었고, 뒤이어 서유럽을 중심으로 북대서양조약기구(NATO)라는 다자안보기구가 형성되었다. 이에 비해 동아시아의 전후 처리 과정에서 핵심사안이라고 할 수 있는 일본 처리 문제는 독일과 달리 주로 미국 단독의 개입과 결정으로 이뤄졌다(박건영 2018, 319-350; 이근욱 2012, 53-55). 나아가 전쟁 재발 방지를 위한 집단안전보장을 지역적 차원에서 논의하고 제도화를 이뤄낸 유럽과 달리 아시아에서는 일본의 식민지배에서 벗어난 신생독립국들의 국가건설이 상대적으로 더 중요한 과제였다. 특히 한반도의 경우 1945년 독립이 곧바로 미국과 소련에 의한 분할점령으로 이어지면서 한반도 (나아가 동아시아에서의) 냉전적 균열구도가 더욱 명확히 형성되었다고 할 수 있다. 이에 비해 독일은 미국, 소련, 영국, 프랑스라는 4개국이 분할 점령하게 됨으로써 분열구도가 훨씬 복잡하고 중층적이었으며 따라서 다자적 이해관계의 상충이 존재했다. 또 한반도와 달리 1949년이 되어서 동서독 각각의 분단정부가 수립되었다(김학재 2019, 42-43). 달리 말해 한반도에는 1945년 독립 직후부터 미국과 소련으로부터 각각 개별적인 영향을 강하게 받는 양분구조가 빠르게 형성된 것이며, 이는 뒤이어 발발한 한국전쟁으로 고착화되었다고 할 수 있다.

이처럼 유럽에서는 두 차례의 세계대전을 촉발한 전범국가인 독일 처리 문제가 국제사회의 가장 큰 관심사였다면 아시아에서는 전범국가인 일본 처리 문제가 상대적으로 덜 중요한 관심사였고, 게다가 일본을 어떻게 처리할 것인가라는 문제는 주로 미국에 의해서 단독으로 결정되었다. 물론 뉘른베르크 재판과 마찬가지로 도쿄 재판에 대한 국제사회, 특히 아시아 국가들의 관심과 관여가 있었던 것도 사실이지만, 결국 미국의 영향력 아래 전후 처리가 이뤄졌다고 할 수 있다. 초기 미국의 일본 점령정책은 징벌적이고 보복적인 성격을 바탕으로 일본의 재무장을 견제하는 것으로 구상되었다. 그러나 2차 세계대전 종전 직후 중국에서는 국공내전이 재개되었고 1949년 결국 중국 공산당의 승리로 중국이 공산화되면서 미국 정부는 점차 일본에 대한 이른바 "역코스" 정책으로 전략의 변화를 취하게 된다(신욱희 2017, 64-80). 보복적, 현실주의적 정책에서 벗어서 오히려 일본을 중심으로 전후 동아시아의 세력균형을 회복하고 반소, 반공 세력을 구축하려는 전략을 세우게 된 것이다. 그리고 이러한 미국의 대일본 (대동아시아) 전략 변화는 샌프란시스코 강화조약과 미일안보조약으로 가시화(제도화)되었으며 이 과정에서 한국전쟁은 매우 중요한 매개요인으로 작용했다고 할 수 있다.

남북한 단독 정부가 수립된 지 불과 2년 만인 1950년에 발발한 한국전쟁은 유럽과 달리 어떤 다자주의적 집단안보체가 만들어지지 않았던 상황에서 발발하였으며, 남한과 북한은 물론이고 미국과 중국의 참전 및 교전이 발생한 참혹한 전쟁이었다. 이로 인해 한반도에서는 양자적 대결구도가 매우 빠르고 강하게 구조화되었고, 이는 남북의 외교안보 자율성을 축소 혹은 제약하는 가장 큰 장애물로 작동했다. 이를 좀 더 구체적으로 살펴보자. 전쟁 발발 4개월 만인 1950년 10월 마오쩌둥은 중국공산당 중앙위원회에서 펑더화이를 중국인민지원군 사령원으로 임명하고 참전을 결정하게 된다. 중국은 참전 이후 북한 내 연안파 공산주의자였던 박일우를 부사령원으로 임명하고 김일성의 작전통제권을 사실상 박탈하면서 한국전쟁의 당사자가 되었다(박명림 1996; 김명섭 2015). 한국의 경우 이승만 정부가 1950년 7월, 작전통제권을 미국에 자발적으로 이양하였으며 결과적으로 한국전쟁은 남북 간의 내전이지만 동시에 국제전으로 전개되었고(혹은 국제전의 성격이 더욱 컸고), 1951년부터 시작된 정전협정을 진행한 실질적 주체들 역시 미국과 중국이었다.

물론 북진통일을 이유로 정전협정을 반대했던 이승만 정부가 1953년 6월, 반공포로를 일방적으로 석방하면서 미-중의 정전협정을 중단시킨 사건이 있었고 이를 계기로 미국은 한국과 상호방위조약에 합의하였으나, 이는 한국이 정전협정을 수용하는 조건 하에서 이뤄진 것이다(박태균 2006; 신욱희 2010). 결과적으로 정전협정은 1953년 7월 27일 미국, 중국, 북한이 서명하면서 체결되었다. 김학재가 지적하듯, 정전협정은 한반도의 평화나 통일 문제는 차후로 미뤄둔 채, 군사적 정전만을 다룬 "임시조치"에 불과했다(김학재 2015, 332-357). 정전협정의 제4조 60항에 따라 "한반도 문제의 평화적 해결"과 "외국군 주둔 문제" 해결을 위한 "정치회담"을 개최하기로 한 것이다. 이에 1954년 제네바 회담이 개최되었으나 외국군의 철수 문제, 남북한 총선거 방식의 문제 등에서 남북이 대립하면서 결국 합의에 실패했다(김연철 2011, 192-219). 제네바 회담이 결렬되면서 한반도에서의 남북한 군비경쟁과 체제경쟁이 본격화되었고 이로 인해 한반도에 안보딜레마가 '상시적'으로 발생할 수 있는 환경이 조성되었다고 볼 수 있다(박인휘 2013; 김동엽 2016; 구갑우 2018).

한편 한국전쟁은 남북한뿐만 아니라 동아시아의 많은 국가들이 미국과 소련이 주도하는 위계적 양자관계의 하위단위로 편입되는 중대한 사건이기도 했다. 전술했듯 한국전쟁의 전개 과정에서 한국은 미국과 상호방위조약에 합의하였고 마찬가지로 일본과 미국은 1951년, 북한과 소련은 1961년, 북한과 중국은 1961년에 각각 군사동맹을 체결하게 된다(박건영 2018, 496-500). 나아가 한국전쟁이 진행되는 시기에 맺어진 샌프란시스코 강화조약은 미-일관계를 중심으로 하는 전후 동아시아 지역질서 형성의 결정적 계기가 된다(박건영 2018, 506-512). 미국은 한국전쟁에서 교전한 중국과 북한을 침략자로 규정하며 주권을 인정하지 않았고, 다른 한편 일본에 대해서는 강화협정을 조기에 맺어서 일본의 주권과 경제를 빠르게 회복시키고 자유주의 진영에 포섭하여 반공의 보루로서 소련을 견제하고 아시아의 공산화를 막는 데 활용하고자 하였다. 즉 미국은 패전국 일본의 재건을 아시아의 반소, 반공 연대에 있어 핵심고리로 정의하였고 이러한 배경에서 일본과의 강화조약은 일제 피해국들의 의사가 제대로 반영되지 않은 채, 초기 보복적 성격이 강한 "엄격한 강화"에서 "관대한 강화"로 정책노선이 전환된 것이다(신욱희 2017, 65).[2] 더욱이 강화조약의 체결 과정에서 일본의 침략전쟁과 식민지배의 가장 큰 피해국들(중국, 대만, 남북한)의 참여는 배제되었다(김학재 2015, 332-357).

이처럼 미일 상호방위조약, 샌프란시스코 강화조약, 정전협정, 그리고 한미 상호방위조약이 연속적으로 체결되면서 한반도와 동아시아에서의 냉전균열구조는 본격적으로 제도화되었다. 흔히 '샌프란시스코 체제'로 불리는 이러한 동아시아의 냉전체제는 신생 독립국가들의 외교나 안보의 자율성을 실질적으로 제약하는 요인이 되었으며 이에 한국의 탈식민 과정 역시 유예되는 결과를 낳았다. 즉 1945년 식민통치로부터 독립한 한국은 주권국으로서 외교안보의 자율성을 주체적으로 회복하는 과정으로 나아가기보다는 냉전체제에 편입되면서 또다시 타율과 종속으로 회귀하는 외교안보적 환경으로 빠져들게 된 것이다. 그리고 이러한 환경은 공산세력을 견제하려는 미국의 헤게모니 대전략(grand strategy)과 밀접한 관련

....

2 실제로 요시다 시게루 일본 총리는 강화조약이 보복적이거나 징벌적이지 않다고 언급하면서 1951년 9월 7일 샌프란시스코에서 강화조약에 서명한다. 원문은 김숭배(2017, 502) 참조.

이 있다. 예를 들어, 샌프란시스코 강화조약 체결에 깊이 관여했던 미 국무부의 존 포스터 덜레스(John F. Dulles)는 강력한 반공주의자였고, 1949년 중국의 공산화를 계기로 일본의 재건과 이를 통한 미국 주도의 자유주의 진영의 구축을 중시했다. 해리 트루먼(Harry S. Truman) 대통령, 딘 애치슨(Dean Acheson) 국무부 장관, 드와이트 아이젠하워(Dwight Eisenhower) 대통령 등 당시 미국의 외교안보정책결정자들 대부분은 이러한 인식을 깊이 공유하고 있었고(신욱희 2019, 87-95), 이러한 배경에서 미-일 관계를 중심으로 하는 외교안보질서가 전후 동아시아에 형성된 것이다. 미국 정부는 일본을 지렛대 삼아 자국이 주도하는 반공동맹체제를 구축하기 위해 한국과 일본 간의 협력을 요구했고, 이는 (남한 내부의 좌우익 세력의 충돌과 더불어) 일제 식민잔재 청산을 어렵게 만들었다. 전재호의 말을 빌리자면, "한국의 반일 담론은 독립 초기부터 냉전에 의해 부차적 가치로 격하"되었고 이로 인해 "친일청산"이라는 실천도 이뤄지지 못한 것이다(전재호 2019, 142). 오히려 국민들의 거센 반대에도 불구하고 박정희 정부는 1965년 일본과 수교 및 청구권 협정을 체결했고, 미국 주도의 반공동맹에 적극적으로 편입하였다.[3]

이처럼 고착된 동아시아의 냉전체제(샌프란시스코 조약과 한반도의 정전협정)는 한국의 탈식민 과정을 가로막는 거대한 장애물이

....

3 물론 박태균(2006), 신욱희(2010)의 연구가 보여주듯 이승만 정부나 박정희 정부 (나아가 이후의 정부들이) 미국에 대해 일방적으로 순응했다고 볼 수 없다. 외교안보 문제에 있어서 미국에 대한 "저항"과 한국의 "자율적" 판단도 있었다. 그러나 결과적으로는 미국에 편승하는 방향으로 귀결되었으며, 더욱이 한국 정부가 대미관계에서 보여준 저항적 혹은 자율적 정책결정은 (전술한 것과 같이) 탈식민주의에 기반한 "주체성"의 실천이라고 보기 어렵다. 이에 대해서는 아래 절에서 좀 더 논의할 예정.

었다. 특히 국제정치적으로는 한국이 위계적 권력구조에 다시금 포섭되어 결국 외교안보의 자율성과 주체성이 제약되는 구조가 만들어진 것이다. 물론 모든 사회적 체제가 사회 행위자와 동떨어져 구성되지 않는 것처럼, 아시아의 냉전체제 역시 당시 국가 행위자들과의 상호작용 없이 형성되었다고 볼 수 없다. 냉전기의 한국 정부는 (국내정치적 이해관계에 따라) 미국 주도의 반공동맹에 하위주체로서 적극 동참하였으며 이는 같은 시기의 유럽이나 아프리카, 라틴아메리카 국가들의 외교적 선택이나 행태와도 매우 대비된다고 할 수 있다.

2. 행위자의 조응

전술한 바와 같이, 유럽에서의 냉전은 아시아와 다르게 전개되었다. 물론 유럽의 냉전도 미국과 소련이 주도했으나 이는 다자주의의 방식으로 진행되었고 동시에 유럽의 개별 국가들은 유럽통합에 적극 개입했다. 특히 서독과 프랑스는 유럽의 긴장완화와 지역통합을 주도하는 적극적인 외교정책을 펼쳤다. 시기적으로는 1960년 초반 쿠바위기를 겪으면서 미국에 의존하는 안보에서 벗어나 유럽의 독자적 안보역량을 확보하기 위해 서유럽 6개국이 정치동맹을 추진하였고 이 과정에서 프랑스의 샤를 드골 대통령이 큰 역할을 했다(이동기 2015). 예를 들어, 1963년 1월, 프랑스-독일 우호협력조약(이른바 엘리제 조약)이 체결되었고 이는 유럽 정치통합의 단초가 되었다. 서독에서도 1963년 동방정책의 기원이라고 할 수 있는 "접근을 통한 변화" 정책이 본격화되었다. 빌리 브란트는 1967년 루마

니아, 유고슬라비아와 외교관계를 수립했으며 서베를린 시민이 동독의 친척을 방문할 수 있도록 하는 데 합의하였다(이동기 2019, 21-24). 1967년 나토 보고서에 적시된 것처럼 유럽의 안보를 강화하기 위해서는 군사적 준비도 중요하지만 동시에 "바르샤바조약기구에 속한 국가들과의 협상을 하는 것도 중요하다"는 인식이 서독과 프랑스를 중심으로 유럽국가들 사이에 공유되고 있었던 것이다(김학재 2019, 58). 특히 빌리 브란트는 동방정책을 통해 1970년 소련과 폴란드와의 협약을 체결하여 유럽의 데탕트에 크게 기여했으며 이를 계기로 동유럽 국가들과의 상호 교환과 접촉이 확대되면서 관계 개선이 이뤄졌다. 이와 같은 유럽에서의 데탕트는 유럽의 동구권과 서구권의 35개 국가들이 참여한 안보협력회의로 이어졌으며, 1975년도에 헬싱키 최종의정서가 도출되면서 유럽안보협력회의(CSCE)의 성립이라는 실질적인 결실을 보게 되었다(최종건 2012, 217; 박건영 2018, 900-904). 여기서 주목이 필요한 것은 서독의 데탕트와 교류협력은 에곤 바르의 동방정책이 구상될 즈음부터 30년간 외부의 위기나 국내의 정권교체와 상관없이 안정적으로 지속되어 결실을 맺었다는 점이다. 이런 측면에서 보자면, "프랑스와 서독은 단순히 미국이나 소련에 종속된 하위 동맹 파트너가 아니었"던 것이다(김학재 2019, 59).

이처럼 유럽의 데탕트를 주체적이고 주도적으로 이끈 서독과 프랑스의 외교안보 정책들은 베트남 전쟁 시기에도 계속되었다. 한편 베트남 전쟁은 미국과 중국의 화해도 촉발했다. 베트남 전쟁에서 고전을 면치 못하던 미국은 미군의 철수와 평화협정 체결을 위해서 중국과의 협의가 필요했고, 결국 1972년 닉슨의 베이징 방문을 시작으로 중국과의 데탕트가 시작되었다. 한국전쟁으로 인해 미국이 중국에 취한 "배제적 불인정 정책"은 결국 폐기되었고 이는 1979년 양국의 국교정상화로 이어졌다(이근욱 2012, 89-104; 박건영 2018, 718). 이를 계기로 중국의 영향력이 (아시아에서) 확대되었고 중국은 국제무대에 본격적으로 목소리를 내기 시작했으며 유엔 진출에 성공하였다. 베트남 전쟁 종결 과정에서 형성된 미국과 중국의 관계 개선은 소련을 자극하게 되었고, 이는 미-소 데탕트로 이어지게 되어 양국은 전략무기감축협상을 타결했다. 나아가 베트남 전쟁은 미국과 유럽에서 대규모의 반전운동이 확산되는 계기도 되었다.

그러나 남북한은 미-중 간의 데탕트 시기에도 냉전적 대립과 긴장을 이어갔다. 한국 정부는 오히려 한국전쟁 시기에 형성된 한미동맹을 유지 및 강화하고 미국으로부터의 안보우산을 확보하기 위해 베트남 전쟁에 대규모 전투 인력을 파병했고, 국내정치적으로는 박정희의 유신체제가 시작되었으며, 경제적으로는 전쟁특수를 누리고, 사회일상적으로는 "병영화"가 점차 강화되는 방향으로 나아갔다(신병식 2006, 148). 물론 남한과 북한도 1972년 평화통일 원칙을 공표한 7·4 남북공동성명을 발표하였으나 이는 "외부충격에 대한 일시적 대응"이었으며, 남과 북은 다시 대결과 경쟁관계로 되돌아갔다(김학재 2019, 63). 즉 외부의 데탕트에도 불구하고 내부의 남북은 냉전적 대립구조를 넘어서지 못한 것이다. 오히려 남한 정부는 외교에 있어서 반공(반북)을 내세우며 미국에 종속되어 갔다. 예를 들어, 쿠데타로 집권한 박정희 정부는 체제적 "정당성"을 위해 미국으로부터의 체제 인정과 안보우산이 필수적이라고 판단했으며 이에 미국과의 관계에서 매우 "순종적"이거나 혹은 의존적이었다

(김준형 2009, 391). 일례로 1970년대 데탕트 시기에 미국의 닉슨 행정부는 주한미군 감축을 실시하였고(미 제7사단의 철수), 뒤이어 집권한 카터 행정부 역시 해외주둔 미군 감축계획에 따라 주한미군의 감축을 계획했었다(김일영·조성렬 2003). 이에 대한 대응으로써 당시 한국 정부가 택한 선택은 한미상호방위조약을 수정하여 유사시 미국의 즉각 개입을 보장하는 것이었다(이수형 2013). 이는 1970년대 유럽, 미-중, 그리고 미-소 간 데탕트에도 불구하고 한국 정부는 미국에 더욱 의존하는 방향으로 나아갔음을 보여준다. 이러한 경향은 전통적인 양자군사동맹을 강조한 레이건 행정부 시기에서 더욱 강화되었다. 당시 한국의 전두환 정부는 일본의 나카소네 정부와 함께 한미일 "남방삼각관계"를 강력한 동맹체제로 구축하려 하였고, 국내적으로는 반공(반북)담론을 더욱 체계적으로 확산시켜갔다(김준형 2009, 392). 서독이 동방정책을 통해 동독의 변화를 유도했던 것에 비해 남한에서는 오히려 군사주의, 권위주의 체제가 강화되었고, "반공 발전경제 체제"가 자리 잡게 된 것이다(김명수 2018, 139-153). 국내정치의 불안정 속에서 한국의 군사정권들은 핵우산을 제공받기 위한 것뿐만 아니라 군사정권의 정통성 확보를 위해서도 미국에 더욱 의존하게 되었고 공산주의에 대한 공포를 국가주도적으로 확산하여 정권유지를 도모하였다. 요컨대 한미동맹과 반공은 동전의 양면처럼 서로를 짝으로 구성하면서 냉전기 한국 외교안보의 실천과 담론을 지배하게 된 것이다.

이렇게 미국 주도의 냉전체제에 귀속되어 지구적, 지역적, 민족적 대결 및 균열구조를 유지 혹은 확대재생산하는 데 '자발적' 역할을 수행한 한국 정부와 달리 동남아시아와 아프리카 지역의 국가들은 반식민주의 범지역연대 형성에 적극적이었다(Prashad 2007).
1955년 반둥회의에 참가한 인도네시아, 인도, 이집트, 쿠바, 가나,
베트남, 남아프리카공화국, 파키스탄, 미얀마, 알제리 등은 당시 냉
전구조에 휘말리지 않으면서도 "북반구 중심의 국제질서에 변화를
시도하였다."(김태균·이일청 2018, 49). 특히 인도의 네루(Jawaharlal
Nehru), 이집트의 나세르(Gamal Abdel Nasser), 인도네시아의 수카
르노(Sukarno), 가나의 은크루마(Kwame Nkrumah), 쿠바의 카스
트로(Fidel Castro), 베트남의 응우옌티빈(Nguyen Thi Binh)과 호치
민(Ho Chi Minh), 알제리의 벤 벨라(Ahmed BenBella)가 중심이 되
어서 미국과 소련의 영향력에서 벗어나서 주권을 확립하고 강대국
의 개입에 저항하면서 "탈식민적 자주성"을 확보하고자 하는 노력
을 경주했다(김태균·이일청 2018, 50-51). 달리 말해, 2차 세계대전
종전을 기점으로 독립한 많은 아프리카, 동남아시아, 라틴아메리카
의 신생독립국들은 자결권과 주권을 매개로 "범지역적 정치연대"
를 형성해 갔으며, 이는 1947년 인도 뉴델리에서 열린 아시아 관계
회의(Asian Relations Conference), 1955년 4월, 인도네시아에서 개
최된 반둥회의, 1958년, 1960년, 그리고 1961년에 각각 열린 전아
프리카 인민회의 등으로 가시화되었다. 특히 반둥회의는 1957년
12월 아시아·아프리카 인민연대기구(Afro-Asian People's Solidarity
Organization)의 결성으로 이어졌고 1960년에는 아시아·아프리카·
라틴아메리카 인민연대기구(Organization of Solidarity of the People
with Asia, Africa, Latin America)로 확대되었다. 자결권을 확보하고,
인종차별, 편견, 억압에서 벗어나는 것을 목적으로 하는 범지역 정
치연대는 쿠바에서 열린 3대륙 인민연대회의를 계기로 국제비동맹

운동(Non-Aligned Movement)으로 확대되기도 하였다(크리스토퍼 리 2019, 199-200).

3. '혼종 식민성'의 생성

요약하자면 한반도가 독립된 지 10년도 채 지나지 않아 샌프란시스코 강화조약, 미일동맹, 한미동맹, 판문점 정전협정이 모두 체결되면서 한반도는 제도화된 냉전체제에 빠르게 포섭되었고, 이에 한국 외교안보의 가용범위는 매우 협소해졌으며 탈식민 과정은 유예 혹은 변질되었다. 여기에 한국 정부는 독립국으로서 외교안보의 자율성을 주체적으로 회복하기보다는 미국에 안보를 의존하는 길을 택하면서 미국의 영향력은 막대해졌고 또다른 종속관계가 형성되기 시작했다. 전술한 바와 같이, 유럽이나 동남아시아의 여러 국가들은 미소 냉전의 균열구조에 포섭되지 않으려는 실질적인 노력을 기울였으나 한국 정부는 국가건설 과정에서 반공이라는 이름으로 냉전의 한편에 적극 편승하면서 냉전균열을 공고히 하는 역할을 했다. 이러한 구조-행위 조응의 결과, 한국 외교안보의 실천은 종속적인 성격을 보이게 되었다. 특히 탈식민의 관점에서 볼 때 행위자의 인식적 차원에서의 종속, 즉 '서구'모델을 지구 '보편' 모델로 인지하는 인식적 식민성은 탈식민을 가로막는 가장 근원적인 장애물이며 이는 필연적으로 그러한 모델에 속하지 않은 대상에 대한 위계적 타자화를 수반하게 된다.[4] 한국의 경우 동아시아의 냉전체제

....

4 이는 한국 정부의 대북정책에서 잘 드러나며 이에 대한 좀 더 자세한 논의는 후술할

가 제도화되어가는 역사 과정에서 인식적 식민성이 생성되기 시작했다고 할 수 있으며, 1950년 한국전쟁과 이를 통해 체결된 한미동맹과 한국전쟁의 결과로 형성된 정전체제는 이러한 인식적 식민성이 혼종된(hybrid) 형태로 내면화되는 결정적인 계기로 작동했다고 볼 수 있다. 이런 맥락에서 본 장은 '혼종 식민성'이라는 개념으로 냉전기에 형성된 한국 외교안보의 정책적 행태와 사고를 포착할 수 있다고 판단한다.[5] 이를 좀 더 구체적으로 논하기 위해 우선 "혼종"의 의미에 대해 간략하게나마 알아볼 필요가 있다.

혼종은 탈식민주의 이론가들, 특히 호미 바바가 그의 1994년 저서, 『문화의 위치(The Location of Culture)』를 통해 본격적으로 논한 개념이다. 전통적인 시각에서 (특히 서구 계몽주의와 식민지 건설이 본격화되는 시기에) 문화는 특정한 사회집단이 일정한 공간(경계) 내에서 역사적 시간을 초월하여 유지되고 있는 실체적인 생활양식이나 사회적 가치로 이해되었다. 그러나 탈구주조의 이론에 영향을 받은 바바와 같은 문화연구자들은 문화에 대한 초역사적인 이해를 거부하면서 문화의 의미를 해체한다. 문화란 민족과 같은 단위로, 통일적이고 확정적인 경계와 함께 전승 및 유지되는 본질적인 실체가 아니라 그러한 경계 자체를 만들어 내는 차이들, 특히 재현이나 상징으로서의 차이들 간의 "교섭(negotiation)"의 과정으로 이해해야

……
예정.
5 '혼종 식민성'은 국제정치학의 연구문헌들, 특히 외교안보문제와 관련된 문헌에는 거의 등장하지 않는 개념이지만 본장은 한국사례를 설명하기 위한 적합한 개념이면서 나아가 타국가와 타지역으로 범위를 확장하여 적용해 볼 수 있는 유용한 개념이라고 판단한다.

함을 주장하는 것이다.[6] 문화가 본질적 실체가 아니라 재현과 상징이며 이들 사이의 "교섭", 즉 접속, 접촉, 교환, 섞임이 발생하게 되면 결국 문화는 고정된 의미를 갖을 수 없고 오히려 항구적으로 다의적 의미와 가치를 내포하면서 변해 갈 수밖에 없는 것이다.[7]

위와 같은 관점에서 식민이라는 행위는 혼종의 문화를 낳는 (혹은 낳을 수밖에 없는) 명료한 "교섭" 행위라고 할 수 있다. 즉, 식민주의라는 맥락에서 혼종이란 외부(외생)문화가 지역(내생/토착)문화와 조우하면서 전환, 융합, 변종 등을 일으키면서 새로운 사회적 정체성으로 발현되는 것을 의미한다. 바바에 따르면 서구 중심적 헤게모니에 기초한 서구의 식민주의는 비서구 지역으로 그 세력을 확장하고 언제나 비서구의 지역적, 토착적인 것들을 지배하게 된다. 그러나 그 결과는 서구 제국주의적 사고체계가 그대로 복사되는 방향으로 귀결되지 않고 토착문화 혹은 지역의 사회정치적 맥락에 따라 변용되거나 혼성되는 과정으로 진행되면서 새로운 정체성이 형성된다. 이런 측면에서 바바는 혼종이 서구 식민주의의 실현을 "방해하는 문제"라고 보았다(Bhabha 1994, 114). 즉, 식민권력은 우월과 열등, 계몽과 야만이라는 명료히 확정된 이분법에 근거하고 있지만 문화는 결국 상징과 재현이기 때문에 이분법 역시 "차이들의 놀이"의 산물에 지나지 않는다. 그렇기에 식민종주국이 우월한 정체성을

....

6 교섭의 측면에서 바바(Bhabha 1994)는 "제3공간(the third space)", "틈새(interstices)", "다리(bridge)" 등과 같은 개념도 사용한다.

7 바바는 탈구조주의 이론가들 중에서도 데리다에 영향을 많이 받은 것으로 알려져 있으며, 따라서 의미란 차연("차이들의 놀이")에서 비롯되는 것으로 이해하는 데리다를 자신의 탈식민적 문화연구로 끌어오고 있다. 이에 대한 좀 더 자세한 논의는 Parry(1994)와 Child and Williams(1997, 123-133) 참조.

내세워 식민권력을 유지하려 해도 그것의 기반인 상징이나 재현은 언제나 양가적 나아가 다의적 성격을 갖고 있고 따라서 식민권력이 식민지인들에게 열등 정체성을 확립시키는 과정에서 자신의 정체성도 흔들리기 마련이다. 반대로 피식민지인들은 자신들의 "새로운" 정체성을 만들어갈 수 있다.

바바의 혼종에 관한 논의는 식민과 탈식민 과정의 복잡성을 이해하는 중요한 참고점이 되지만 동시에 많은 비판과 논쟁을 불러일으킨 것도 사실이다. 무엇보다 식민 과정이 의미, 상징, 재현, 차연, 정체성 등과 같은 언표나 담론의 차원으로 논의되면서 정작 식민국의 지배와 억압은 "흐릿해지고" 피식민국이 겪는 현실의 고통은 잘 드러나지 않는다는 비판이다(Child and Williams 1997, 140-143). 이와 함께 혼종이 식민주의의 "방해"라는 논리에도 논쟁의 여지가 크다. 물론 바바의 말처럼 혼종화는 외생과 토착문화가 융합되는 역사사회적 과정을 통해 새로운 정체성이 창발되는, 따라서 식민권력과 식민주의의 정당성이 흔들리는 방식으로 진행될 수 있다. 그러나 이와 달리 혼종은 순종이나 동화의 방식으로 진행될 수도 있으며 이때 토착문화는 외생(서구)문화에 흡수되면서 새로운 정체성이 형성되기보다는 오히려 서구중심의 초민족적/초국가적 정체성으로 포섭되는 결과로 이어질 수 있다. 외생(서구)문화의 재영토화인 것이다. 요컨대 혼종은 복종과 저항을 모두 포함하는 다양한 방식으로 진행될 수 있으며 따라서 매우 상반된 효과를 수반할 수 있다. 크게 보아 혼종화는 저항의 방식, 복종의 방식, 저항과 복종의 혼합, 그리고 자발적 순종으로 진행될 수 있다. 그리고 자발적 순종의 방식을 취하는 혼종은 외생문화의 내면화라는 효과를 낳는다고 볼 수 있다

(장형철 2017, 90-110).

한국의 경우, 일제강점기 외생(일제)문화에 대한 저항이 (강제된 복종과 함께) '주된' 양상으로 전개된 것과는 달리, 오히려 독립 후 주권이 회복되고 본격적인 탈식민의 과정에 접어들면서 또다른 외생모델, 즉 서구모델이 자발적인 순종의 방식을 통해 혼종화되었다고 볼 수 있다. 여기서 "혼종화되었다"라는 의미는 서구문화 혹은 서구정치이념이 당시 한국 사회의 특수한 상황과 접목되면서 서구 (자유주의 문화) 그 자체가 아닌 미국이라는 서구의 '특정한' 국가를 한국 외교안보의 행위와 가치의 중심으로 받아들이게 되었다는 의미이다. 이러한 미국보편주의는 한국전쟁이라는 트라우마적 집단경험에서 비롯된 측면이 크다고 할 수 있다. 왜냐하면 한국전쟁을 통해 미국은 한반도에서 일본제국주의를 몰아낸 해방자일뿐만 아니라 북침과 공산화로부터 한국(민)을 구해준 절대적인 안전보장자라는 사회적 인식이 형성되었기 때문이다(강만길 2006). 이런 배경에서 한국전쟁 시기에 체결된 한미동맹은 일반적인 (즉 현실주의적인) 안보조약 이상의 특별한 사회적 의미와 가치를 갖게 되었다고 할 수 있으며(박태균 2006; 서재정 2009), 같은 맥락에서 한국 정부가 해방자이자 안전보장자인 미국이 주도하는 동아시아 반공연대, 샌프란시스코체제에 적극적으로 편입하는 것은 매우 자연스러운 것으로 여겨질 수 있었다. 물론 여기에는 지속되는 북한의 무력도발을 억지하고 방어한다는 현실주의적 판단과 한국(군사)정부가 정권안보를 위해 추구한 미국으로부터의 '인정'이라는 국내정치적 필요도 복합적으로 영향을 끼쳤다고 할 수 있다.

요컨대 트라우마적인 국내경험(한국전쟁)을 겪은 한국 정부는 미국, 그리고 미국 주도의 반공지역동맹체제에 빠르게 편입되고 적극적으로 편승하였으며 이는 앞서 설명한 것처럼 미-소 간, 미-중 간의 데탕트 시기에도 지속되었다. 예를 들어, 한국과 마찬가지로 자유주의 진영에 속하면서 반공연대의 한 축을 구성했던 유럽국가들(특히 프랑스, 서독)이 민주주의 자체를 발전시키고 미-소 대결구도에서 벗어나 유럽이라는 지역공동체를 구축하는 데 주체적인 역할을 했던 것과는 달리, 한국은 미국의 영향력에서 벗어나지 못했을 뿐만 아니라 그 내부로 적극 편입하는 방향으로 나아간 것이다. 이 과정에서 서구의 자유주의사상이 아닌 미국과의 '관계'가 한국의 외교안보정책의 지향으로 내면화되고 그에 조응하는 외교정책이 실행되었다고 볼 수 있다.[8] 인권, 언론 및 표현의 자유, 시민의 정치참여권, 집단안보 등 서구근대의 민주공화적 정치사상이나 제도 자체를 정치거버넌스나 외교안보의 실천모델로 수용하기보다는 미국이라는 특정한 행위자와의 '관계'를 외교안보의 기준점 혹은 준거점으로 여기는 '혼종' 식민성이 생성된 것이다. 이런 배경에서 좋은 외교, 합리적 외교, 타당한 외교는 곧 친미적 외교로 여겨지고, 반대로 반미는 터부시 되었다. 단적으로 표현하자면, 한미동맹 자체가 "신화화"된 것이다(서재정 2009; 김준형 2018). 한국의 정치담론 장(field)에서 흔히 표출되는 친미-보수 vs. 반미-진보라는 대결적 짝패는 이러한 혼종 식민성을 표상하는 또 하나의 예라고 할 수 있다. 서구근대 개념으로서의 보수우파는 통상적으로 민족, 자주, 국가,

....

8 미국식 모델의 혼종은 외교안보 영역뿐만 아니라 한국의 산업 및 경제(발전) 영역에서도 생성되었으며 이에 대한 역사적 양상과 사례에 대한 자세한 논의는 김명수(2018)의 문화사회학 연구(특히 3~4장) 참조.

영토를 강조하는 반면 진보좌파는 민족이나 국가단위를 넘어 세계주의나 시민주의를 강조하는 것으로 이해된다. 그러나 한국에서는 서구적 가치가 아닌 서구의 특정한 국가인 '미국'과의 '관계'를 기준으로 좌우를 가르는 특수한 양상이 만들어졌고 게다가 이러한 양상은 한국전쟁이라는 트라우마적 집단경험을 통해 형성된 것이기 때문에 미국과 함께 '북한'이라는 또다른 대상과의 관계가 한국 사회에서 좌우를 가르는 중심축으로 작동하게 될 수밖에 없다. 따라서 마상윤(2015, 77)이 말한 것처럼, 한국의 진보는 "좌파이기 이전에 민족주의자"이고, 반대로 한국의 보수는 우파이기 이전에 반북주의자이고 친미와 짝을 이룬다. 요컨대 미국/북한과의 관계를 기준으로 놓고 '내부의 냉전'이 한국 사회에서 벌어졌다고 할 수 있는 것이다.

상기의 논의들을 종합해보면, 한국의 '혼종 식민성'은 국제-지역-국내가 연결된 중층적 냉전 경험을 통해 생성되었다고 볼 수 있다. 미소의 '글로벌 균열구조'로서의 냉전이 동아시아라는 지역적 맥락을 거쳐서(샌프란시스코 강화조약과 한미동맹), 한반도의 민족적 경험(한국전쟁과 정전협정)과 한국의 국내정치적 이해관계(군사정권의 정권안보와 반공이데올로기)로 다시 한번 필터링되고 사회화되면서 발생했다고 보아야 할 것이다.

문제는 냉전이 종식된 뒤에도 한국의 혼종 식민성이 유지되고 있다는 데 있다. 오히려 (보수정부 하에서) 공고화된 측면이 크다. 물론 탈냉전을 맞으면서 한국 외교안보의 자율성이 발현된 정책과 실천도 있었다. 노태우 정부의 북방정책과 남북기본합의서 채택, 김대중 정부의 "햇볕정책"과 남북 정상회담, 노무현 정부의 "동북아 균형자"(혹은 동북아 허브) 전략과 전시작전권 조기환수 합의 등이 대표적인 예라고 할 수 있다. 그러나 이러한 자율성 제고 노력은 일관되게 추진되지 못했고 이라크 파병이나 전작권 환수의 연장 등과 같은 결정에서 보듯, 결과적으로는 미국에 편승하는 관행으로 이어지게 되었다. 물론 제임스 모로우(James Morrow)의 비대칭 동맹이론 시각에서 보면, 한미동맹은 전형적인 비대칭 동맹이고 따라서 강대국인 미국으로부터의 안보를 제공받는 대가로 약소국인 한국의 외교안보 자율성이 제약되는 것은 특수한 사례가 아닌 것처럼 보일 수도 있다(Morrow 1991, 904-933). 그러나 서재정(2009; 2015)의 연구에 따르면 한국 외교안보정책의 대미 자율성은 북한으로부터의 안보위협 수준이나 한미 양국의 국력 격차와는 그 상관성이 낮다. 한 걸음 더 나아가 최근의 연구는, 한국의 산업화로 한미 간의 비대칭의 정도는 꾸준히 줄어왔지만 오히려 한국의 경제적 성장은 한미동맹의 결속을 높이는 요인이 되었다고 주장하기도 한다(Heo and Roehrig 2018). 이런 측면에서 김상기(2018, 174)는 한국의 국력이 크게 성장하고 민주화가 공고화된 2000년대 이후에도 한국외교정책의 자율성이 지속적으로 제약되고 있는 것은 결국 한미 양국 정부의 "선택의 결과"라고 평가한다.

더욱이 탈냉전기 한국 정부가 외교자율성을 제고하는 노력을 했다 하더라도 그러한 노력이 인식적, 가치적인 측면으로까지 나아가지는 못했다. 물론 미국보편주의는 정권별로, 그리고 이슈 영역에 따라 그 양상과 정도의 차이를 보인다. 외교안보의 영역에서는 자신들의 "정체성"을 미국(한미동맹)과 일치시키고 있는 한국의 보수세력이 정부를 구성한 시기에 혼종 식민성이 더욱 명시적으로 발현되었다. 이혜정이 지적한 것처럼, 한국 보수세력에게 "한미동맹은 단순한 외교정책의 수단이 아닌 신념이고 정체성"이기 때문이다(이혜정 2018, 119, 124).

이명박 정부와 박근혜 정부의 외교정책이 대표적인 예다. 이들은 '자발적'으로 전작권 전환의 연기를 요청했으며 한반도를 벗어나 지구적 수준에서, 그리고 안보뿐만 아니라 경제와 사회가치의 측면에서도 미국과의 "완전한 일체화" 혹은 "전면적 편승"을 시도했다(이혜정 2018, 115). 이는 2008년 한미정상회담에서부터 추진되기 시작하여 2009년 한미동맹 공동비전에서 "공통의 가치와 상호신뢰에 기초하여 지역적, 지구적 범위의 포괄적 전략 동맹을 구축"할 것을 선언하면서 구체화되었고, 2013년 "한미동맹 60주년 공동선언"으로 명문화되었다.[9] 미국적 "가치"에 기반한 글로벌 파트너십을 선언한 "포괄적 전략동맹"은 이명박 정부의 "선진일류국가론"으로도 이어진다.[10] 미국적 가치를 지구적 수준에서 수용하고 실천하는 것이 한국이 "일류국가"로 도약할 수 있는 지름길이며, 그 반대로 미국이 "야만"으로 규정한 나라(특히 북한)와 협력이나 접촉하는 것은 한국의 "국격"을 실추시키고 한국을 2류 국가로 전락하는 오류를 범하는 것이라는 이명박 정부의 선진일류국가 논리는 혼종 식민성의 전형이라고 할 수 있다.

특정한 문화, 지역, 사상, 세계관이 일류표준으로 자리 잡는 보

....

9   관련 정부 발표는 다음 참조. http://www.mofa.go.kr/www/brd/m_4076/view.do?seq=346117 (2021/04/17)
10 관련 정부 발표는 다음 참조. http://www.korea.kr/special/policyFocusView.do?newsId=148707570&pkgId=49500522 (2021/04/17)

편주의가 내면화되면, 그 일류표준에 속하지 않은 존재에 대한 위계적 타자화는 필연적으로 발생한다. 정도의 차이가 있으나 위계적 타자화는 탈냉전기 한국 정부들이 취한 대북정책에서 잘 드러난다. 한국 정부의 (보수정부이든 진보정부이든) 대북정책에서 북한은 이른바 '국제사회'에 편입시켜야 할 대상으로 취급되곤 했다. 그러나 이러한 접근의 밑바탕에는 북한은 계몽과 교화의 대상이며 그 교화와 계몽의 주체는 바로 서구화(미국화)된 한국이고, 미국중심의 국제사회라는 인식이 깔려 있다. 이는 이명박 정부의 대북정책이었던 이른바 "비핵·개방 3000 정책"에서 명시적으로 표출된 바 있다. 열등한 (궁핍한) 타자(북한)이 우월한(부유한) 자아(서구/미국화된 한국 사회)처럼 변하기만 하면, 경제적으로 지원하겠다라는 "비핵·개방 3000 정책"은 자기중심적 위계화와 타자화가 명시적으로 발화되고 실행된 정책이었다. 특히 이 정책에는 두 개의 층위에서 자기중심성이 깔려 있다. 하나는 나'처럼' 우선 변해야 대화가 가능하다는 인식전제로서의 자기중심성이 있고, 그러한 전제를 충족시키면 '더욱 더' 나처럼 될 수 있도록 개입하겠다라는 계몽행위적 자기중심성이 있다. 물론 여기서 '나'의 세계는 미국중심의 세계질서와 신자유주의적 자본주의 세계와 동일시되며, 이러한 동일시는 다음과 같은 믿음으로 이어지곤 한다. 인류가 "자유무역과 자본주의 국제사회에 편입하는 것은 '보편적' 세계사의 흐름"이며 따라서 "북한을 국제사회에 편입시킴으로써 핵 문제 해결"을 이룰 수 있고, 한국은 북한의 행동에 대한 적절한 "인센티브와 디스인센티브를 유연하게 구사"하여 북한을 국제사회에 적극 편입시킬 필요가 있다(서재진 2008, 20).

위와 같은 인식은 박근혜 정부의 대북정책에도 잘 나타난다. 박근혜 정부는 "… 북한이 국제적 기준과 모든 합의를 준수하는 관행을 만들고 … 북한을 국제사회의 책임있는 일원으로 견인"하는 것을 대북정책의 핵심으로 선언하고 이를 달성하기 위해 "한미동맹 강화"를 천명한 바 있다.[11] 이러한 맥락에서 박근혜 정부는 한·미·일 삼각안보협력강화, 미국 주도의 강력한 대북제제에 적극 동참했다. 비록 박근혜 정부가 남북 간의 신뢰구축을 강조했으나, 이명박 정부와 마찬가지로 북한이 "국제사회의 기준"에 맞게 계몽해야 한다는 것을 신뢰구축의 기본전제로 삼은 것이다. 두 말할 나위 없이 북한의 변화는 필요하다. 그러나 그 변화가 서구(혹은 한국)에 '의한' 계몽이나 교화로 인식되고 나아가 그 계몽과 교화가 '미국중심'의 국제사회로의 '동화'를 의미한다면 역대 한국 정부들이 항상 강조했던 '신뢰' 기반의 남북관계 발전은 한계에 부딪힐 수밖에 없다.

요약하자면 한국은 냉전의 시작부터 미국 주도의 반공동맹체제에 빠르게 '편입'되었고 동시에 스스로 적극 '편승'하면서 미국중심주의가 내면화되었고 이는 탈냉전기를 맞아 외교안보 영역에서 가치판단의 보편적이고 글로벌한 준거로 작동하게 되었다고 볼 수 있다. 물론 전 세계 많은 국가들이 초강대국인 미국의 영향을 받게 되지만 한국 외교안보정책의 경우는 실천과 담론(인식) 모두 미국과의 관계 속에서 작동하고 있을 뿐만 아니라 그 관계 자체가 '가치' 판단, 즉 옳고 그름의 판단잣대가 되는 경향을 보이고 있다는 데 문제

....

11 다음 참조. 청와대. '박근혜 대통령 취임사.' http://www1.president.go.kr/news/speech.php?srh%5Bview_mode%5D=detail&srh%5Bseq%5D=22 (2021/04/17); 통일부. '한반도 신뢰프로세스 정책설명.' http://www.unikorea.go.kr/trustprocess/sub/learn_text.html (2021/04/17).

가 있다. 예를 들어 한국의 안보담론에서 동맹은 현실주의적으로 기능하기보다는 가치규범적으로 해석되는 경향이 크다. 동맹을 안보를 위한 하나의 기능적 '도구'로 활용하는 현실주의적 접근보다는 한미동맹을 지구보편적 가치를 실현할 수 있는 규범모델로 추인하거나 그것을 한국 외교안보의 시대초월적인 디폴트(default) 값으로 인지하는 기류가 크며[12] 나아가 일부 보수층에서는 한국의 정체성과 미국의 정체성을 동일시하는 양상까지 포착되기도 한다. 이는 바로 혼종 식민성 (내면화된 미국보편주의) 맥락에서 이해될 수 있다.

IV. 혼종 식민성 극복하기

혼종 식민성을 어떻게 극복할 수 있을까? 그것의 역사적 기원이면서 여전히 물리구조적 장애물로 작동하고 있는 한반도의 냉전체제에서 탈(脫)하는 것은 필수적이다. 정전협정으로 제도화된 한반도의 냉전체제는 전술한 바와 같이 한국의 외교자율성을 제약하고 미국보편주의를 유지시키는 토양이기 때문이다. 따라서 지금까지도 유지되고 있는 정전협정을 평화협정으로 전환하여 한반도 탈냉전의 제도적 기반을 만들어낼 필요가 크다. 이에 관한 구체적인 실행방법은 이미 여러 연구자들이 논한 바와 같이, 한미동맹의 역할이나 범위(성격)의 재설정, 남북 간 군비통제를 포함한 한국전쟁 당사국

....

12 최근 10년간 한국의 언론(미디어)에 실린 기사를 대상으로 한국 외교안보에 관한 빅데이터 분석을 실시한 결과 (놀랍지 않게도) 가장 근접한 연관어로 도출되는 것이 한미동맹이었다는 사실도 이를 잘 보여준다고 할 수 있다.

들 간의 평화협정 체결 등이 있을 수 있고, 이에 대한 자세한 논의를 여기서 또다시 반복할 필요는 없을 것이다(김주홍 2005; 박종철 2006; 이상현 2006; 조성렬 2007; 이종석 2012; 이수형 2013; 정성윤 외 2017; 홍민 외 2017; 김상기 2018; 전재성 편 2019).

본 장이 판단하기에 더욱 중요한 것은 냉전체제의 해체(즉 평화협정)만으로는 진정한 탈식민을 이루기 어렵다는 점이다. 왜냐하면 한반도에서 냉전체제의 극복이 구조적이고 제도적인 측면에서 탈식민 과정을 촉발하고 한국의 외교안보적 자율성을 높이는 데 도움이 될 수는 있어도, 내면화된 '인식적' 주체성을 보장하지 않기 때문이다. 앞서 살펴본 것처럼 한국 정부의 대북정책 기저에 깔려 있는 자기중심적 타자화를 고려한다면, 평화협정 후에도 인식적 측면에서의 미국보편주의 혹은 서구 중심의 '단일' 보편주의가 지속될 개연성이 크다. 달리 말해, 비록 한반도의 냉전(정전)체제가 혼종 식민성의 극복을 가로막는 물리적 장애물이고 따라서 이것의 전환이 식민성 극복에 필요조건이라 하더라도 충분조건은 될 수 없다. 탈냉전은 탈식민을 보장하지 못한다. 특히 탈식민주의 이론적 시각에서는 물리적 측면보다 인식적 측면에서의 식민성 극복이 더욱 중대한 문제다. 물리적 조건이 달성되어서 외교의 자율성이 확보되었다 하더라도 인식적 측면에서 특정한 가치(예를 들어, 서구 혹은 미국의 모델)를 보편화하면서 그에 따른 위계적 타자화가 행위로서 지속될 가능성은 여전히 남기 때문이다.

1. 인식/지식의 장(field) 확장하기

여기에서는 위와 같은 문제에 대처하기 위해 다시 탈식민주의 이론으로 돌아가 해법을 모색해보고자 한다. 무엇보다 먼저 제안될 수 있는 방안은 인식의 기초가 되는 지식과 담론의 서구/미국중심성에서 탈피하여 인식의 주체성을 확보하는 것이다. 이를 위해 당사자 (한반도)의 "삶과 터"에 착근된 경험과 시각으로 외교와 안보문제를 재조명하고 그것의 역사적 기원과 생성 과정을 재구성하여 기존의 미국중심적으로 협소했던 외교안보연구의 담론장을 확장하고 더욱 복합적이고 다면적으로 만들 필요가 있다. 이러한 지적 작업은 탈식민주의 학자들이 문제시하는 인식(지식)의 식민성을 극복하는 매우 중요한 방법이며 나아가 (서구)보편주의에 수반된 인식적 혹은 담론적 "폭력"에 대항하기 위한 필수적인 수단이기도 하다. 담론/지식 장(field)에서 "상시적으로 망각된(casual forgetting)" 주변부의 역사경험이나 감정에 대한 "적극적 기억행위(active remembering)"라고도 할 수 있다(el-Malik 2015).

이런 맥락에서 최근 활발히 논의되고 있는 비서구 국제관계학(Non-Western IR)이나 글로벌 국제관계학(Global IR)은 긍정적이고 중요한 시사점을 제공한다. 특히 아미타브 아차랴(Amitav Acharya)는 자신의 2014년도 International Studies Association(ISA) 연설과 연구논문을 통해 "Global IR"에 대해 구체적으로 제언한 바 있다. 여기서 아차랴는 국제관계학이 소수의 서구국가들, 특히 미국을 중심으로 제도화/권력화됨으로써 비서구의 문화, 비서구의 역사적 경험들, 비서구의 정치사상들, 나아가 비서구의 연구자들의 목소리가 학계에서 배제되어 왔음을 비판한다(Acharya 2014; 2016). 이러한 미국중심성을 극복하기 위해 아차랴는 탈식민주의 연구자들과 함께 ISA에 글로벌 사우스(Global South) 국제관계연구위원회를 설립하였고,[13] 베리 부잔(Barry Buzan), 앤 티크너(J. Ann Tickner), 야칭친(Yaqing Qin) 등과 함께 외교, 정체성, 주권, 지역주의 등에 관한 기존의 (서구경험에 기반한) 개념과 이론을 비서구의 경험과 관점에서 재해석하는 연구문헌들을 게재한 바 있다(Tickner 2016; Hurrell 2016; Qin 2016; Acharya and Buzan 2017).[14] 비록 "Global IR"의 이름으로 진행되고 있지는 않지만 한국 학계에서도 유사한 취지와 목적으로 진행되고 있는 연구들이 있다. 예를 들어, 한국의 (국제) 정치학계의 서구중심주의를 비판하고 서구중심성이 발현되는 다양한 방식과 경로를 체계적으로 분석한 강정인(2003)의 연구 혹은 좀더 구체적으로 한국의 국제정치경제학계에 만연한 "미국중심성"을 문제시하고, 이러한 문제의식을 바탕으로 남북관계를 서구/미국의 사고체계가 아닌 한반도의 역사적 맥락에서 "서로주체"의 개념으로 재해석하는 김학노(2008; 2018)의 연구, 혹은 서구중심으로 편협했던 냉전사연구를 시공간적으로 다면화한 권헌익(2013)의 인류학/비교사학 연구, 또한 신욱희가 주도하고 있는 지역적(동아시아 및 한반도) 냉전과 글로벌 냉전의 상호역학과 구성에 관한 국제정치연

....

13 다음 웹사이트 참조. The Global South Caucus of International Studies, https://www.isanet.org/ISA/Caucuses/Global-South-Caucus (2021/04/18)
14 더욱 최근의 Global IR 관련 연구로는 Anderl and Witt(2020), Kristensen(2020), Gelardi(2020), Anderl and Witt(2020), 그리고 학술지 *International Studies Perspective*의 2020년 특집호로 출간된 "The Introductory Course in International Relations: Regional Variations"(https://doi.org/10.1093/isp/ekaa009)을 참조.

구(신욱희·마상윤 2015; 신욱희·권헌익 2019) 등이 여기에 해당된다고 할 수 있다. 누가, 어떤 용어로 진행하든 이러한 연구들은 미국중심적인 국제관계학을 "진정하게 글로벌한(truly global)" 지식의 장으로 만든 데 공헌하는 중요한 시도라고 할 수 있다(Acharya 2014, 647).

하지만 여기서 주의할 것은 미국/서구 중심성이라는 문제를 해소하고자 하는 연구작업이 또다른 중심주의/보편주의/배타주의로 전용되어서는 안 된다는 점이다. 소거되거나 배제되었던 비서구(예를 들어 한반도)의 특수한 경험이나 시각을 국제관계(외교안보)학이라는 지식장으로 끌어오고 이를 통해 인식의 주체성을 회복할 필요가 분명 있으나 이는 인식적 '다원주의'에 기반해야만 한다. 지식의 위계성이나 편협성을 극복하는 방향은 "이론적 다원주의(theoretical pluralism)" 혹은 "다원적 보편주의(pluralistic universalism)"를 기초로 진행될 때만 "인식적 폭력"이 반복되지 않을 수 있다(Acharya 2016, 4-5.)

이런 측면에서 중국학계에서 최근 들어 활발히 진행 중에 있는 "중국학파(Chinese School of IR)" 혹은 "중국특색의 국제정치이론(IR theory with Chinese characteristics)"은 주의를 요한다. 천하사상, 유교적 관계성, 왕도 등 중국의 전통정치사상이나 개념을 국제관계학과 접목시켜 기존의 서구중심적으로 편협한 논의의 외연을 넓이는 데 도움을 주는 것이 사실이지만 이러한 작업의 기저에는 또다른 중심주의 (즉 중국중심주의)가 깔려 있기 때문이다. 관련된 맥락에서 홍젠왕(Hung-Jen Wang)은 일대일로 등 중국 정부의 외교정책과 중국학계의 "중국학파" 외교안보연구는 상호 "분리되어 있지 않다"(no separation)라고 평가하기도 한다(Wang 2013, 533).

요컨대 탈식민주의라는 이론적 시각에서 중요한 것은 주체성의 회복이지만 이것이 또다른 중심주의나 보편주의로 전용되지 않도록 해야만 하며, 이를 위해서 탈식민의 과정은 반드시 인식적 다원주의와 '함께' 작동해야 한다. 앞선 논의에서 강조했듯, 탈식민은 복수의 문명들, 복수의 근대성들, 복수의 역사발전경로들, 복수의 진리들을 인정하고 수용하는 "복수보편성"을 지향하고 있으며 이를 위해서는 타자의 역사경험, 인식체계, 세계관 등에 대한 인정과 공감이 반드시 수반돼야 한다.

2. 공감적 다원주의를 향하여

그렇다면 탈식민주의의 지향점, 즉 공감적 다원성을 인식/지식의 측면에서 어떻게 실현할 수 있을까? 외교안보연구, 특히 '안보' 연구는 통상적으로 다원성이나 공감과는 거리가 멀어 보이는 것이 사실이다. 그럼에도 인식/지식의 장을 확장하면서도 공감을 유도할 수 있는 안보연구가 가능하다는 것을 버내큘러(vernacular)[15] 안보연구라는 이름으로 제언하고자 한다.

....

15 버내큘러(vernacular)라는 용어는 토속, 토착, 지방, 일상, 평이 등 다양한 의미를 갖고 있는 단어이며 그것이 지향하는 연구프로그램도 기존의 전통적인 (국가 및 전쟁 중심의) 안보연구뿐만 아니라 비전통적인 안보연구들(인간안보, 비판안보 등)과도 다르기 때문에 이 글에서는 "버내큘러"를 한글로 번역해서 쓰기보다는 영문 그대로 옮겨 쓴다. "버내큘러" 안보 개념을 처음 소개한 연구는 닐스 부반트(Nils Bubandt)의 2005년도 논문이며(Bubandt 2005) 최근에는 Firchow and Mac Ginty(2017), George(2017), Jarvis(2019) 등의 연구를 통해 더욱 확장되고 있다.

국제관계학에서 통상적으로 이해되는 안보는 국가 중심이며 전쟁 중심이다. 국가를 기본단위로 하여 이들 간의 군사적 경쟁, 긴장, 위협, 충돌의 가능성 혹은 그것의 관리 및 통제라는 맥락에서 안보연구가 진행되는 측면이 크다. 그리고 여기서 안보제공자는 국가로, 안보수혜자는 국민이란 개념으로 일반화되고, 이 둘의 관계는 수직적으로 규정되곤 한다. 그러나 이와 같은 전통적인 안보연구에서는 개개인의 안보(부재)가 무엇이지 알기 어렵다. 그들은 무엇에 불안해 하며, 무엇에 공포를 느끼고, 또한 왜 그렇게 느끼는지 등, 이러한 질문들은 국가 중심적 안보(연구)에서 제기되지 않기 때문이다. 그러나 개개인이 일상에서 매일매일 느끼고 경험하는 두려움, 불안, 폭력의 종류, 정도, 범위는 매우 다르고 그에 대한 태도와 반응 역시도 매우 상이하다. 나아가 만약 모두가 '국가안보'가 안보의 핵심대상이라는 점에 동의한다 하더라도, 국가안보의 의미가 무엇인지, 어떤 가치가 국가안보를 구성하는 것인지 등에 대한 개개인의 판단과 느끼는 감정 역시 매우 다를 수 있다. 이러한 안보의 '위치구속성'을 고려할 때 안보연구는 국가 중심에서 (인간) 개인 중심으로, 전쟁과 생존 중심에서 일상과 실존 중심으로 그 초점을 옮겨볼 필요가 있다. 결국에 안보란 존재자가 겪는 위협, 불안, 두려움으로부터 해방되는 것이며, 그러한 위협, 불안, 두려움은 (탈식민주의 이론에서 말하는) 개인의 "삶과 터"에 따라 다르게 규정될 수밖에 없기 때문이다. 이러한 전제에 기반한 것이 바로 "버내큘러" 안보연구다. 이는 자칫 인간안보(human security)와 유사해 보일 수도 있으나 매우 큰 차이가 있다.

인간안보 역시 안보의 개념, 안보의 행위나 영역을 국가에서 인간으로 전환하고 있다. 잘 알려진 1994년 UN 개발보고서는 수십 년 간 안보(개념)에 "만연한" 국가 중심성, 분쟁 중심성, 영토 중심성을 비판하면서 그것을 인간 중심으로 치환하자고 제안한 바 있다.[16] 하지만 인간안보는 개별자로서의 인간 개개인을 조망하는 것이 아니라 보편자로서의 '인류'가 갖는 안보불안이나 '공통'으로 원하는 안보상황(지향점)을 서구의 자유주의사상에 기초해서 보편화하여 설정하고 있다. 즉 인권과 자유를 인간안보의 필수조건으로 전제해 놓고 있는 것이다. 물론 자유는 모든 인간에게 필수적인 가치이며 따라서 안보 영역에서도 필수조건으로 이해되어야 한다. 그러나 자유를 안보 영역의 필수조건으로 이해한다 하더라도 그것을 보편화하는 것은 적절하지도 가능하지도 않다. 통상적으로 자유는 개인의 자유로운 선택을 금지하거나 자유의지를 제약하는 물리적이고 사회적인 상황으로부터의 해방이라고 정의되지만 그러한 해방을 제약하는 상황이나 환경은 개개인의 삶과 터, 즉 '위치'에 따라 매우 상이할 수 있기 때문이다. 이것은 전쟁부터 일상적인 정치탄압 혹은 언론통제까지, 그리고 사회경제적 빈곤과 저개발, 인종차별(예를 들어, white supremacy)이나 특정종교 거부(예를 들어, anti-Semitism), 남성 중심의 가부장제에 이르기까지 매우 다양하고 복잡하다. 그리고 자유를 제약하는 이러한 복잡다양한 조건이나 요인들은 국가별로 다르게 작동할 뿐만 아니라 하나의 국가 내부에서도 개개인에 따라 다르게 영향을 끼친다. 좀 더 좁혀서 정치적 자유를 예를 들면,

......

16 UN Human Development Report, http://hdr.undp.org/sites/default/files/re-
ports/255/hdr_1994_en_complete_nostats.pdf (2021/04/18)

직접선거권 도입, 선거 연령의 하향, 국회의 비례대표성 확대, 국민소환제 도입, 공무원 노조의 합법화, 국가보안법 폐지, 양심적 병역거부 인정, 총기소유 확대, 마리화나 합법화, 동성결혼 합법화 등등, 정치적 자유의 스펙트럼은 매우 넓으며 나아가 이에 대한 판단과 감정도 국적, 지역, 인종, 정치경제적 상황, 성별, 성적취향, 나이, 종교 등 자신이 위치한 상황과 맥락에 따라 달라질 수밖에 없다. 이런 측면에서 인간안보는 비록 인간에 초점을 맞추지만, 사람들이 아닌 인간을 하나의 통합된 단위(인류)로 취하고 자유나 인권을 인간안보의 '보편적' 이상향으로 추구함으로써 결과적으로는 국가중심적인 전통안보연구와 동일한 보편화의 오류를 범하고 있는 것이다. 단지 국가의 자리에 인간(인류)을 놓아두는 것이며 따라서 인간(인류)안보를 확보한다는 명분으로 국가의 통제나 개입이 오히려 강화될 수 있는 역설이 발생할 수도 있다.[17]

버내큘러 안보연구는 이러한 한계와 위험성을 극복하는 데 유용하며, 나아가 인식적 다원성과 공감 혹은 연대의 가능성을 높여주는 데도 도움을 줄 수 있다. 앞서 언급했듯, 버내큘러 안보연구는 안보의 위치 혹은 맥락 구속성을 충실히 받아들이면서 어떤 보편화된 전제나 지향점을 미리 설정하지 않는다. 버내큘러 안보연구자의 선두에 서 있는 리 자비스(Lee Jarvis)의 말을 빌리자면 "무(emptiness)"의 상태에서 안보연구를 시작하는 것이다(Jarvis 2019, 110). 예를 들어, 북핵, 한미동맹, 미중 패권경쟁이 한국학계의 안보연구에서 주된 이슈가 되고 있는 것은 안보를 국가 중심적, 분쟁(전쟁)

....

17 이에 대한 좀 더 자세한 논의는 Browning and McDonald(2013) 참조.

중심적, 영토 중심적으로 이해하고 있기 때문이라고 할 수 있다.[18] 그러나 버내큘러 안보 측면에서 보자면 북핵이라는 하나의 이슈에도 강화도 주민, 서울 주민, 제주도 주민, 그리고 여성과 남성, 군인과 민간인, 또한 전쟁을 직접 경험한 세대와 그렇지 않은 세대, 혹은 전쟁을 경험하지 않았지만 부모님이 이산가족인 경우 등등, 개개인의 삶과 터에서 따라 동일한 문제도 다르게 인식될 수밖에 없다. 버내큘러 안보연구는 이러한 차이에 초점을 맞춘다. 일상을 살아가는 사람들이 경험하고 느끼는 안보 혹은 안보부재를, 그들의 언어와 감정을 중심으로 분석하고 이를 통해 안보를 재개념화하고 주류담론장으로 끌어들임으로써 기존의 구조 중심, 강대국(미국) 중심, 국가중심으로 보편화된 안보문법을 해체하고 궁극적으로 안보의 연구와 실천에서 '다원화'를 이루려는 것이다.[19]

이는 결과적으로 안보의 주체(행위성)을 국가라는 레벨에서 개인(일반 시민)으로 확장하는 데 도움을 줄 수 있을 뿐만 아니라 국가단위를 넘어 안보적 '공감'을 이루는 유용한 방법이기도 하다. 예컨대한국과 일본의 외교관계를 국가 중심으로 일반화하는 것이 아니라개인이나 지역으로 맥락화할 경우 공감(연대)의 가능성은 더 커질

....

18 물론 이러한 연구는 매우 유용하다. 다만 이 글에서는 현재의 국가 중심적인 전통안보연구나 또다른 보편주의에서 벗어나지 못하고 있는 비전통안보(인간안보)연구가 아닌 버내큘러 안보연구의 유용성을 서술함으로써 안보연구의 장(field)을 확장할 것을 제언하는 것이다.

19 이는 국가 중심의 안보연구를 부정하고자 하는 것이 아니다. 안보의 다양한 주체(행위성)를 인정하고 그들의 (아직 체계화되지 못한) 다양한 안보서사, 다양한 안보감정, 다양한 안보가치를 안보연구의 장(field)으로 끌어들이고, 기존의 전통적인 안보연구와 어떤 교차점이 있는지, 혹은 어떤 긴장이 있을 수 있는지를 살펴봄으로써 인식의 지평을 확장하고자 하는 것이 버내큘러 안보연구의 주된 목적이다.

수 있다. 일찍이 메이지 일본 정부에 의해 영토를 빼앗기고 고유의 언어를 파괴당했지만 지금까지도 사과조차 한 번 받지 못한 홋카이도 선주민들의 안보(불안), 샌프란시스코 강화조약 이래로부터 현재까지 미군(기지) 문제를 겪고 있으면서도 본토나 일본 정부로부터 외면받고 있는 오키나와 주민들이 느끼는 안보(불안) 혹은 원전사고를 겪고도 오염지역으로의 이주를 강요당하고 있는 후쿠시마 (이) 주민이 겪는 안보(불안)은 일본 정부가 규정하고 있는 국가안보와는 매우 다른 안보인식을 갖고 있을 것이다. 오히려 이들에게 안보는 한국의 시민들, 특히 사드(THAAD)가 배치된 경북 성주 주민들, 해군기지가 배치된 제주의 강정마을 주민들, 그리고 원전사고와 지진피해를 겪은 경남 경주나 부산의 기장군 주민들과 더욱 크게 공명될 수 있다. 달리 말해 버내큘러의 '비교지역연구'를 하게 된다면 민족국가 단위에서 찾기 어려운 공감(연대)의 접점을 확인하고 확장할 수 있는 것이다. 결과적으로 이러한 연구는 지식의 장을 확장할 수 있을 뿐만 아니라 안보연구에서의 공감적 다원성을 넓혀가는 데도 매우 유용하다고 할 수 있다.

국제관계에서 안보는 국경을 중심으로만 작동하는 것이 아니며, 민족국가 단위로만 규정될 수 있는 것도 아니다. 스피박(Spivak)의 용어인 "서발탄"이라는 개념을 실존적 맥락에서 재해석해보면, 우리 모두는 결코 서발탄이 아니다. 안보 영역에 있어서는 더욱 그러하다. 그렇다면 한국의 탈식민 과정이 최소한 '인식적' 측면에서 나아가야 할 방향은 지금까지도 소거된 상태로 남아 있는 '안보 서발탄'들에게 말을 걸고 그들의 목소리에 귀를 기울이는 것은 아닐까. 탈식민은 결국 개개인이 인식의 주체성을 회복하고 동시에 복수보편적 세계관을 수용함으로써, 오늘도 작동하고 있는 위계적 타자화라는 관행을 극복하고자 하는 운동임을 되새길 필요가 있다.

V. 맺음말

한국은 과연 적실한 탈식민화 과정을 거쳐 외교안보의 자율성과 주체성을 확보했다고 할 수 있을까? 만약 지금까지도 탈식민화가 이뤄지지 못했고 오히려 식민성이 지속되고 있다면, 그것의 기저에 놓인 메커니즘은 무엇일까? 궁극적으로 어떻게 하면 식민성을 극복할 수 있을까? 본 장이 답하고자 했던 핵심 질문들이었으며 탈식민주의라는 이론적 시각을 기초로 나름의 답을 제시하였다. 특히 한국의 탈식민 역사 과정에서 발생한 국제정치적 사건들과 한국 정부의 대응이 한국 외교안보(정책)에 어떤 영향을 끼쳤는지를 "식민성"이라는 측면에서 비판적으로 살펴보았다. 요약하자면, 전후 한국의 탈식민 과정이 동아시아 냉전/반공체제의 형성과 맞물리면서 결과적으로는 물리적이고 인식적인 측면 모두에서 식민성이 생성되는 역사적 경로를 걷게 되었다고 할 수 있다. 유럽과는 달리, 미소의 '글로벌 균열구조'로서의 냉전이 동아시아라는 지역적 맥락을 거치고 이것이 한반도의 민족적 경험과 한국의 국내정치적 이해관계로 다시 한번 필터링되면서 식민성은 혼종된 형태로 한국의 외교안보 영역에 배태되었고, 이 글은 이를 혼종 식민성이라는 개념으로 포착했다.

혼종 식민성을 극복하기 위한 방안으로서 그것의 발생기제이면서 지금까지도 작동하고 있는 한반도 냉전의 물리적 요소인 정전협정이 평화협정으로 전환될 필요가 있다는 것은 자명하다. 그러나 필자는 이와 함께 '인식적' 측면에서의 주체성 회복이 매우 중요하다고 판단하였다. 또한 물리(제도)적 측면에서의 논의는 풍부하지만, 인식적 측면에서의 식민성 극복에 대한 학술적 논의가 부족한 것도 주지의 사실이다. 이에 본 장은 인식과 지식의 문제에 집중하면서 외교안보의 담론 장(field)에서 서구/미국 중심성을 극복할 수 있는 방안에 대해 자세히 논하였다. 관련해서 최근 주목받고 있는 비서구 국제관계학(Non-Western IR)이나 글로벌 국제관계학(Global IR)에 대해 서술하면서 이러한 연구를 통해 인식의 주체성이 회복될 수 있는 발판이 마련될 수 있음을 설명했다. 그러나 탈식민주의 이론의 지향점인 다원적 세계(관)의 실현을 위해서는 비서구 국제관계연구에만 머무는 것이 아니라 "버내큘러" 안보연구도 함께 시도할 필요가 있음을 강조했다. 특히 버내큘러 안보의 '비교지역연구'가 안보의 공감이나 연대라는 측면에서 매우 유용한 시사점을 줄 수 있다는 점에 대해 논하였다. 부족하나마 필자의 분석과 제언, 특히 '혼종 식민성'이라는 개념과 "버내큘러" 안보라는 연구프로그램이 한국 외교안보의 (탈)식민성에 관한 학술적 논쟁을 촉발할 수 있는 계기가 되길 바란다.

참고문헌

강만길. 2006. 『해방전후사의 인식 2: 정치·경제·사회·문화적 구조의 실증적 연구』. 서울: 한길사.

강정인. 2003. "서구중심주의의 이해." 『국제정치논총』 43(3): 29-51.

구갑우. 2018. "평창 '임시평화체제'의 형성 원인과 전개: 한반도 안보딜레마와 한국의 삼중모순(trilemma)." 『한국과 국제정치』 34(2): 137-169.

권헌익. 2013. 『또 하나의 냉전 인류학으로 본 냉전의 역사』. 이한중 옮김. 서울: 민음사.

김동엽. 2016. "한미 연합군사훈련과 북한의 인식." 『현대북한연구』 19(2): 83-112.

김명섭. 2015. 『전쟁과 평화: 6·25전쟁과 정전체제의 탄생』. 서울: 서강대학교출판부.

김명수. 2018. 『한국 경제발전의 문화적 기원』. 서울: 집문당.

김상기. 2018. "평화체제를 위한 한미동맹 재조정의 방향과 과제." 김상기 외. 『한반도 평화체제 구축과 한미관계』. 서울: 통일연구원.

김숭배. 2017. "명칭의 국제정치학: 샌프란시스코평화조약과 한일관계를 중심으로." 『한국정치학회보』 51(2): 199-219.

김연철. 2011. "1954년 제네바 회담과 동북아 냉전질서." 『아세아연구』 54(1): 192-219 .

김은중. 2011. "권력의 식민성과 탈식민성: 유럽중심주의와 제3세계주의를 넘어서." 『이베로아메리카연구』 22(2): 1-35.

김일영·조성렬. 2003. 『주한미군: 역사, 쟁점, 전망』. 서울: 한울출판사.

김주홍. 2005. "한반도 군비통제의 방향과 과제." 『국제정치연구』 8(2): 95-118.

김준형. 2009. "한국대외정책의 대미의존성의 고착화과정과 원인에 관한 분석: 대북정책을 중심으로." 『21세기정치학회보』 19(2): 385-412.

_____. 2018. "한미동맹에서 한미관계로." 『창작과 비평』 46(1): 55-71.

김태균·이일청. 2018. "반둥 이후: 제3세계론의 쇠퇴와 남남협력의 정치세력화." 『국제정치논총』 58(3): 49-99.

김학노. 2008. "국제정치(경제)학의 미국 의존성 문제." 『국제정치논총』 48(1): 7-34.

_____. 2018. 『남과 북의 서로주체적 통합』. 서울: 사회평론아카데미.

김학재. 2015. 『판문점 체제의 기원』. 서울: 후마니타스.

_____. 2019. "냉전과 열전의 지역적 기원: 유럽과 동아시아 냉전의 비교역사사회학." 신욱희·권헌익 편. 『글로벌 냉전과 동아시아』 서울: 서울대학교출판문화원.

마상윤. 2015. "글로벌 냉전과 동북아시아." 신욱희·마상윤 편. 『글로벌 냉전의 지역적 특성』. 서울: 사회평론아카데미.

박건영. 2018. 『국제관계사』. 서울: 사회평론아카데미.

박명림. 1996. 『한국전쟁의 발발과 기원 I』. 서울: 나남출판.

박영준. 2017. "한국 국제정치학에 있어 안보연구의 경향 평가와 전망." 『평화연구』 25(1): 79-116.

박인휘. 2011. "한반도 '안보-안보부재'의 정치학: '한미-남북' 관계의 모순적 결합." 『한국정치학회보』 45(2): 229-249.

_____. 2013. "북핵 20년과 한미동맹: '주어진' 분단 vs. '선택적' 분단." 『국제정치논총』 53(3): 181-208

박종철. 2006. "한반도 비핵화와 평화체제 전환." 『한국과 국제정치』 22(1): 103-136.

박태균. 2006. 『우방과제국, 한미관계의 두 신화』. 파주: 창작과 비평사.

서재정. 2009. 『한미동맹은 영구화하는가: 군사동맹에서의 군사력, 이해관계 그리고 정체성』. 이종삼 옮김. 파주: 한울아카데미.

서재정. 2015. "사드와 한반도 군비경쟁의 질적 전환." 『창작과 비평』 43(2): 414-440.

서재진. 2008. 『남북 상생·공영을 위한 비핵·개방·3000 정책의 이론적 체계 연구』. 서울: 통일연구원.

신병식. 2006. "박정희시대의 일상생활과 군사주의: 징병제와 '신성한 국방의 의무' 담론을 중심으로." 『경제와 사회』 72: 48-172.

신욱희. 2010. 『순응과 저항을 넘어서: 이승만과 박정희의 대미정책』. 서울: 서울대학교출판문화원.

_____. 2017. 『삼각관계의 국제정치: 중국, 일본과 한반도』. 서울: 서울대학교출판문화원.

_____. 2019. "동북아 냉전체제의 형성: 사건과 주체성." 신욱희·권헌익 편. 『글로벌 냉전과 동아시아』. 서울: 서울대학교출판문화원.

신욱희·권헌익 편. 2019. 『글로벌 냉전과 동아시아』. 서울: 서울대학교출판문화원.

신욱희·마상윤 편. 2015. 『글로벌 냉전의 지역적 특성』. 서울: 사회평론아카데미.

에드워드 사이드. 2007. 『오리엔탈리즘』. 박홍규 옮김. 서울: 교보문고.

엔리케 두셀. 2011. 『1492년, 타자의 은폐: '근대성 신화'의 기원을 찾아서』. 박병규 옮김. 서울: 그린비.

은용수. 2020. "혼종 식민성(Hybrid coloniality)." 『국제정치논총』 60(1): 7-61.

이근욱. 2012. 『냉전: 20세기 후반의 국제정치』. 서울: 서강대학교출판부.

이동기. 2015. "유럽 냉전의 개요: '탈냉전'의 관점에서." 신욱희·마상윤 편. 『글로벌 냉전의 지역적 특성』. 서울: 사회평론아카데미.

_____. 2019. "몰락에서 평화로: 전후 유럽 냉전사(1945-75)." 신욱희·권헌익 편. 『글로벌 냉전과 동아시아』. 서울: 서울대학교출판문화원.

이상현. 2006. "한반도 평화체제와 한미동맹." 『한국과 국제정치』 22(1): 103-136.

이수형. 2013. "한미동맹 60주년의 성찰: 포괄적 전략동맹으로의 변화와 과제." 『군사연구』 135: 73-97.

이수훈. 2008. "한미동맹복원론에 대한 비판적 고찰." 『한국과 국제정치』 24(4): 1-26

이종석. 2012. 『한반도 평화통일론』. 파주: 한울아카데미.

이혜정. 2018. "미국 우선주의와 한미동맹의 변화." 김상기·홍민·구갑우·이혜정. 『한반도 평화체제 구축과 한미관계』. 서울: 통일연구원.

장달중·이정철·임수호. 2011. 『북미 대립: 탈냉전 속의 냉전 대립』. 서울: 서울대학교출판문화원.

장형철. 2017. "유형별로 나누어 본 문화 혼성화: 종교문화를 중심으로." 박주식 편. 『혼종성 이후』. 서울: 엘피.

전재성 편. 2019. "한반도 비핵, 평화프로세스의 분석과 제언." 『한국과 국제정치』 봄 특집호.

전재호. 2019. "한국의 반일(反日) 민족주의 연구: 담론의 변화와 특징." 『한국과 국제정치』 35(2): 113-147.

정성윤·이수형·이무철. 2017. 『한반도 평화체제 구상과 대북정책』. 서울: 통일연구원.

조성렬. 2007. 『한반도 평화체제: 한반도 비핵화와 북한체제의 전망』. 서울: 푸른나무.

최종건. 2012. "유럽 안보질서의 기원: 유럽안보협력회의(CSCE)의 성립과 동아시아 다자협력 질서에 대한 함의." 『동서연구』 24(2): 217-236.

크리스토퍼 리. 2019. "탈식민화와 냉전의 지리학: 탈식민 세계 재배치하기." 신욱희·권헌익 편. 『글로벌 냉전과 동아시아』. 서울: 서울대학교출판문화원.

홍민·조한범·박인휘. 2017. 『한반도 평화로드맵과 실천전략』. 서울: 통일연구원.

Acharya, Amitav. 2014. "Global International Relations (IR) and Regional Worlds: A New Agenda for International Studies." *International Studies Quarterly* 58(4): 647-659.

Acharya, Amitav. 2016. "Advancing Global IR: Challenges, Contentions, and Contributions." *International Studies Review* 18(1): 4-15.

Acharya, Amitav and Barry Buzan. 2010. *Non-Western International Relations Theory: Perspectives on and Beyond Asia*. London: Routledge.

Acharya, Amitav and Barry Buzan. 2017. "Why is there no Non-Western International Relations Theory? Ten years on." *International Relations of the Asia-Pacific* 17(3): 341-370.

Amin, Samir. 1990. *Delinking: Towards a Polycentric World*. London: Zed Books.

Amin, Samir. 2004. *The Liberal Virus: Permanent War and the Americanization of the World*. London: Pluto Press.

Anderl, Felix and Antonia Witt. 2020. "Problematising the Global in Global IR." *Millennium* 49(1): 32-57.

Bhabha, Homi K. 1994. *The Location of Culture*. New York: Routledge.

Browning, Christopher and Matt McDonald. 2013. "The Future of Critical Security Studies: Ethics and the Politics of Security." *European Journal of International Relations* 19(2): 235-255.

Bubandt, Nils. 2005. "Vernacular Security: The Politics of Feeling Safe in Global, National and Local Worlds." *Security Dialogue* 36(3): 275-296.

Buzan, Barry. 2016. "Could IR Be Different?" *International Studies Review* 18(1): 155-157.

Child, Peter and Patrick Williams. 1997. *An introduction to Post-Colonial Theory*.

London: Routledge.

Coronil, Fernando. 1996. "Beyond occidentalism: toward nonimperial geohistorical categories." *Cultural anthropology* 11(1): 51-87.

Dussel, Enrique. 2003. *Beyond Philosophy: Ethics, History, Marxism, and Liberation Theology*. Rowman & Littlefield Publishers.

el-Malik, Shiera S. 2015. "Why Orientalism still matters." *Review of International Studies* 41(3): 503-525.

Epstein, Charlotte. 2014. "The Postcolonial Perspective: an Introduction." *International Theory* 6(2): 294-311.

Fanon, Frantz. 2008. *Black Skin White Masks*. London: Pluto Press.

Finnemore, Martha and Kathryn Sikkink. 1998. "International Norm Dynamics and Political Change." *International Organization* 52(4): 887-917.

Firchow, Pamina and Roger Mac Ginty. 2017. "Measuring Peace: Comparability, Commensurability, and Complementarity Using Bottom-Up Indicators." *International Studies Review* 19(1): 6-27.

Gelardi, Maiken. 2020. "Moving Global IR Forward—A Road Map." *International Studies Review* 22(4): 830-852.

George, Nicole. 2017. "Policing 'Conjugal Order': Gender, Hybridity and Vernacular Security in Fiji." *International Feminist Journal of Politics* 19(1): 55-70.

Habermas, Jurgen. 1980. "Modernity: an incomplete project." http://www. aphotostudent.com/wp- content/uploads/2009/11/habermas_modernityproject. pdf (2021/04/19)

Haraway, Donna. 1988. "Situated Knowledges. The Science Question in Feminism and the Privilege of Partial Perspectives." *Feminist Studies* 14(3): 575-599.

Heo, Uk and Terence Roehrig. 2018. *The Evolution of the South Korea-United States Alliance*. Cambridge: Cambridge University Press.

Hurrell, Andrew. 2016. "Beyond Critique: How to Study Global IR?" *International Studies Review*. 18(1): 149-151.

Jabri, Vivienne. 2013. *The Postcolonial Subject: Claiming Politics/Governing Others in Late Modernity*. New York: Routledge.

Jarvis, Lee. 2019. "Toward a Vernacular Security Studies: Origins, Interlocutors, Contributions, and Challenges." *International Studies Review* 21: 107-126.

Kidd, Dorothy. 2016. "Extra-Activism." *Peace Review* 28(1): 1-9.

Kristensen, Peter Marcus. 2020. "The South in "Global IR": Worlding Beyond the "Non-West" in the Case of Brazil." *International Studies Perspectives*. https://doi. org/10.1093/isp/ekz029 (2021/04/19)

Mignolo, Walter. 1992. "Putting the Americas on the map (geography and the colonization of space)." *Colonial Latin American Review* 1(2): 25 – 63.

Mignolo, Walter. 2011. *The Darker Side of Modernity*. Durham: Duke University Press.

Morrow, James D. 1991. "Alliances and Asymmetry: An Alternative to the Capability Aggregation Model of Alliances." *American Journal of Political Science* 35(4): 904－933.

Negri, Antonio. 2008. *Empire and Beyond*. Cambridge: Polity.

Parry, Benita. 1994. "Signs of our times: Discussion of Homi Bhabha's the location of culture." *Third Text* 8-28/29: 5-24.

Prashad, Vijay. 2007. *The Darker Nations: A People's History of the Third World*. New York: New Press.

Qin, Yaqing. 2016. "A Relational Theory of World Politics." *International Studies Review* 18(1): 33-47.

Quijano, Anibal. 2007. "Coloniality and Modernity/Rationality." *Cultural Studies* 21(2): 168-178.

Said, Edward W. 1996. *Representations of the intellectual*. London: Vintage books.

Smith, John. 2016. *Imperialism in the Twenty-First Century: Globalization, Super-Exploitation, and Capitalism's Final Crisis*. New York: Monthly Review Press.

Spivak, Gayatri Chakravorty. 1999. *A Critique of Postcolonial Reason: Toward a History of the Vanishing Present*. Harvard: Harvard University Press.

Tickner, J. Ann. 2016. "Knowledge is power: Challenging IR's Eurocentric narrative." *International Studies Review* 18(1): 157-159.

Wang, Hung-Jen. 2013. "Being Uniquely Universal: building Chinese international relations theory." *Journal of Contemporary China* 22(81): 518-534.

찾아보기

지은이 소개

옥창준 서울대학교 정치외교학부 외교학 전공 박사수료.
글로벌 냉전의 맥락에서 아시아/한반도 냉전의 국제관계사를 연구하고 있다.
주요 논저로 "냉전기 북한의 상상지리와 '평양 선언'"(2020), "이정식과 브루스 커
밍스 저술에 대한 대위법적 독해"(2020, 공저) 등이 있다.

신욱희 서울대학교 정치외교학부 교수.
서울대학교 외교학과를 졸업하고, 미국 예일대학교에서 정치학 박사학위를 받았다.
주요 논저로 "구성주의 국제정치이론의 의미와 한계"(1998), 『삼각관계의 국제정
치: 중국, 일본과 한반도』(2017), 『한미일 삼각안보체제: 형성, 영향, 전환』(2019)
등이 있다.

구갑우 북한대학원대학교 교수.
서울대학교 경제학과를 졸업하고, 동 대학원 정치학과에서 석, 박사학위를 받았다.
주요 논저로, "두 '평양시간'"(2019), 『한(조선)반도 개념의 분단사: 문학예술편 1,
4, 7』(공저, 2018, 2021) 등이 있다.

오정현 서울대학교 외교학 석사.
한동대학교 국제어문학부를 졸업하고 서울대학교 외교학과에서 석사학위를 받았
다. 미국 우드로윌슨센터에서 KF Junior Scholar로 활동하였다.
논저로 "1954년 제네바 정치회담과 한반도 국제관계"(2021)가 있다.

이혜정 중앙대학교 정치국제학과 교수.

서울대학교 외교학과를 졸업하고 동 대학원에서 석사학위를, 미국 노스웨스턴 대학교에서 정치학 박사학위를 받았다.

주요 논저로, "미국(美國), 미국(迷國), 미국(未國): 약속, 절망과 위선의 연대기"(2021), "단극의 환상과 현실: 탈냉전기 미국 대전략의 진화"(2020), 『냉전 이후 미국 패권: 자본주의와 민주주의, 전쟁의 변주』(2017) 등이 있다.

량미화 서울대학교 정치외교학부 외교학 전공 박사수료.

북한의 대중국 상대적 자율성을 주제로 박사학위 논문을 준비하고 있다.

논저로 "박근혜 정부의 정치경제학과 한중 협력"(2016)이 있다.

은용수 한양대학교 정치외교학과 교수.

한양대학교를 졸업하고, 영국 워릭대학에서 정치외교학 박사학위를 받았다.

주요 논저로, *What is at Stake in Building "Non-Western" IR Theory?*(2018), "국제관계학에서의 감정 (예비)이론화"(2018), "Global IR through dialogue"(2019), "Calling for IR as becoming-rhizomatic"(2021) 등이 있다.